本书受到云南省哲学社会科学学术著作出版专项经费资助

东南亚三国学生
汉语趋向补语习得研究

齐春红 ◎ 著

中国社会科学出版社

图书在版编目（CIP）数据

东南亚三国学生汉语趋向补语习得研究／齐春红著 . —北京：中国
社会科学出版社，2016.3
ISBN 978 - 7 - 5161 - 6878 - 3

Ⅰ. ①东…　Ⅱ. ①齐…　Ⅲ. ①汉语 - 补语 - 研究　Ⅳ. ①H146.3

中国版本图书馆 CIP 数据核字（2015）第 205804 号

出 版 人	赵剑英
责任编辑	任　明
特约编辑	李晓丽
责任校对	郝阳洋
责任印制	何　艳

出　　版	中国社会科学出版社
社　　址	北京鼓楼西大街甲 158 号
邮　　编	100720
网　　址	http：//www. csspw. cn
发 行 部	010 - 84083685
门 市 部	010 - 84029450
经　　销	新华书店及其他书店

印刷装订	北京市兴怀印刷厂
版　　次	2016 年 3 月第 1 版
印　　次	2016 年 3 月第 1 次印刷

开　　本	710×1000　1/16
印　　张	15.75
插　　页	2
字　　数	267 千字
定　　价	55.00 元

序

 语言研究的最终目的是保护我们的语言资源，促进语言学习。汉语作为第二语言习得的研究在国内仅仅有不到 40 年的历史，目前在很多研究领域都出了不少有应用价值的优秀成果。对语言习得分国别的研究有利于根据母语的个性进行针对性教学，若能在语言类型学对比上找出汉语的个性，这个个性又成为所有非汉语母语者习得汉语的共性，针对汉语的特点进行汉语教学是能达到事半功倍的效果的。

 该书的作者是云南师范大学一线汉语教师，又有着在华中师范大学攻读语言学博士学位和在美国爱荷华大学研修第二语言习得的经历，因此该书的研究有着广阔的学术视野，论证充分，引用丰富，教学案例有较高的参考价值。具体来说有以下特点：

 一、突出了实践性。该书收集了近 80 万字的泰国、越南和老挝语母语者汉语中介语语料，运用第二语言习得理论、蕴含量表分析法（implicational scale）和统计学的分析方法，分析了泰语、越南语和老挝语母语者习得汉语趋向补语的偏误类型、偏误原因与习得顺序、习得难点，这些对针对这些国家汉语学习者趋向补语的教学有很强的实践指导意义。这本书还把三国学生习得汉语趋向补语的特点和已有研究总结出来的外国人习得汉语趋向补语的规律进行了对比，总结了非汉语母语者习得汉语趋向补语的共性，并提出了针对性教学建议，这对所有国别的非汉语母语者习得汉语趋向补语都有一定的指导意义。

 二、揭示了汉语趋向补语的类型学特点，在研究方法上有所创新。该书先总结了三国非汉语母语者习得汉语趋向补语的共性和差异性，再基于习得特点寻找进行语言类型对比的语言点，揭示汉语显示的该语言点的类型学特征，这种基于习得分析的类型学研究更容易接近语言类型的真实性。例如，书中指出的"动词＋简单趋向补语（引申义）＋宾语"是无标记、容易习得的句式，"动词 + 处所宾语 + 来/去"、"动词 + 简单趋向补语（本义）+ 宾语"、"动词 + 简单趋向补语（引申义）"是趋向补语 14 种句式中标记性较强的句式，这些结论还可以结合汉语和其他国别语言、其他民族语言的对比去进一步印证，从而拓宽了汉语趋向补语的研究领域，使我们有更大的可能接近汉语趋向补语类型学特征的客观规律，体现了作者独特的研究视角。

三、为汉语趋向补语的教学提供了任务型教学理念指导下的教学案例，使汉语语法的教学和真实情境有效结合起来，从而为学生汉语趋向补语的习得创造了有利的环境，避免了汉语语法教学的枯燥性，提高了语法教学的效率。

总之，这本书的研究既有理论的探索，又有实践的验证，拓宽了汉语语法及其教学的研究领域，真正提供了汉语语法教学的针对性方案，有较强的理论意义和应用价值。

戴庆夏

2014 年 8 月 22 日

中文提要

目前对汉语趋向补语习得的研究主要是国别化研究。不分国别的研究大多是把不同母语背景学习者的中介语语料杂糅在一起进行研究，这会影响结论的有效性。这本书基于对泰国、越南和老挝三国非汉语母语者汉语中介语语料的分析和语言类型的对比，以这三国非汉语母语者习得趋向补语的规律为研究对象，并比较三国学习者习得规律的异同，再和已有的研究进行对比，找出非汉语母语者习得汉语趋向补语的共性和个性规律，针对习得规律，提出教学建议，展示教学案例。

这本书重新界定了趋向补语的习得标准，趋向补语各句式仍旧沿用肖奚强等[1]的分类，即把汉语趋向补语的各句式分为 14 个句式，运用动态系统理论、语料库语言学理论、心理语言学理论和第二语言习得理论来研究趋向补语的习得顺序、偏误共性及其内在动因。研究以搜集到的 70 多万字的泰语母语者、越南语母语者和老挝语母语者汉语中介语语料库为依据，分初级、中级、高级三个阶段来统计三国学生习得汉语趋向补语的偏误类型、习得难点和习得顺序。

研究发现泰国、越南和老挝三国学生习得趋向补语的顺序大致相似，"动词＋简单趋向补语＋处所宾语"、"动词＋处所宾语＋来/去"和"动词＋简单趋向补语（引申义）"的习得呈现出明显的非线性。通过语言类型对比发现这些句式是汉语中标记性较强的趋向补语句式，"主＋动＋简单趋向补语（引申义）＋宾语"是典型的无标记的趋向补语句式，标记性强的句式习得常常呈现非线性，无标记句式的习得情况较为稳定。母语对趋向补语习得的影响表现在其影响语言使用者对语言的认知凸显，基于中介语语料库和语言类型对比的研究更能反映出汉语使用的规律性。三国

---

① 肖奚强、周文华：《外国学生汉语趋向补语句习得研究》，《汉语学习》2009 年第 1 期。

汉语学习者习得汉语趋向补语各句式的偏误类型和偏误比例大致相似，我们针对每一个句式的习得难点提出了针对性教学策略。

关键词：趋向补语；习得顺序；偏误；共性；内在动因

ABSTRACT

The current studies on Directional Complements (DC) of Chinese are mostly nationalized. Regardless of the learners' language background, some researchers mixed the linguistic data together, which has affected the validity of the conclusion. This book analyzes the written Chinese interlanguage corpus comprised different levels of CFL writing proficiency, which mainly came from Thai, Lao and Vietnam native speakers, and compares DCs in the three languages, then finds out the similarities and differences on the features about the Chinese DC acquisition by learners of different language background. At the same time, some teaching suggestions and concrete measures for teaching foreigners Chinese DCs are put forward. Moreover, many teaching cases on DCs are shown.

The refinements of the criterion of acquisition in this book are as follows: 1. With 80% accuracy; 2. The frequency of utilization reached the standards of Chinese native speakers; 3. Is there a decline in the next stage concerned on frequency and accuracy? 4. Is there an overgeneralization? The research drew conclusions from the view of dynamic system theory, Corpus Linguistics, psychological linguistics, SLA and so on. We make use of the classification system of DCs by the previous study of Xiqiang Xiao in 2009, which divided DCs into 14 sub – structures. We made more than 700,000 words of interlanguage corpus of written materials by CFL learners of Thailand, Vietnam and Laos, then we analyzed the types and difficulties of errors and acquisition order of Chinese DCs for each level of the three stages which are elementary level, intermediate level and advanced level.

Based on the 700,000 words corpus it points out that the process of acquisition sequence of DCs turn out to be a general shape. The three patterns of DCs are U shape, non – linear and marked, which are "V + simple DC + location object", "V + location objects + lai/qu" and "V + simple DC (extended meaning)", and the sentence pattern "V + simple DCs (extending meaning) + non – location objects" which has high utilization is un – marked, the acquisition of unmarked sentence tends to be stable. L1 can still be an important factor for our understanding of the perception of grammatical items, which affects its acquisition order and learning speed. Based on the corpus of interlanguage and language composition, the true typological characteristics of Chinese DCs are likely to be found. We put forward the corresponding teaching strategies for the difficulties of each sub – structure of DCs for types of errors and the error rate of Chinese DCs produced by CFL learners of the three countries are roughly similar.

Key words: Directional Complements; order of acquisition; error; general characteristics ; intrinsic motivation

目　录

绪　论

一　研究意义

（一）趋向补语的习得对于非汉语母语者来说是一个难点

汉语补语结构复杂，意义虚实相生，在语言类型上成为汉语的一大语言特性，从而成为非汉语母语者习得汉语的一个难点。趋向补语表示动作的趋向，是汉语各种补语中使用频率最高的一类，也是外国学生学习汉语补语的一个难点。[①] 齐春红、秋兰（2011）考察了泰国学生趋向补语在补语中的习得情况，通过对初、中、高三个阶段各种类型补语的正确率进行综合比较，得到泰国学生习得汉语补语的大致顺序应该是：

结果补语＞趋向补语＞可能补语＞介词短语补语＞数量补语＞程度补语（注：符号"＞"表示"先于"）

从这一习得顺序来看，趋向补语的习得似乎比其他类型的补语容易，因为其习得顺序仅后于结果补语，然而趋向补语习得的准确率到了中高级阶段提高幅度很小，这说明学生使用汉语趋向补语的水平很难提高。为了更形象地说明这一点，请参见图1。[②]

为了考察泰语母语者的这一习得情况是否具有共性，我们又考察了越南语母语者趋向补语的习得情况。我们对越南留学生补语习得的情况按结果补语、趋向补语、程度补语、动量补语与时量补语、可能补语和介词短语补语七类来统计，跟对泰国学生的研究不同的是把动量补语和时量补语分开来统计，这样可以使对补语的研究更细致。我们的研究是基于越南语母语者汉语中介语语料。越南语母语者中介语语料来源是这样的，高级来

---

① 张和生：《汉语可以这样教——语言要素篇》，商务印书馆2006年版，第72页。
② 齐春红、秋兰：《泰国学生汉语可能补语习得情况考察》，《西南石油大学学报》2011年第5期。

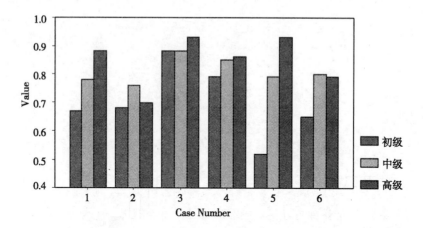

1. 可能补语；2. 程度补语；3. 结果补语；4. 趋向补语；

5. 介词短语补语；6. 数量补语

图 1　泰语母语者各类型补语在三个阶段自身正确率对比

自北京语言大学 HSK 动态作文语料库中 HSK 考试分数在 60 分以上的越南学生作文语料 7395 字，以及云南师范大学取得高级证书的越南学生作文语料 7405 字，共计 14800 字；中级来自云南师范大学取得中级证书的越南留学生作文语料 101650 字；初级来自云南师范大学初级水平的越南留学生作文语料 157830 字，三阶段共计 27.4 万字。我们通过对越南学生中介语语料的统计，得出以下数据，制成表 1。

表 1　越南语母语者各种类型补语在初、中、高三个阶段的出现次数及正确率

阶段\类型	初级		中级		高级		总计	
	出现次数	正确次数及正确率	出现次数	正确次数及正确率	出现次数	正确次数及正确率	出现次数	正确次数及正确率
可能补语	146	125（85.6%）	137	123（89.8%）	21	20（95.2%）	285	253（88.8%）
程度补语	164	124（75.6%）	133	91（68.4%）	26	22（84.6%）	291	212（72.9%）
结果补语	349	316（90.5%）	186	170（91.4%）	61	56（91.8%）	520	480（92.3%）
趋向补语	1143	1074（93.96%）	756	716（94.71%）	175	164（93.71.57%）	2074	1954（94.2%）
介词短语补语	212	152（71.7%）	97	77（79.4%）	13	7（53.9%）	244	195（79.9%）
时量补语	152	137（90.1%）	86	79（91.9%）	12	12（100%）	226	205（90.7%）
动量补语	166	153（92.2%）	75	74（98.7%）	6	5（83.3%）	207	197（95.2%）

从表 1 我们可以看出在初级阶段结果补语、趋向补语、动量补语习得

情况是最好的，准确率超过 90% 达到了我们规定的习得标准；中级阶段它们基本上保持了原来的习得水平，这时可能补语和时量补语也达到了习得标准；到了高级阶段，介词短语补语和动量补语的习得准确率下滑。为了更直观地观察这些变化，我们制成了图 2 和图 3。

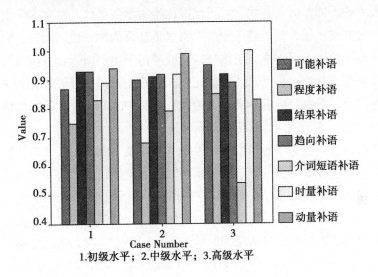

1.初级水平；2.中级水平；3.高级水平

图 2　越南语母语者各类型补语正确率在初、中、高三种水平上的分布对比

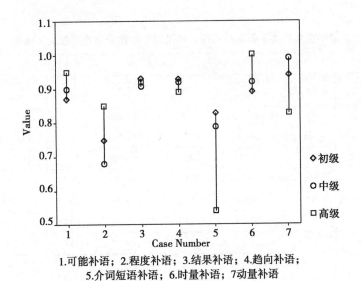

1.可能补语；2.程度补语；3.结果补语；4.趋向补语；
5.介词短语补语；6.时量补语；7动量补语

图 3　越南语母语者各类型补语在三个阶段自身正确率对比

根据上面的统计数据，我们对初、中、高三个阶段各种类型补语的正确率进行综合比较，可以得到越南学生习得汉语补语的大致顺序应该是：

趋向补语、结果补语＞时量补语＞动量补语＞可能补语＞介词短语补语＞程度补语（注：符号"＞"表示"先于"）

通过图2、图3可以看到越南学生补语的习得情况和泰国学生大体一致，最大的不同是时量补语的习得情况比泰国学生要好，由泰国学生习得补语的第五位，提升到了越南学生习得汉语补语的第三位。此外，到了高级阶段泰国学生习得了介词短语补语，而越南学生仍旧未习得该项目，而越南学生程度补语习得的总体情况比泰国要好。就趋向补语的习得情况而言，越南语母语者趋向补语的习得情况在初、中、高三个阶段都比结果补语要好一些，这跟泰国非汉语母语者略有差别。

老挝语母语者的习得情况如何呢？我们搜集了云南师范大学、思茅师范学院、西双版纳职业技术学院、云南财经大学、南开大学和老挝寮都公学的老挝语母语者的汉语中介语语料，其中初级水平的作文语料4.1888万字，中级水平的作文语料9.0193万字，共计13.2万字，由于我们接触到的老挝母语者里高级汉语水平的学生很少，因此，我们未能搜集到高级水平的老挝留学生语料，只能继续等待高级水平汉语中介语语料的出现了。通过对老挝学生汉语中介语语料的统计，我们把老挝学生汉语补语习得的总体情况制成表2。

表2　老挝学生各种类型补语在初级、中级两个阶段的出现次数及正确率

阶段 类型	初级		中级		总计	
	出现次数	正确次数 及正确率	出现次数	正确次数 及正确率	出现次数	正确次数 及正确率
可能补语	53	47（88.7%）	113	108（95.6%）	166	155（93.4%）
程度补语	103	71（68.9%）	183	118（64.5%）	286	189（66%）
结果补语	85	70（82.4%）	232	218（94%）	317	288（90.9%）
趋向补语	436	400（91.74%）	977	913（93.4%）	1413	1313（92.9%）
介词短语补语	61	52（85.2%）	168	146（86.9%）	229	198（86.5%）
动量补语	71	62（87.3%）	119	102（85.7%）	190	164（86.3%）
时量补语	46	39（84.8%）	91	81（89%）	137	120（87.6%）

从表2可以看到老挝学生在初级阶段趋向补语的习得已经达到了习得标准，可能补语的习得准确率为88.7%，接近习得标准；中级阶段除了趋向补语和可能补语之外，结果补语也达到了习得标准，时量补语的习得

准确率接近习得标准，其他类型补语的习得准确率仍旧未达到习得标准，综合初级和中级两个阶段的习得准确率，我们得出老挝学生习得汉语补语的大致习得顺序，即：

趋向补语＞可能补语＞结果补语＞时量补语＞动量补语、介词短语补语＞程度补语

因为缺乏高级中介语语料，对于老挝语母语者习得汉语趋向补语的情况是否出现下滑，我们没有办法考证。把老挝语母语者的习得情况和泰国、越南语母语者进行比较，发现三者最大的不同是老挝语母语者结果补语习得情况不如前两个国家，其他项目的习得情况大致相同。就趋向补语的习得情况而言，老挝语母语者和越南语母语者一样是习得情况最好的；由此看来，我们可以通过对趋向补语在三国母语者中的使用偏误情况分析，找到共性和差异性，从而提出针对性的教学策略，促进非汉语母语者趋向补语的习得。

那么，其他非汉语母语者呢？杨德峰基于中介语语料库研究了英语母语者趋向补语的习得情况，指出"动词＋复合趋向补语（引申义）"初级阶段的偏误率28.9%，中高级阶段的偏误率为29.2%；"动词＋复合趋向补语（本义）＋宾语"在三个阶段的错误率都是100%[1]，这说明对英语母语者而言，趋向补语的掌握也是一个难以随着汉语水平而提高的难点。

杨德峰基于中介语语料库研究了朝鲜语母语者汉语趋向补语的习得情况，朝鲜母语者"动词＋到＋……来/去（本义）"初级阶段的偏误率为33.3%，中级阶段的偏误率为66.7%；"动词＋简单趋向补语（本义）＋宾语"句式初级阶段的偏误率为16.7%，中级阶段的偏误率为29.4%；"动词＋简单趋向补语（引申义）＋宾语"句式初级阶段的偏误率为0，中级阶段的偏误率为16.2%；"动词＋复合趋向补语（引申义）"句式初级阶段的偏误率为45%，中级阶段的偏误率为47.7%。[2]该研究表明朝鲜语母语者某些句式的习得情况到了中级阶段仍旧呈现为偏误率过高，习得者的水平不足。

杨德峰基于中介语语料库研究了日语母语者趋向补语的习得情况，日

---

① 杨德峰：《英语母语学习者趋向补语的习得顺序——基于汉语中介语语料库的研究》，《世界汉语教学》2003 年第 2 期。

② 杨德峰：《朝鲜语母语学习者趋向补语习得情况分析——基于汉语中介语语料库的研究》，《暨南大学华文学院学报》2003 年第 4 期。

语母语者"动词＋简单趋向补语（本义）＋宾语"初级阶段的偏误率为41.7%，中级阶段的偏误率为22.2%，高级阶段的偏误率为35.4%；"动词＋复合趋向补语（本义）＋宾语"初级阶段的偏误率为50%，中级、高级阶段的偏误率都为100%；"动词＋复合趋向补语（引申义）＋宾语"初级、中级阶段的偏误率都为100%，高级阶段的偏误率为75%。①这些数据说明日语母语者使用趋向补语某些句式的能力到了高级阶段仍呈现出严重不足。

正如李大忠所讲的那样，"趋向补语是汉语特有的句法成分"，英、法、俄、德、日、意等各语言里都没有"谓语＋趋向补语"这种句法结构，再加上这种结构本身及趋向补语的意义又非常复杂，所以历来是外国人学习汉语的一个难点。② 在该书的《关于语法偏误分析（代自序）》中指出："第一，操同一母语的学生在学习汉语的不同阶段上会出现不同的语法偏误；第二，在同一学习阶段上，操不同母语的学生会出现相同的语法偏误。"③ 目前，对于趋向补语的研究，分国别的研究多，比较共性的研究少。只有抓住非汉语母语者习得汉语趋向补语的共性，才能深挖这种共性背后的汉语趋向补语的类型学特点，然后针对这种共性，如果能把我们总结出来的简单本质的语法原则提纲挈领地贯彻到语言教育的实践中去，在教材编写和课堂实施过程中，让师生得以举一反三，纲举目张，无疑可以改进教学效果。此外，只有通过对共性的寻找也才能彰显个性，找出每个国别的非汉语母语者真正受其母语语言和思维影响的趋向补语项目，从而更好地做到趋向补语教学具有国别针对性。

目前，关于趋向补语的习得顺序，不同的研究者得出的结论不一致，并且对习得顺序的成因缺乏系统的、有说服力的解释，我们既不了解学习者的母语是否影响习得顺序，也没有一个安排趋向补语各项目教学顺序的参照标准，很难做到循序渐进、由浅入深。我们只有对趋向补语的习得顺序和习得难点做到心中有数，非汉语母语者的趋向补语习得水平也才能在精心设计的输入环境中逐步提高。

---

① 杨德峰：《日语母语学习者趋向补语习得情况分析——基于汉语中介语料库的研究》，《暨南大学华文学院学报》2004 年第 3 期。

② 李大忠：《外国人学汉语语法偏误分析》，北京语言大学出版社 1996 年版。

③ 同上。

（二）趋向补语的习得对于华裔学生而言也是一个难点

趋向补语的习得对于华裔学习者而言也是一个难点。2008 年笔者应中国海外交流协会的邀请赴泰国讲学，讲学的地点是清迈省的两个教学点：一个在景佬县勐纳镇大谷地村，另一个在芳县密汪乡黄果园村。来这两个点接受培训的汉语教师大多是云南华裔，他们说的是云南方言，在跟他们的交谈中，我们发现他们的语法已经和境内的云南方言有一定的不同了，这种不同主要表现在与汉语语序有关的定语、状语、补语的使用情况。为此，我们设计了与汉语定语、状语、补语使用情况有关的调查问卷各一份，在两个教学点定语、状语、补语的调查问卷各发了 94 份，回收有效问卷定语 85 份，状语 84 份，补语 78 份。在我们的调查中，我们发现补语的变异现象要突出一些，在补语的变异中，趋向补语和宾语的语序问题显得尤为明显。[①] 对趋向补语的考察，我们根据跟他们交谈中常听到的错误，每份问卷设计了 9 个题目，其中考察"动词＋趋$_1$＋处所宾语＋趋$_2$"中宾语和补语的语序的题目 6 个，考察"动词＋起＋普通名词＋来"中宾语和补语的语序的题目 2 个，"转＋过＋普通名词＋来"中宾语和补语的语序的题目 1 个，考察动词后宾语和数量补语的语序的题目 18个。为了对比云南华裔方言语法异化的渐变情况，我们对收回的 78 份有效问卷分成两个年龄段进行统计，25 岁以上的有 50 人，25 岁以下（包括25 岁）的有 28 人，下面将所得到的数据制成表 3。

表3　　　泰北云南华裔与汉语趋向补语有关的偏误类型及相关偏误比例

偏误类型 ＼ 年龄	25 岁以上（50 人）		25 岁以下（28 人）	
	偏误数量	偏误比率	偏误数量	偏误比率
"动词＋趋$_1$＋处所宾语＋趋$_2$"中宾语和补语的位置错误	30	10%	47	28%
"动词＋起＋普通名词＋来"中宾语和补语的位置错误	5	5%	12	21%
"转＋过＋普通名词＋来"宾语和补语的位置错误	3	6%	7	25%

调查显示：泰国云南华裔的偏误大都是把宾语放在趋向补语的后面，他们的代表性错误是"还回去图书馆"、"爬上去树"、"举起来手"、"谈

---

① 齐春红、杨育彬：《泰北地区云南方言语法变异情况考察》，《云南师范大学学报》（哲学社会科学版）2010 年第 5 期。

起来话"，也有把复合趋向补语放在宾语后面的用例，如"转身过来"。

汉语简单趋向补语表示趋向意义时，如果简单趋向补语为"来"、"去"，宾语为处所词语，则宾语位于"来"、"去"前。但是泰语中，若动词带的宾语为处所词语，就跟汉语中的形式不同了，泰语中采用"V＋来/去＋O（处所宾语）"形式。例如，汉语说"进教室来"，"回学校去"，泰语则说"เข้า（进）มา（来）ห้องเรียน（教室）"，"กลับ（回）ไป（去）โรงเรียน（学校）"。所以受泰语的影响，他们常常说"回去泰国"，"还回去图书馆"之类的病句。

复合趋向补语表示趋向意义时，当宾语为处所词时，汉语中动词带处所宾语的位置只有一个，即在复合趋向动词之间；泰语却有两种表达形式，经过统计，发现泰语使用"V＋趋向补语（复）＋O"形式的频率高于"V＋趋向补语$_1$＋O＋趋向补语$_2$"的形式，如表4所示。

表4　　　　　　　汉语和泰语复合趋向补语带处所宾语的语序对比

汉语		泰语	
形式	例句	形式	例句
V＋趋$_1$＋处所宾语＋趋$_2$	他走进教室来了。	V＋趋$_复$＋处所宾语（多用）	เขา เดิน เข้า มา ใน ห้องเรียน แล้ว 他 走 进 来 里 教室 了
		V＋趋$_1$＋处所宾语＋趋$_2$（少用）	เขา เดิน เข้า ห้องเรียน มา แล้ว 他 走 进 教室 来 了

正是由于泰语常常使用"V＋趋向补语（复）＋O"的形式，云南华裔受泰语的影响容易把处所宾语放在复合趋向补语的后面。

当宾语为表示人或事物的名词时，汉语可以把宾语放在复合趋向补语的前面、后面或中间，而泰语却只能把宾语放在复合趋向补语的前面，例如，汉语说"他从房间里搬出一把椅子来"，"他从房间里搬出来一把椅子"，"他从房间里搬一把椅子出来"，泰语却只有一种说法就是"เขา（他）ย้าย（搬）เก้าอี้（椅子）ตัวหนึ่ง（一把）ออก（出）มา（来）จาก（从）ใน（里）ห้อง（房间）"；当宾语为表示人或事物的名词时，汉语的宾语在简单趋向补语的后面，而泰语的宾语则在简单趋向补语的前面，所以汉语说"提起笔"，泰语则说"ยก（提）ปากกา（笔）ขึ้น（起）"。总之，泰语里，当宾语为表示人或事物的名词时，宾语就永远在趋向补语的前面，因此受泰语语序的影响，云南华裔会说出"转身过来"这样的病句。

从表3可以看出，方言语法的变异是渐进的，每一项变异造成的偏误比例25岁以下（包括25岁）的要比25岁以上的至少高16%。这是因为年轻人为了找工作更加注重对泰语的学习，他们身处泰语和汉语的双语环境中，他们的汉语受到泰语广泛、深远的影响，泰语的语法无形中促成了汉语语法的变异。

因此，找到汉语趋向补语的类型学特点，分析二语对汉语的影响，对身处世界各地的华裔学生汉语趋向补语的习得也会大有裨益。

二　研究对象及相关研究现状

（一）研究对象

由于以往的研究比较注重国别研究，不分国别的研究大多是把不同母语背景的学习者的中介语语料杂糅在一起进行研究，未能深入探索汉语趋向补语习得的共性，并挖掘其背后的类型学动因，所以，本书将以泰国、越南、老挝三国非汉语母语者习得趋向补语的规律为研究对象，并比较三国学习者习得规律的异同，再和已有的研究进行对比，找出非汉语母语者习得汉语趋向补语的共性和个性规律，针对习得规律，提出教学建议，展示教学案例。本书研究的问题包括五个方面：一是趋向补语的习得是否遵循一个固定的习得顺序；二是趋向补语的习得顺序受不受母语的影响，也就是不同母语背景的汉语学习者习得汉语趋向补语的顺序是否一致；三是趋向补语的习得顺序及其内在动因；四是非汉语母语者汉语趋向补语各句式习得偏误的共性和个性规律及其内在动因；五是如何针对趋向补语的习得难点进行针对性教学。

（二）相关研究现状

关于趋向补语的本体研究及习得研究的研究现状，孟国做了非常全面的综述。① 这里从本书的研究视角出发，从分国别和不分国别两个方面进行简述。

关于非汉语母语者趋向补语的习得研究目前已有论著，不分国别的主要研究如下：佟惠君（1986）收集了2020个病句，这其中列举了许多留学生使用汉语趋向补语的偏误；程美珍、李珠（1996：197—204）列举了10个简单趋向补语的病句和13个复合趋向补语的病句；李大忠

---

① 孟国：《对外汉语十个语法难点的偏误研究》，北京大学出版社2011年版，第155—157页。

（1996：213—216）从"'立足点'问题"、"简单趋向补语和处所宾语的位置"、"复合趋向补语和处所宾语的位置"、"关于'动词＋趋向补语＋在＋处所'"、"定指宾语不能在'趋₁＋趋₂'之后"，"抽象名词宾语和趋向补语的位置"和"和表示状态意义的趋向补语有关的几个问题"七个方面分析了外国人习得汉语趋向补语的偏误类型；肖奚强等从错序、误代、遗漏和冗余四个方面归纳了趋向补语的习得偏误，指出错序偏误是数量最多的一类偏误，第二大类和第三大类偏误是误代和遗漏，冗余偏误所占比例不多，他们在分析这些偏误时和趋向补语的各句型联系了起来，指出在错序类偏误中出现最多的偏误是误代Ⅱa（动词＋处所宾语＋趋向补语）。① 这类研究最大的问题是没有分国别，不容易查找偏误的原因，因而教学上就很难提出针对性很强的教学建议。孟国（2011：171—185）从语法意义方面的偏误、语法结构方面的偏误、"来"和"去"作为立足点的偏误、离合词/动宾短语＋趋向补语出现的偏误和回避产生的偏误五个方面归纳了趋向补语的偏误类型，并在问卷调查的基础上分析了泰语母语者、韩语母语者和英语母语者汉语趋向补语产生偏误的原因，其中也涉及了汉语和外语的对比，但调查人数初级、中级和高级三个阶段总共只有122人，以韩语母语者为例，初级、中级和高级三个阶段加起来被调查者只有33人，这样在数据上就缺乏说服力。

关于趋向补语习得的分国别研究如下：钱旭菁（1997）关于日语母语者趋向补语习得的研究，杨德峰（2003、2004）关于英语母语者、朝鲜语母语者和日语母语者习得的研究，陈晨（2007）关于泰语母语者趋向补语的偏误考察，黄玉花（2007）关于韩国学生汉语趋向补语习得的偏误研究，（越南）刘汉武（2013）关于越南语母语者习得汉语趋向补语的偏误的研究。这些研究具有一定的针对性，虽然考察的趋向补语的下位句型不尽一致，研究方法和研究手段也各不相同，但为我们研究趋向补语的偏误共性提供了重要依据。

总之，目前关于趋向补语的研究，正如孟国（2011：157）指出的那样，"对不同国别的学生在学习上的共性研究也显不足，这也说明了趋向补语的研究仍有较大的空间"。

---

① 肖奚强等：《外国人汉语句式学习难度及分级排序研究》，高等教育出版社2009年版，第231—235页。

此外，目前关于趋向补语习得顺序的研究，不同的研究者得出的结论也不一致。李建成①，汪翔、农友安②作了较为详尽的述评。李建成（2009）重点分析了目前关于趋向补语习得顺序研究存在的不足，例如语料不系统、不全面，考察的语法项目不统一，习得标准不够科学，缺乏纵向、动态研究等，除了这些研究方法上的原因外，跟研究者的研究对象是否有关系呢？近年来对二语习得顺序的研究基本上达成一个共识：学习者的不同年龄、不同的学习类型和不同母语背景习得某一语法项目遵循几乎相同的习得顺序。③

三　研究方法

我们主要运用 Larsen Freeman（1997）提出的动态系统理论④、语料库语言学的理论、心理语言学的理论和第二语言习得理论来研究趋向补语的习得顺序、偏误共性及其内在动因。我们的研究以我们搜集到的 70 多万字的泰语母语者、越南语母语者和老挝语母语者汉语中介语语料库为依据，分初级、中级、高级三个阶段来统计三国学生习得汉语趋向补语的偏误类型、习得顺序。我们的各句式仍旧沿用肖奚强等（2009）的分类。即把汉语趋向补语的各句式分为 14 个句式。本书的习得标准从四个方面入手：一是准确率是否达到 80%（这只是一个大概的标准，在使用频率达到习得标准的情况下，使用准确率接近 80% 也视为习得）⑤；二是使用频率是否达到汉语母语者的使用标准；三是使用频率和准确率在下一个阶段是否出现下滑；四是结合偏误类型考察"不该用的时候也用了"即过度泛化的情况，分析这种情况产生的原因，权衡这种情况对习得顺序的影响。也就是说如果该项目的使用频率达到或超过汉语母语者的使用频率，

---

① 李建成：《趋向补语第二语言习得研究回顾》，《南宁师范高等专科学校学报》2009 年第 3 期。

② 汪翔、农友安：《近五年外国学生汉语趋向补语习得研究述评》，《广西教育学院学报》2011 年第 2 期。

③ 刘颂浩：《第二语言习得导论——对外汉语教学视角》，世界图书出版公司 2007 年版，第 95 页。

④ 动态系统理论将在本书的第七章结语部分予以系统的介绍。

⑤ 习得标准一致是个很有争议的问题，Brown, R.（1973）把强制语境中连续三次样本的通过率达到 90% 或以上作为习得标准，后人大多接受这一标准或稍作调整，比如将具体的习得标准定为 80% 甚至 60%，因此我们的标准基本定在 80%。

习得准确率又达到了 80%，并且到了下一个阶段没有出现下滑，我们就判定该项目在该阶段就已经习得了。我们还运用了相关分析检验基于语料库得到的数据的有效性，运用蕴含量表对基于中介语语料库得到的习得顺序结论予以验证，同时结合 Mellow，J. D. 和 K. Stanley 的泛化分析理论[①]对已经得到的习得顺序进行验证。

我们运用泛化分析理论分析泰国、越南、老挝三国非汉语母语者习得汉语趋向补语的偏误共性，并结合已有的研究探索这个共性能否成为所有的非汉语母语者习得汉语趋向补语的共性，在掌握这些共性的基础上提出针对每一个趋向补语下位句式的教学建议，以此为据，展示教学案例。

四　语料来源

我们搜集的泰国、越南和老挝三国非汉语母语者语料主要来自云南师范大学、红河学院、思茅师范学院、西双版纳职业技术学院的三国留学生汉语中介语语料，分为初级、中级、高级三个阶段来建库，分级标准以留学生的旧版汉语水平考试级别来定，三国语料的具体来源情况如下：

泰语中介语语料高级来自北京语言大学 HSK 动态作文语料库中作文分数在 60 分以上的泰国学生作文 4.2589 万字，初级和中级语料来自云南师范大学的泰国学生作文语料，中级语料 11.9127 万字，初级语料 21.0167 万字，三个阶段语料总计 37.2 万字。

老挝语母语者语料主要来自云南师范大学、思茅师范学院、西双版纳职业技术学院、云南财经大学、南开大学和老挝寮都公学的老挝语母语者的汉语中介语语料，其中初级水平作文语料 4.1888 万字，中级水平的作文语料 9.0193 万字，共计 13.2 万字。

越南语母语者语料高级来自北京语言大学 HSK 动态作文语料库中 HSK 考试分数在 60 分以上的越南学生作文语料 0.7395 万字，以及云南师范大学取得高级证书的越南学生作文语料 0.7405 万字，共计 1.48 万字；中级来自云南师范大学取得中级证书的越南留学生作文语料 10.165 万字；初级来自云南师范大学和红河学院的初级水平的越南留学生学生作文语料 15.783 万字，三阶段共计 27.4 万字。

---

① Mellow，J. D. and K. Stanley（2002：19）的泛化分析理论将在本书第一章第二节予以详细的介绍。

第一章

泰国留学生汉语趋向补语习得研究

目前，关于趋向补语习得顺序的国别化研究，国内的主要有钱旭菁的《日本留学生汉语趋向补语的习得顺序》研究，杨德峰的《英语母语学习者趋向补语的习得顺序》《朝鲜语母语学习者趋向补语习得情况分析》《日语母语学习者趋向补语习得情况分析》，陈晨等的《泰国学生汉语趋向补语习得情况考察》；针对所有外国留学生汉语趋向补语习得顺序进行研究的有肖奚强等的《外国学生汉语趋向补语句习得研究》。限于研究语料和研究方法的不同，他们的结论都有一定的差异，例如，陈晨（2007：109—111）在对泰国学生中介语语料进行统计分析的基础上指出泰国学生习得汉语趋向补语时，先习得不带宾语的简单趋向补语，再习得不带宾语的复合趋向补语，然后习得带宾语的趋向补语，这个结论与钱旭菁《日本留学生汉语趋向补语的习得顺序》，杨德峰《英语母语学习者趋向补语的习得顺序》的结论大体一致，然而和杨德峰《朝鲜语母语学习者趋向补语习得情况分析》《日语母语学习者趋向补语习得情况分析》的结论不一致，这两篇文章指出"动词＋趋向动词（本义）"、"动词＋趋$_1$＋宾语＋趋$_2$（引申义）"是日本留学生和朝鲜语母语者最容易习得的项目，上面所有这些结论又和肖奚强、周文华（2009）对所有外国留学生趋向补语习得顺序研究的结论不一致。肖奚强、周文华首次关注了每一个趋向补语句式的使用频率问题，同时把外国留学生的使用频率和汉语母语者的使用频率进行对比，这使得趋向补语习得顺序的研究更客观，因为，以准确率作为习得标准不能解释学生习得汉语语言点的回避现象，学生比较倾向于用已有的简单句型去替代复杂的难以掌握的句式；然而如何把外国学生趋向补语使用频率和习得正确率结合起来判定每个句式的习得顺序，两位学者并未指出明确的标准，致使习得顺序的排序依然有些地方不能让人信服。肖奚强、周文华（2009：71）根据趋向补语的句法结特征，把趋向补语句划分为七大类句式，再根据趋向动词本义和引申义的区别，又把每一个大类划分为两个小类，这就得到趋向补语句的 14 个下位句式：

Ⅰa：主 + 动 + 简单趋向动词（本义）

Ⅰb：主 + 动 + 简单趋向动词（引申义）

Ⅱa：主 + 动 + 宾语 + 简单趋向动词（本义）

Ⅱb：主 + 动 + 宾语 + 简单趋向动词（引申义）

Ⅲa：主 + 动 + 简单趋向动词 + 宾语（本义）

Ⅲb：主 + 动 + 简单趋向动词 + 宾语（引申义）

Ⅳa：主 + 动 + 复合趋向动词（本义）

Ⅳb：主 + 动 + 复合趋向动词（引申义）

Ⅴa：主 + 动 + 宾语 + 复合趋向动词（本义）

Ⅴb：主 + 动 + 宾语 + 复合趋向动词（引申义）

Ⅵa：主 + 动 + 趋向动词$_1$ + 宾语 + 趋向动词$_2$（本义）

Ⅵb：主 + 动 + 趋向动词$_1$ + 宾语 + 趋向动词$_2$（引申义）

Ⅶa：主 + 动 + 复合趋向动词 + 宾语（本义）

Ⅶb：主 + 动 + 复合趋向动词 + 宾语（引申义）

他们通过对 90 万字汉语中介语语料的考察，得出外国学生趋向补语各句式的使用频率从高到低排列顺序为：Ⅳb > Ⅲa > Ⅰa > Ⅲb > Ⅳa > Ⅱa > Ⅶb > Ⅰb > Ⅵb > Ⅵa > Ⅴb > Ⅶa > Ⅴa > Ⅱb；三个学习阶段的正确率均值从高到低的排序为：Ⅴa > Ⅰa > Ⅲa > Ⅲb > Ⅳa > Ⅴb > Ⅳb > Ⅶb > Ⅰb > Ⅶa > Ⅵa > Ⅵb > Ⅱa；最后，他们综合以上汉语母语者使用频率的排序、外国学生使用频率的排序和外国学生三个学习阶段正确率均值的排序，把外国学生习得趋向补语句的顺序调整为：Ⅲa > Ⅰa > Ⅳb > Ⅲb > Ⅳa > Ⅰb > Ⅴa > Ⅵa > Ⅶb > Ⅱa > Ⅵb > Ⅴb > Ⅶa > Ⅱb。

他们的这种调整让我们觉得依据不足，比如，仅仅依据 Ⅳb 的使用频率高于 Ⅲb，就把 Ⅳb 的习得顺序调在 Ⅲb 前面不合适，理由是：从肖奚强、周文华（2009：72）的统计数据我们可以看到外国学生 Ⅲb 和 Ⅳb 的使用频率和母语使用者相比均不足，Ⅲb 相差万分之 1.867，Ⅳb 却相差万分之 2.089，相差得更多；再从外国留学生使用正确率上看 Ⅲb 是 93.3%，而 Ⅳb 是 89.6%，明显比 Ⅲb 低；因此，无论从使用频率还是从正确率上来看，都没有根据把 Ⅳb 的习得排在 Ⅲb 的前面。再参看《汉语水平等级标准和语法等级大纲》，Ⅲb 属于乙级语法项目（第 78—79 页），而 IVb 属于乙级和丙级语法项目（第 116—117 页），这种调整确实有待于实践检验。

国外的研究主要有 ShuLing Wu（2011：440）的"learning to express motion events in an L2：the case of Chinese directional complements"和 Lu, J（1984）的"Directional complement：A pedagogical view"，他们把趋向补语分为六个类型，习得顺序为：

动词带简单趋向补语＞动词带复合趋向补语＞动词后带简单趋向补语和一般宾语＞动词后带简单趋向补语和处所宾语＞动词带复合趋向补语和一般宾语＞动词带复合趋向补语和处所宾语

这个结论与杨德峰、陈晨等的研究大体一致，但与肖奚强的结论不一致。

此外，关于习得顺序的研究，仍旧有很多理论和方法上的分歧，大多研究者依据的是使用准确率作为习得的标准，所得出的结论是学习者随着汉语水平的提高，相关语言点的习得也会逐渐接近母语者的水平；也有一些研究者通过调查指出学习者的汉语水平提高了，但对相关语法点的掌握并未随之提高。[1] Chuanren Ke（2005）通过对 4 个年级的 64 个汉语学习者 19 个语法点进行"中文口语测试"得出三种基本习得模式：（1）线性渐进行为模式，表明某些语法点的掌握是和学习者语言能力的提高相关的。（2）U 型的行为发展模式，表明在某些语法点的学习上，学习者在最初的成功之后会出现一个下滑阶段，而在他们的语言能力提高之后，其语法能力会再度回升。（3）高原水平行为模式，表明当学习者的中介语达到相当的能力等级的时候，在某些语法现象的学习上，可能会出现石化现象。那么趋向补语各句式的习得情况究竟怎样呢？这也是本书想要探究的问题之一。

此外，国外一些学者认为第二语言习得理论和复杂理论有相似性，第二语言习得是动态的、非线性的、不可预测的，引用如下：

There are many striking similarities between the new science of chaos/

---

① Chuanren Ke, "Patterns of Acquisition of Chinese linguistics Features by CFL Learners", *Journal of the Chinese Language Teachers Associatio*, Vol. 40, No. 1, 2005.

complexity and second language acquisition （SLA）. [1]

The system discussed in this paper can be characterized to varying degrees by the following features, they aredynamic, complex, nonlinear, chaotic, unpredictable, sensitive to initial conditions, open, self-organizing, feedback sensitive and adaptive. In addition to these ten characteristics, such systems possess strange attractors, which are fractal in shape. [2]

他们认为第二语言习得的过程不管何其相似，但仍旧是不可预测的，因为微小的输入差别可以引起输出的不同，引用如下：

A major reason for the unpredictable behavior of complex systems is their sensitive dependence on initial conditions. A slight change in initial conditions can have vast implications for future behavior. Indeed, the behavior of systems with different initial conditions, no matter how similar, diverges exponentially as time passes. A phenomenon known popularly as "the butterfly effect" exemplifies this feature and underscores the interdependence of all components in the system. The butterfly effect is notion that a butterfly fluttering its wings in a distant part of the word today can transform the local weather pattern next month. "Tiny difference in input could quickly overwhelming differences in output. "（Gleick, 1987: 8）[3]

从引文中我们可以看到动态复杂系统理论认为第二语言习得模式对最初的习得状态的依存性和微小变化的敏感性是他们认为习得不可预测的主要原因，文中还以"蝴蝶效应"做比喻来印证自己的观点，然而值得我们深思的是气象部门并没有因为"蝴蝶效应"而停止天气预报，这一点又给了我们可以寻找第二语言习得大致规律的信心，同样从该理论中我们也找到了可以对二语习得顺序做大致预测的理论根据，引文如下：

---

① Larsen-Freeman, D., "Chaos/Complexity Science and Second Language Acquisition", *Applied Linguistics*, Vol. 18, 1997, p. 141.

② Ibid. , p. 142.

③ Ibid. , p. 144.

The path that a dynamic system takes can be traced in space and is called an attractor. It receives this name because it is the pattern to which a dynamic system is attracted. For example, in a closed system, where there is no influx of energy, a bob swinging on the end of a string has a fixed point attractor, eventually the bob will settle down, stop swinging and be attracted to a fixed point. A frictionless pendulum, on the other hand, yields a periodic or limit cycle attractor. Its attractor is an orbit defined by the two extremes at either end. [1]

A complex nonlinear system exhibits a different attractor altogether, one which was until recently unknown. Such a system has a "strange" attractor because although its cycle repeats itself like the frictionless pendulum, no cycle ever follows the exact same path or overlaps any other cycle. "The orbits can become very densely packed together, and can in fact approach infinite thinness, but are still constrained within the limits of the attractor." (Taylor, 1994: 203) Thus, globally a pattern emerges, but locally it is impossible to predict just what the details will look like. For instance, at the same time that weather is constantly changing, it also stays within the boundaries of what we call the climate. "We can tell where the system cannot be, and we can identify the states that the system is most likely to be, but we cannot tell exactly where the system will be." (Mohanan, 1992: 650) As such, a strange attractor can be depicted as "stochastic behavior occurring within a deterministic system." (Stewart, 1989: 17)[2]

从上面这两段话可以看到，对于一个动态的复杂适应系统来说，我们不能预测该系统发展的具体细节，但还是可以预测这个系统的大致发展趋势的，这个观点在这篇文章里得到进一步证实，引文如下：

If language acquisition isa process of pattern formation, and if patterns

---

① Larsen-Freeman, D., "Chaos/Complexity Science and Second Language Acquisition", *Applied Linguistics*, Vol. 18, 1997, p. 145.

② Ibid., p. 146.

can be created spontaneously that are more complex than the input data, how is it possible for us to comprehend one another? Why do we not each wind up creating our own language, speaking mutually unintelligible idiolects?

The first answer to thisquestion is that the process of pattern formation happens within a system which constrains its general shape. The second answer is that grammars of speakers in the

Same community adapt to each other. Recall that adaptation is also an inherent quality of dynamic, complex nonlinear systems. ①

从上面的引文来看，第二语言习得模式的形成过程受中介语这个动态系统的总体控制，这个系统决定着每一个语言模式的总体走向，语言使用者的语法在这个总体模式的连续统里互相适应，因此他们能互相理解彼此的中介语。Mohanan（1992：654—655）也有过详细的论述，引文如下：

The emergency of order/complex organization in linguistic system is analogous to the emergency of order/complex in non-linguistic systems. The formation of grammar in an individual does not involve a logical problem of deducing propositional knowledge, but involves growth of form in a system that governs the external behavior of the system. Linguistic patterns appear spontaneously in the language faculty, when triggered by the environment like patterns in snowflakes, unlike snowflakes, however, linguistics systems exhibit adaptability. Their internal changes are governed by the pressure to confirm in their overt behavior to those of the other members of the community. ②

所以即使在复杂理论的理论框架下，我们还是可以研究每个语法模式习得的大致情形的。至于什么时候算中介语模式形成并稳定下来，Tar-

---

① Larsen-Freeman, D., "Chaos/Complexity Science and Second Language Acquisition", *Applied Linguistics*, Vol. 18, 1997, pp. 153—154.

② Ibid., p. 154.

one, Frauenfelder 和 selinker（1976）指出，当在强制语境中出现某个语言项目时，可变因素小于等于10%时就算是系统已经稳定下来了。我们下文据此把使用准确率达到90%定为习得标准之一。

近年来对二语习得顺序的研究基本上达成一个共识：不同年龄、学习类型和母语背景的学习者习得某一语法项目遵循几乎相同的习得顺序。那么不同母语背景的学习者习得汉语趋向补语是否也遵循一致的习得顺序呢？鉴于此，我们想探究以下几个问题：一是趋向补语的习得是否遵循一个固定的习得顺序；二是趋向补语的习得顺序受不受母语的影响，也就是不同母语背景的汉语学习者习得汉语趋向补语的顺序是否一致；① 三是趋向补语的习得顺序及其内在动因。我们的研究将通过对泰国、越南、老挝三国留学生中介语语料库定性和定量考察来解决上面的问题。因为从复杂理论的观点，学习者的中介语语法必须看作是逐步完善地适应于一个不断变化的目标语法的过程，而不是看作像一个固定的目的语语法的一系列接近的过程，所以他们认为我们应该用摄像机来研究二语习得的动态进化过程，而不是用照相机来静态的研究二语习得，具体论述如下：

> From a chaos/complexity theory perspective, then, an IL must be conceived as the evolving grammar of the learner adapting to an evolving target grammar, not as one of a set of successive approximations to a steady state grammar. In other words, we need a camcorder, not a camera to do our research. ②

我们的研究是基于中介语语料库的，分阶段的纵向和横向结合的动态研究。

---

① 从理论上讲是应该受影响的。复杂适应理论认为第一语言始终明显地作为一个奇怪的引子约束着他们中介语的发展，这个引子的作用比目的语的作用还大。此外，一个明显的基于语言而导致的差异是学习者文化背景的不同，这种背景差异常常是二语习得者是否习得这一语言的第一位的因素。［Besides the obvious linguistically-based differences are the learners' cultural backgrounds and reasons for learning（not learning）a second or foreign language in the first place.］参见 Larsen-Freeman, D., "Chaos/Complexity Science and Second Language Acquisition", *Applied Linguistics*, Vol. 18, 1997, p. 152。

② Larsen-Freeman, D., "Chaos/Complexity Science and Second Language Acquisition", *Applied Linguistics*, Vol. 18, 1997, p. 159.

第一节　泰国留学生汉语趋向补语习得顺序

一　汉语母语者趋向补语各句式的使用情况分析

本书沿用肖奚强、周文华二位专家的做法采用使用频率作为制定习得顺序的参考依据，同时我们把标准明确下来，那就是在外国留学生某几个趋向补语句式的使用频率都达到或者超过汉语母语者使用频率的时候，以习得的正确率作为排序的标准，在外国留学生某几个趋向补语句式的使用频率都未达到汉语母语者使用频率的时候，比较留学生使用频率和汉语母语者使用频率之间的差值、留学生各句式正确率之间的差值，并参照下几个阶段的习得情况，此外，还要结合对偏误类型和偏误原因的分析、使用范围等总体情况来确定习得顺序。

为了能全面地反映汉语母语者趋向补语各句式的使用情况，我们对国家语委 2000 万字现代汉语语料库中简单趋向补语"来"、"去"、"上"、"下"、"进"、"出"、"回"、"过"、"起"、"开"、"到"和复合趋向补语"上来"、"下来"、"进来"、"出来"、"回来"、"过来"、"起来"、"开来"、"开去"、"上去"、"下去"、"进去"、"出去"、"回去"、"过去"、"到……来"、"到……去"这 28 个补语的使用频率进行了统计，得出表 5。

从表 5 我们可以看到趋向补语使用频率最高的句式是 IVb 和 IIIb，然后才是 IVa、Ia 和 IIIa，汉语母语者的使用频率说明趋向补语的使用并不像人们想象的那样本义的使用频率一定高于引申义，而使用频率又是一个句式是有标记还是无标记的一个重要参考值。① 表 5 的数据我们会在全书的习得分析中予以引用。

二　泰国学生汉语趋向补语习得顺序考察

在对泰国学生汉语趋向补语习得顺序的研究上，陈晨等（2007）做了有益的探索。然而陈晨等（2007）对泰国学生 12 万字自然语料的偏误统计并未分出级别，也未涉及对泰国学生使用趋向补语时回避策略的研究，他们的结论也和肖奚强、周文华（2009）的结论不一致，鉴于此，

① 沈家煊：《不对称和标记论》，江西教育出版社 1999 年版，第 33 页。

表 5　汉语母语者趋向补语各句式使用频次和频率统计

句式 \ 类型	Ⅰa	Ⅰb	Ⅱa	Ⅱb	Ⅲa	Ⅲb	Ⅳa	Ⅳb	Ⅴa	Ⅴb	Ⅵa	Ⅵb	Ⅶa	Ⅶb
V（…）来	3602	432	270	1	181	67	0	0	0	0	437	1059	0	0
V（…）去	1730	774	605	11	87	42	0	0	0	0	921	334	0	0
V（…）上	0	36	0	0	34	101	0	0	0	0	0	0	0	0
V（…）起	35	93	0	0	24	127	0	0	0	0	0	0	0	0
V（…）下	7	2	0	0	20	18	0	0	0	0	0	0	0	0
V（…）出	5	133	0	0	41	1632	0	0	0	0	0	0	0	0
V（…）开	6	22	0	0	4	14	0	0	0	0	0	0	0	0
V（…）进	0	0	0	0	31	7	0	0	0	0	0	0	0	0
V（…）回	2	3	0	0	11	9	0	0	0	0	0	0	0	0
V（…）到	4	17	0	0	1736	6280	0	0	0	0	0	0	0	0
V（…）过	17	0	0	0	154	2	0	0	0	0	0	0	0	0
V起来	0	0	0	0	0	0	869	9127	0	1	16	415	17	13
V上来	0	0	0	0	0	0	78	253	5	5	14	14	3	1
V下来	0	0	0	0	0	0	851	1741	4	5	15	24	8	2
V进来	0	0	0	0	0	0	305	89	15	7	9	1	5	2
V出来	0	0	0	0	0	0	1243	3044	26	5	26	328	10	0
V回来	0	0	0	0	0	0	464	155	34	12	3	6	12	3

续表

类型 句式	Ia	Ib	IIa	IIb	IIIa	IIIb	IVa	IVb	Va	Vb	VIa	VIb	VIIa	VIIb
V过来	0	0	0	0	0	0	664	579	13	2	37	57	11	8
V开来	0	0	0	0	0	0	34	231	0	0	1	2	1	0
V上去	0	0	0	0	0	0	52	500	0	0	15	8	0	0
V下去	0	0	0	0	0	0	289	1637	0	1	15	3	0	1
V进去	0	0	0	0	0	0	270	182	13	1	19	4	5	0
V出去	0	0	0	0	0	0	513	361	12	9	5	0	2	4
V回去	0	0	0	0	0	0	161	302	1	6	7	10	0	0
V开去	0	0	0	0	0	0	9	60	0	0	0	0	0	0
V过去	0	0	0	0	0	0	727	2927	3	0	23	5	0	1
V到……来	0	0	0	0	0	0	0	0	0	0	316	212	0	0
V到……去	0	0	0	0	0	0	0	0	0	0	837	304	0	0
合计	5401	1519	875	12	2323	8299	6529	21188	126	53	1358	1393	57	35
相对使用率	10.98%	3.089%	1.78%	0.024%	4.72%	16.88%	13.28%	43.093%	0.256%	0.11%	2.76%	2.83%	0.12%	0.07%
绝对使用频率	2.7005	0.7595	0.4375	0.006	1.1615	4.1495	3.265	10.594	0.063	0.0265	0.679	0.6965	0.0285	0.0175

附注：统计 VIa：主＋动＋宾语＋趋向动词$_1$＋宾语＋趋向动词$_2$（本义）和 VIb：主＋动＋趋向动词$_1$＋宾语＋趋向动词$_2$（引申义）的使用频次时，为了和刘月华（2005）归纳出的补语类型语型保持一致，我们把"V到……来"和"V到……去"的统计数据单独列出来。此外，关于"V到……来"（2005）的分类"V到……去""V到……来""V到……去"是作介词短语补语还是作趋向补语，学界的看法不一致，我们在本书的统计中一律依据刘月华（2005）按趋向补语来处理。绝对使用频率＝使用次数/语料库字数2000万，表中的绝对使用频率都是万分位的。相对使用频率＝该句式的使用频率/趋向补语所有句式使用总频次×100%。

我们对泰国学生习得汉语趋向补语的顺序进行进一步的探索。我们的泰国学生中介语语料，高级来自北京语言大学 HSK 动态作文语料库中作文分数在 60 分以上的泰国学生作文 4.2589 万字，初级和中级语料来自云南师范大学的泰国学生作文语料（分级以留学生的汉语水平考试级别来定），中级语料 11.9127 万字，初级语料 21.0167 万字，三个阶段语料总计 37.2万字。统计结果制成表 6、表 7、表 8，在这三个表格中初、中、高三级外国学生使用频率的数据来自肖奚强、周文华（2009）的论文。

（一）泰语母语者各阶段趋向补语使用情况及相关分析

1. 泰语母语者各阶段趋向补语使用情况

表 6　　泰语母语者初级水平汉语学习者汉语趋向补语使用情况统计

数据\句式	泰国学生使用情况				汉语母语者使用频率	泰国学生和汉语母语者使用频率之差	外国学生使用频次
	使用频次	使用频率	错误频次	正确频率（%）			
句式 Ia	159	7.6	2	98.74	2.7005	4.8995	2.2
句式 Ib	78	3.7	1	98.71	0.7595	2.9405	0.067
句式 IIa	30	1.4	1	96.67	0.4375	0.9625	2.4
句式 IIb	6	0.3	0	100	0.006	0.294	0
句式 IIIa	138	6.6	12	91.30	1.1615	5.4385	2.233
句式 IIIb	363	17.3	6	98.35	4.1495	13.1505	0.533
句式 IVa	73	3.5	1	98.6	3.265	0.235	1.367
句式 IVb	132	6.3	5	96.21	10.594	−4.294	2.4
句式 Va	4	0.1903	2	50	0.063	0.1273	0.033
句式 Vb	1	0.0476	1	0.026	0.026	0.0216	0.033
句式 VIa	1	0.0476	0	100	0.679	−0.6314	0.133
句式 VIb	4	0.1903	0	100	0.6965	−0.5062	0.2
句式 VIIa	1	0.1427	1	0	0.0285	0.1142	0.033
句式 VIIb	0	—	0	0	0.018	—0.018	0.467

表 7　　泰语母语者中级水平汉语学习者趋向补语使用情况统计

数据\句式	泰国学生使用情况				汉语母语者使用频率	泰国学生和汉语母语者使用频率之差	外国学生使用频次
	使用频次	使用频率	错误频次	正确频率（%）			
句式 Ia	99	8.3105	5	94.94	2.7005	5.61	3

续表

数据 句式	泰国学生使用情况				汉语母语者 使用频率	泰国学生和汉 语母语者使用 频率之差	外国学生 使用频次
	使用 频次	使用 频率	错误 频次	正确频 率（%）			
句式 Ib	97	8.1426	3	96.9	0.7595	7.3831	0.533
句式 IIa	12	1.0073	0	100	0.4375	0.5698	0.9
句式 IIb	6	0.0839	1	83.3	0.006	0.0779	0
句式 IIIa	134	11.2485	24	82.09	1.1615	10.087	6.567
句式 IIIb	465	39.034	14	96.99	4.1495	34.8845	3.567
句式 IVa	25	2.0986	2	92	3.265	−1.1664	1.167
句式 IVb	101	8.4783	6	94.06	10.594	−2.1157	6.433
句式 Va	4	0.3358	1	75	0.063	0.2728	0
句式 Vb	6	0.5037	1	83.33	0.027	0.4767	0.6
句式 VIa	2	0.1679	0	100	0.679	−0.5111	0.4
句式 VIb	7	0.5876	0	100	0.6965	−0.1089	0.2
句式 VIIa	0	—	—	—	0.029	−0.029	0.033
句式 VIIb	2	0.0839	2	0	0.018	0.0729	0.9

表8　　　　泰语母语者高级水平汉语学习者趋向补语使用情况统计

数据 句式	泰国学生使用情况				汉语母语者 使用频率	泰国学生和汉 语母语者使用 频率之差	外国学生 使用频次
	使用 频次	使用 频率	错误 频次	正确频 率（%）			
句式 Ia	2	0.4696	0	100	2.7005	−2.2309	6.867
句式 Ib	29	6.8093	8	72.41	0.7595	6.0498	0.933
句式 IIa	0	—	0	0	0.4375	−0.4375	1.433
句式 IIb	0	—	0	0	0.006	−0.006	0
句式 IIIa	35	8.2181	2	94.29	1.1615	7.0566	6.833
句式 IIIb	423	99.3214	4	99.05	4.1495	95.7719	4.9
句式 IVa	2	0.4696	0	100	3.265	−2.7954	2.733
句式 IVb	36	8.4529	3	91.67	10.594	−2.1411	9.433
句式 Va	2	0.2348	2	0	0.063	0.1718	0.067
句式 Vb	1	0.2348	0	100	0.027	0.2078	0.033
句式 VIa	2	0.4696	0	100	0.679	−0.2094	0.333
句式 VIb	2	0.4696	0	100	0.6965	−0.2269	0.733
句式 VIIa	0	—	—	—	0.0285	−0.0285	0.1
句式 VIIb	0	—	—	—	0.017	−0.018	1.067

附注：表6至表8的使用频次是指相应句式在该阶段中介语语料中出现的总次数，使用频率＝使用频次/该阶段的总字数，表中出现的使用频率的数据单位都是万分位的。正确率＝每个句式正确的频次/该句式总的使用频次×100%。

2. 泰语母语者趋向补语各句式习得准确率的相关情况及其原因分析

（1）泰语母语者趋向补语各句式准确率初、中、高三阶段相关度分析

为能了解泰语母语者初、中、高三阶段趋向补语各句式习得准确率的相关情况，我们通过相关分析制成了表9。

表9　泰语母语者趋向补语各句式初、中、高三阶段准确率相关度分析表

Correlations

初级	Pearson Correlation	1	0. 596 *	0. 036
	Sig.　(2 – tailed)	0	0. 041	0. 911
	N	12	12	12
中级	Pearson Correlation	0. 596 *	1	0. 371
	Sig.　(2 – tailed)	0. 041	0	0. 235
	N	12	12	12
高级	Pearson Correlation	0. 036	0. 371	1
	Sig.　(2 – tailed)	0. 911	0. 235	0
	N	12	12	12

注：* Correlation is significant at the 0. 05 level（2 – tailed）.

从表9可以看到泰语母语者趋向补语各句式在初级阶段和中级阶段的习得准确率相关度较高，达到了59.6%，二者和高级阶段的习得准确率不相关，这应该是由于高级阶段中介语语料的字数较少造成的，因此初、中级两个阶段的统计数据有较高的可信度。

（2）泰语母语者12种趋向补语正确率相关度分析

因VIIa和VIIb的准确率在三个阶段都是0，因此我们把这两种句式排除在外，对其他12种句式的准确率进行相关分析，制成表10。

从表10可以看到Ia和IIIa、IVa、IIIb高度正相关，相关系数为1；它们与IIa、Va负相关，相关系数为–1；句式IIa与句式Va高度正相关，相关系数为1，二者与句式Ia、IIIa、IIIb、IVa高度负相关，相关系数为–1；句式Ib与句式IIb、IVb高度正相关，相关系数为1，它们与句式Vb高度负相关，相关系数为–1。只有句式VIa、VIb未显示出与其他句式准确率的统计学意义上的相关，这表明这两个句式的习得准确率偶然性较大。因为"The high degree of intercorrelation，combined with the unavoidable

表 10　泰语母语者 12 种趋向补正确率相关度表

Correlations

		句式ⅠA	句式ⅠB	句式ⅠA	句式ⅠB	句式ⅠA	句式ⅠB	句式ⅠA	句式ⅠB	句式ⅠA	句式ⅠB	句式ⅠA	句式ⅠB
Spearman's rho													
句式ⅡA	Correlation Coefficient	1.000	−0.500	−1.000**	−0.500	1.000**	1.000**	1.000**	−0.500	−1.000**	0.500	0	0
	Sig. (2-tailed)	0	0.667	0.000	0.667	0	0	0	0.667	0.000	0.667	0	0
	N	3	3	3	3	3	3	3	3	3	3	3	3
句式ⅡB	Correlation Coefficient	−0.500	1.000	0.500	1.000**	−0.500	−0.500	−0.500	1.000**	0.500	−1.000**	0	0
	Sig. (2-tailed)	0.667	0	0.667	0	0.667	0.667	0.667	0	0.667	0.000	0	0
	N	3	3	3	3	3	3	3	3	3	3	3	3
句式ⅡA	Correlation Coefficient	−1.000**	0.500	1.000	0.500	−1.000**	−1.000**	−1.000**	0.500	1.000**	−0.500	0	0
	Sig. (2-tailed)	0.000	0.667	0	0.667	0.000	0.000	0.000	0.667	0	0.667	0	0
	N	3	3	3	3	3	3	3	3	3	3	3	3
句式ⅡB	Correlation Coefficient	−0.500	1.000**	0.500	1.000	−0.500	−0.500	−0.500	1.000**	0.500	−1.000**	0	0
	Sig. (2-tailed)	0.667	0	0.667	0	0.667	0.667	0.667	0	0.667	0.000	0	0
	N	3	3	3	3	3	3	3	3	3	3	3	3
句式ⅡA	Correlation Coefficient	1.000**	−0.500	−1.000**	−0.500	1.000**	1.000**	1.000	−0.500	−1.000**	0.500	0	0
	Sig. (2-tailed)	0	0.667	0.000	0.667	0	0	0	0.667	0.000	0.667	0	0
	N	3	3	3	3	3	3	3	3	3	3	3	3
句式ⅡB	Correlation Coefficient	1.000**	−0.500	−1.000**	−0.500	1.000**	1.000	1.000**	−0.500	−1.000**	0.500	0	0
	Sig. (2-tailed)	0	0.667	0.000	0.667	0	0	0	0.667	0.000	0.667	0	0
	N	3	3	3	3	3	3	3	3	3	3	3	3

续表

		句式ⅠA	句式ⅠB	句式ⅠA	句式ⅠB	句式ⅠA	句式ⅠB	句式ⅠA	句式ⅠB	句式ⅠA	句式ⅠB	句式ⅠA	句式ⅠB
句式ⅡA	Correlation Coefficient	1.000**	-0.500	-1.000**	0.500	1.000**	1.000**	1.000**	-0.500	-1.000**	0.500	0	0
	Sig. (2-tailed)	0	0.667	0.000	0.667	0	0	0	0.667	0.000	0.667	0	0
	N	3	3	3	3	3	3	3	3	3	3	3	3
句式ⅡB	Correlation Coefficient	-0.500	1.000**	0.500	-1.000**	-0.500	-0.500	-0.500	1.000	0.500	-1.000**	0	0
	Sig. (2-tailed)	0.667	0	0.667	0.000	0.667	0.667	0.667	0.000	0.667	0.000	0	0
	N	3	3	3	3	3	3	3	3	3	3	3	3
句式ⅡA	Correlation Coefficient	-1.000**	0.500	1.000**	-0.500	-1.000**	-1.000**	-1.000**	0.500	1.000	-0.500	0	0
	Sig. (2-tailed)	0.000	0.667	0	0.667	0.000	0.000	0.000	0.667	0	0.667	0	0
	N	3	3	3	3	3	3	3	3	3	3	3	3
句式ⅡB	Correlation Coefficient	0.500	-1.000**	-0.500	1.000**	0.500	0.500	0.500	-1.000**	-0.500	1.000	0	0
	Sig. (2-tailed)	0.667	0.000	0.667	0.000	0.667	0.667	0.667	0.000	0.667	0.000	0	0
	N	3	3	3	3	3	3	3	3	3	3	3	3
句式ⅡA	Correlation Coefficient	0	0	0	0	0	0	0	0	0	0	0	0
	Sig. (2-tailed)	0	0	0	0	0	0	0	0	0	0	0	0
	N	3	3	3	3	3	3	3	3	3	3	3	3
句式ⅡB	Correlation Coefficient	0	0	0	0	0	0	0	0	0	0	0	0
	Sig. (2-tailed)	0	0	0	0	0	0	0	0	0	0	0	0
	N	3	3	3	3	3	3	3	3	3	3	3	3

注：** Correlation is significant at the 0. 01 level（2－tailed）。

附注：图表中的 IA 等句式就是我们研究的 Ia 等句式，Spss 把小写字母 a、b 自动生成了大写字母 A、B。

difference in reliability between the different predictors（perfect, for instance, for syntactic category, and clearly subject to measurement error for frequency）, means that a high degree of predictive validity of a given variable could be largely due to its correlation with another variable and to its high reliability. "①

　　从上面的相关分析可以看出，趋向补语各句式的本义之间除了和与 IIa、Va 负相关之外，与其他句式都是高度的正相关，这些句式和趋向补语句式"动词+趋向补语（引申义）+宾语"之间也是高度正相关。表趋向补语引申义的各句式除了和句式 Vb 高度负相关之外，其他句式都是高度正相关。为什么这样呢？参看表 5 可以知道除了 VIa、VIb、VIIa 和 VIIb 的使用频率极低外，Ⅱa、Ⅱb 和 Va、Vb 都是使用频率极低的有标记句式，为什么其他句式的习得情况和Ⅱa、Va、Vb 这些有标记句式负相关，而和Ⅱb 这样的有标记句式正相关呢？

　　Ⅱb 这一句式是和泰语母语者表达同样意义时一致的句式。当趋向当补语为简单趋向补语时，汉语中如果宾语是表示人或物体的名词（一般宾语），宾语可以在趋向补语前也可以在趋向补语后。但是泰语中若宾语是表示人或物体的名词，宾语的位置一般放在趋向补语之前。一般来说，泰语里要把数量作宾语的定语部分放在补语之后。例如：

拿一本书来。⎫　หยิบ หนังสือ มา หนึ่ง เล่ม
拿来一本书。⎭　（拿　书　来　一　本）

煮了一碗面条来。⎫　ต้ม บะหมี่ มา หนึ่ง ถ้วย
煮来了一碗面条。⎭　（煮 面条 来 一　碗）

拿了一张报纸去。⎫　หยิบ หนังสือพิมพ์ ไป หนึ่ง ฉบับ
拿去了一张报纸。⎭　（拿　报纸　去　一　张）

---

　　① Goldschneider, Jennifer M, and Dekeyser, Robert, M., "Explaining the 'Natural Order of L2 Morpheme Acquisition' in English: A Meta – analysis of Multiple Determinants", *Language Learning*, Vol. 55, 2005, pp. 57 – 58. 这段话的大致意思是：一个给定变量的高程度预测效度在很大程度上是由于其与另一变量的相关度高，相关变量的信度高与该给定变量的预测效度高也有很大的关联性。

也就是说，当简单趋向补语和一般事物宾语同现时，汉语里要用Ⅱb 和Ⅲb 这两个句式，泰语里只用Ⅱb 这一个句式。

当动词后补语为复合趋向补语时，宾语为表示人或事物的名词（一般宾语）时，汉语中宾语的位置有三种："动词＋趋向补语₁＋宾语＋趋向补语₂"（Ⅵa、Ⅵb）、"动词＋复合趋向补语＋宾语"（Ⅶa、Ⅶb）、"动词＋宾语＋复合趋向补语"（Va、Vb）；虽然汉语宾语的位置比较自由，但是宾语位于趋向补语的中间是最常见的。而泰语中宾语的位置只能用在复合趋向补语之前，并与主要动词结合较紧，泰语只能采用"动词＋宾语＋复合趋向补语"（Va、Vb）的形式。例如：汉语里说"他从房间里搬出一把椅子来"、"他从房间里搬出来一把椅子"，泰语却只有下面一种说法：

เขา ย้าย เก้าอี้ หนึ่ง ตัว ออก มา จาก ใน ห้อง
（他 搬 椅子 一 把 出 来 从 里 房间）

汉语在祈使句里用"动词＋宾语＋复合趋向补语"的形式，而泰语还是用"动词＋宾语＋复合趋向补语"的形式，这时的汉泰语序是一致的。例如，汉语里说"你从房间里搬一把椅子出来"，泰语里说：

คุณ ย้าย เก้าอี้ หนึ่ง ตัว ออก มา จาก ใน ห้อง
（你 搬 椅子 一 把 出 来 从 里 房间）

泰语中的这个语序是和汉语里 Va 的语序是一致的，而 Va 的使用常常导致对带有复合趋向补语句式 Ⅳa 的"把"字句的回避，比如他们造出的句子"王太太正在摘着苹果下来"这一 Va 句式其实是对"王太太正忙着把苹果摘下来"这一句式的回避使用。

同样道理汉语 Vb 的语序和泰语是一致的，受母语负迁移影响，泰国学生中介语里 Vb 的使用频率在初、中、高三个阶段都达到了母语者水平，而Ⅵb 的使用频率却呈现出不足，在汉语里用Ⅵb 时，在泰语里却用Ⅱb 和 Vb。例如中级阶段出现的下面两例Ⅱb 的偏误，都是可以用Ⅵb 表达的。

（1）整个晚上都在写字差点儿指就流血来了。（"流血来了"应改为"流出血来"）

（2）老师们说如果想拿回去要交父母来。（"交父母来"改为"交到父母手里去"，当然也可以改为"交给父母"）

也就是说Ⅱb的使用会对Ⅵb的使用产生负面影响，未对其他趋向补语句式产生负面影响；而我们的相关分析未检出Ⅵb和其他趋向补语句式的相关关系，因此虽然Ⅱb也是个标记性很高的句式，但却呈现出与其他趋向补语引申义句式的正相关。

"Ⅴb"的使用和其他句式负相关，应主要是由于受泰语母语负迁移影响造成这一句式的泛化，回避了其他趋向补语句式的使用。Ⅴb各阶段的用例及偏误如下。

初级阶段Ⅴb的用例及偏误：

（3）看来他很累，但是她坚持地照顾我下去。（应改为：看来他很累，但是她坚持地照顾我照顾下去）

中级阶段Ⅴb的所有用例：

（4）爸爸需要用九牛二虎之力才能带着我们出来。

（5）到家的时候就没有带它回来。

（6）只有我爸爸妈妈打电话回来。

（7）他还去帮我找手机回来。

（8）有钱时就在家做饭，一个人买菜回来然后做，这就可以省钱了。

（9）有了它去哪里都很方便想家就可以打电话回去。

高级阶段Ⅴb的所有用例：

（10）我曾交往过几个从别所学校转学过来的同学。

中级阶段和高级阶段Ⅴb的用例都没有出现趋向补语的错误。但是这些句子里（4）、（5）、（7）用"把"字句把Ⅴb变成Ⅳb更符合我们中国人的语感，这样看来Ⅴb确实对Ⅳb的使用产生影响。

Ⅱa之所以和其他句式的习得负相关，是因为Ⅱa是汉语里特有的有标记句式，非汉语母语者一般回避使用这个句式，而是用句式Ⅲa来代替；以中级阶段的中介语偏误为例，中级阶段有12例偏误，如下：

（11）我空然把我的手进去口袋要拿手机给我朋友照顾一下。

（12）我们在那边玩了好几天才回来昆明。

（13）有一天我的学姐和她们的老师进来了我们班。

（14）我觉得最成功的人是走去外面看看别的世界。

（15）如果有空的话，我们俩常常做菜或者出去外面吃东西。

（16）第三天我进去了汉城。

（17）我们很高兴她走去那家宾馆。

（18）然后我们就急忙地跳到大门。

（19）如果爸爸要出去外面。

（20）有人说医生把他的死体拉去别的地方了。

（21）我也不只怎么样有多少钱就都带上钱包里

（22）我从来都没有出到国外。

上面这12例基本上都是泰语的用法迁移到汉语里来了。汉语中若简单趋向补语为"来"、"去"，宾语为处所词语，宾语就位于"来"、"去"之前，即"动词＋处所宾语＋'来/去'"（Ⅱa）。但是泰语中若宾语为处所宾语，就跟汉语中的形式不一样了，泰语中采用"动词＋'来/去'＋处所宾语"（Ⅲa）形式。例如：

汉语：进教室来。

泰语：เข้า　มา　ห้องเรียน

　　　（进　来　教室。）

汉语：回学校去。

泰语：กลับ　ไป　โรงเรียน

　　　（回　去　学校。）

　　汉语中"上、下、进、出、回、过、起"等作简单趋向补语时，后面带一般宾语或者处所宾语时，宾语只有一个位置：放在补语的后面。可是泰语中在简单趋向补语的后面带一般宾语和带处所宾语结构形式不一样，若带一般宾语，就采用"动词＋宾语＋趋向补语"形式，宾语放在谓语动词的后面，放在简单趋向补语的前面；若带处所宾语，就采用"动词＋趋向补语＋宾语"（Ⅲa）形式，这样当简单趋向补语为"上、下、进、出、回、过、起"，且带处所宾语时，汉泰的语序是一致的，因此最不一致的是"来/去"作简单趋向补语，并且和"处所宾语"共现时，汉泰语序不一致，从而导致了泰国学生的Ⅲa偏误。在高级阶段我们仍旧发现一例这样的Ⅲa偏误，即"吸烟的人吸烟进去身体里面会得了肺病"。例（11）至例（13）都是泰语的语序，都应该改为"动词＋处所宾语＋来/去"。例（14）至例（20）应该改为"动词＋到＋处所宾语＋去"，这也跟母语的影响有关。由于动词带复合趋向补语时，当宾语为处所宾语时，汉语中处所宾语的位置只能放在复合趋向动词之间，结构为"动词＋趋$_1$＋处所宾语＋趋$_2$"；泰语中却有两种表达形式，即"动词＋复合趋向补语＋处所宾语"和"动词＋趋$_1$＋处所宾语＋趋$_2$"，前者使用频率高于后者，因此泰国学生使用Ⅵa的形式比较少，而是采用泰语中常见的"动词＋趋向补语＋处所宾语"（Ⅶa）的形式。例如：

$$
他走进教室来了\left\{
\begin{array}{l}
\text{เขา เดิน เข้า มา ใน ห้องเรียน แล้ว} \\
\text{（他　走　进　来　里　教室　了）} \\
\text{เขา เดิน เข้า ห้องเรียน มา แล้ว} \\
\text{（他　走　进　　教室　来　了）}
\end{array}
\right.
$$

　　例（21）是趋向补语的错误，"带上钱包里"应改为"带到钱包里"。例（22）应是趋向补语和动词都用错了，"出到国外"应该改为"去过国外"。

　　从上面的分析可以看到Ⅱa、Ⅴa、Ⅴb这三个标记性较强的句式的使用正确率和其他趋向补语句式的使用准确率负相关，是由于它们的使用可能意味着与其他句式之间的回避或误代。

（二）泰语母语者趋向补语的习得顺序

1. 习得标准的界定

关于习得标准，学界最初一般根据准确率来界定①，然而准确率只反映了学生某一个横向阶段该语法项目的习得情况，并且语言的习得受多种因素的影响，习得情况在下一个阶段往往还会产生波动，此外由于学生回避使用比较难的语法项目，即使某个语法项目的习得准确率高，也并不代表该项目在该阶段就已经习得了。前面已经讲过本文的习得标准要从四个方面入手：一是准确率是否达到80%（这只是一个大概的标准，在使用频率达到习得标准的情况下，使用准确率接近80%也视为习得）；二是使用频率是否达到汉语母语者的使用标准；三是使用频率和准确率在下一个阶段是否出现下滑；四是结合偏误类型考察"不该用的时候也用了"即过度泛化的情况，分析这种情况产生的原因，权衡这种情况对习得顺序的影响。也就是说如果该项目的使用频率达到或超过汉语母语者的使用频率，习得准确率又达到了80%，并且到了下一个阶段没有出现下滑，我们就判定该项目在该阶段就已经习得了。此外，泰国学生三个阶段汉语中介语语料的统计数据显示，Ⅱb、Ⅴa、Ⅴb、Ⅶa、Ⅶb 这五个句式的使用频率都极低，使用正确率都带有极大的偶然性，比如，Ⅴb 初级阶段和高级阶段都只出现 1 次，初级阶段的正确率是 0，而高级阶段的正确率却是100%，因此，Ⅴb 的习得准确率带有很大的偶然性；再从汉语母语者的使用频率上来看，Ⅱb、Ⅴa、Ⅴb、Ⅶa、Ⅶb 的使用频率都在万分之0.3 以下，因此我们对这几个句式的习得进行排序时应谨慎；使用频率低也应该是《汉语水平等级标准和语法等级大纲》没有把这几个句式列入留学生应习得的语法项目的原因。因此，我们在分析习得情况时，把这五个句式的这一情况考虑进去。

2. 基于语料库得出的习得顺序

从表6我们可以看到初级阶段使用频率超过汉语母语者并且正确率在80%以上的是 Ia、Ib、IIa、IIb、Ⅲa、Ⅲb、Ⅳa、Ⅳb、Ⅵa、Ⅵb；然而Ⅲa 的习得准确率初级阶段是91%，中级阶段却下降到82%，Ib 的习得准确率初级、中级两个阶段的习得准确率分别是99%、97%，到了高级阶段

---

① Dulay, H. & M. Burt, "Natural Sequences in Child Second Language Acquisition", *Language Learning*, Vol. 24, 1974, p. 37—53.

却下滑到72%，Ia、IIa 的使用频率到高级阶段呈现出不足，IVa 的使用频率在中、高级阶段均呈现为不足，IVb 的使用频率三个阶段均不及汉语母语者，IIb 在高级阶段没有出现用例，只有 IIIb 是在三个阶段都达到了习得标准的语法项目。VIa、VIb 的习得准确率在初、中、高三个阶段都是100%，然而其使用频率三个阶段都低于汉语母语使用者，并且使用范围也仅限于"（动词）＋到……来……"和"（动词）＋起……来……"等几个平时口语中常用的句式，因此，它们的习得要排在前述项目的后面。

为了更直观地了解每个句式在三个阶段习得的情况和三个阶段不同句式的习得情况，我们可以把三个阶段各句式的准确率数据制成图 4 和图 5。

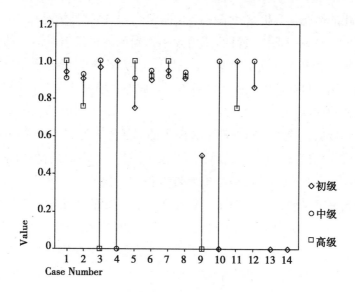

（附注：句式中 1—14 分别代表句式 Ia 到 VIIb 14 种句式）

图 4   三个阶段各句式使用正确率升降对比

在进行习得顺序排列以前，我们还要对以下两个问题进行分析，才能最终确定大致的习得顺序：① Ib 到高级阶段，习得出现反弹的原因是什么？② Ia、IIa 和 IVa 的使用频率为何会下滑？

首先，我们来分析第二个问题，Ia、IIa 和 IVa 的使用频率下滑是由于我们调查的高级语料只有 42589 字，并且作文语料的话题有 17 个，其中议论性的话题就有 9 个，这三个项目一般多用在叙述性语体里，因此语料不足和语体范围限制是它们的使用频率不足的重要原因。我们应重点对

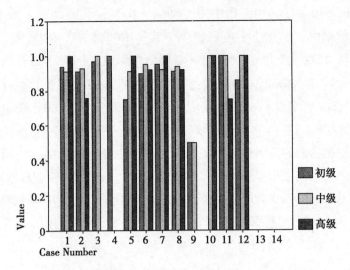

图 5　泰国学生各句式三个阶段使用正确率对比

高级阶段 Ib 习得出现反弹的原因进行探析。高级阶段 Ib 出现的偏误有以下 8 例：

（1）很多流行歌曲都是乱做来。（用"来"误代"出来"，误代 IVb）

（2）有什么问题要当面提出，不要背后议论。（用"出"误代"出来，"误代 IVb，类似偏误 2 例）

（3）大家对问题有不同看法的，尽量提出，然后决定行事。（用"出"误代"出来"，误代 IVb）

（4）如果不对男女分班的话，学生会容易谈恋爱，进一步就是有做爱，然后就不用说了是哪个问题追来。（用"来"误代"上来"，误代 IVb）

（5）每次都是我一个人收拾，才知道我这么爱干净是我父母来的。（遗漏动词"遗传"）

（6）后来到的人应该为先来到的人服务才对。（两个"来到"中的趋向补语"到"冗余）

例（1）至例（4）都是用简单趋向补语误代复合趋向补语。例如，汉语说"我想出来了"，泰语则说"ผม คิด ออก แล้ว（我想出了）"，因此，泰国学习者汉语中介语中用"动词＋出"误代"动词＋出来"，可能有两种原因：一是不了解汉语里"出"和"出来"的区别；二是受母语迁移所致。例（5）则是受泰语母语的影响，因为泰语母语就是这么说的："ฉันรักความสะอาดขนาดนี้（我这么爱干净）ก็เพราะ（因为）ฉัน（我）ได้（可以）มาจาก（来自）พ่อ（父母）"。例（6）中"到"的冗余也是受母语影响造成的。泰国学生习得汉语时，受母语影响也表现在使用倾向上，比如在我们的语料中，中级阶段"来到"用了 31 次，使用频率为 0.00026023，国家语委 2000 万字的语料库"来到"的使用频次为 1428 次，使用频率为 0.0000714，泰语母语者"来到"的使用频率为汉语母语者的 3.65 倍，这是由于泰语母语者更倾向于使用"มา（来）ถึง（到）"，比如"来到清迈"和"来了清迈"，泰语里有"มา（来）ถึง（到）เชียงใหม่（清迈）"、"มา（来）จาก（从）เชียงใหม่（清迈）"、"มา（来）เชียงใหม่（清迈）แล้ว（了）"三种说法，泰国人更倾向于使用第一种说法，因此受母语的影响，例（6）出现"到"的冗余。从例（1）至例（4）偏误的情况来看，Ib 出现的偏误是和没有掌握 IVb 息息相关的，用不好 IVb，从而用简单的 Ib 来代替了。我们又对 Ib 初级和中级阶段出现的偏误进行审查，发现这两个阶段用得较多的趋向补语句式是"V＋来/去"，由于还不会使用其他更复杂的趋向补语句式，因此偏误率低一些，到了高级阶段要表达复杂的意思，需要用更复杂的表达方式，因此准确率下滑。这一点也可以用"重新建构"理论加以解释（Lightbrown，1985：177）。重新建构理论认为：

　　Restructuring occurs because language is a complex hierarchical system whose components interact in non-linear ways. Seen in these terms, an increase in error rate in one area may reflect an increase in complexity or accuracy in another, followed by overgeneralization of a newly acquired structure, or simply by a sort of overload of complexity which forces a restructuring, or at least a simplification, in another part of the system. （重组之所以会发生，原因在于复杂的层级系统的组成成分以一种非线性的方式相互作用。偏误率在一个区域的增加常常是复杂性或准确度在另一个领域增加的反映，这种偏误是由于一个新获得结构的过度泛化，或者对系统一个领域里超负荷复杂性的简化强制系统的重组，或

者至少是在系统另一个领域的简化造成的。）

Complex systems of embedded levels and timescales can have both of these properties. On the one hand they can self-organize to produce cohesive patterns. On the other, they may be highly non-linear, sometimes called "sensitivity to initial conditions". This means that small changes in one or more components of the dynamic system can lead to reorganization and to large differences in behaviour. Such non-linearities might be reflected in development as stage-like shifts… [Smith, Linda, B. & Thelen, Esther, "Development as a dynamic system", *Trends in Cognitive Sciences*, Vol. 7 (8), 2003, p. 347.] （复杂系统在嵌入式水平和时间刻度上有这样的两种性质。一方面，他们可以由于自组织生产衔接模式；另一方面，他们可能会呈现高度非线性，有时被称为"初值敏感性"。这意味着一个动态系统的一个组成成分或多个组成成分的小变化会导致系统的重组和行为的巨大差异。这样的非线性可能体现为阶段性的发展变化……）

总之，根据"重新建构"理论，Ib 的泛化和偏误正是整个中介语里趋向补语系统发展的表现，并且它的泛化是由于不能正确使用 IVb 造成的，这也因此造成了 IVb 在初、中、高三个阶段使用频率均不足。我们根据习得标准把高级阶段准确率出现下滑的 Ib 排在初级阶段就已经习得的项目 Ia、IIa、IIIb、IVa 和 IIIa 后面，排在 IVb 的前面；鉴于 IVa 的使用频率在中级、高级出现下滑，我们把 IVa 的习得顺序排在 Ia、IIa、IIIb 和 IIIa 的后面；虽然 IIIa 的习得准确率在中级阶段下滑，但它的习得正确率和使用频率在初、中、高三个阶段都达到了习得标准，因此我们把 IIIa 的习得排在 Ia、IIa、IIIb 的后面，排在使用频率在中、高级两个阶段出现下滑的 IVa 的前面。基于以上分析，我们得出泰国学生习得汉语趋向补语的大致顺序如下：

Ia、IIa、IIIb > IIIa > IVa > Ib > IVb > VIb、VIa > IIb、Vb > Va、VIIa、VIIb

3. 基于蕴含量表所得到的习得顺序

为了证明我们的习得顺序的合理性，我们将上面的趋向补语各句式的习得准确率制成下面的蕴含量表，再次分析泰国学生习得趋向补语的顺序。我们以 0.80 为标准分界线，转换为二分变量（0，1）：正确使用频率≥0.80，默认值为"1"，认为该句式在该阶段已被习得；正确使用频率<0.80，默认值为"0"认为该句式在该阶段未被习得。将以上（0，1）二分变量排列为蕴含量表矩阵，如下：

容易 <--> 难

	Ia	IIIb	IVa	IVb	VIb	VIa	IIa	IIIa	Vb	Ib	IIb	Va	VIIa	VIIb
初级	1	1	1	1	1	1	1	0	0	1	1	0	0	0
中级	1	1	1	1	1	1	1	1	1	0*		0	0	0
高级	1	1	1	1	1	1	0*	1	1	0*	0*	0	0	0
正确	3	3	3	3	3	3	2	2	2	1		0	0	0
错误	0	0	0	0	0	0	1	1	1	1	2	3	3	3

语料库蕴含量表矩阵

（*以 80% 为标准的二维量表）

这样我们得到趋向补语各句式的三个难度等级：

a. Ⅰa、Ⅲa、Ⅲb、Ⅳa、Ⅳb、Ⅵb、Ⅵa

b. Ⅱa、Ⅰb、Ⅴb、Ⅱb

c. Ⅴa、Ⅶa、Ⅶb

该量表的伽特曼再生系数为 92.86%＞90%，证明该量表的难度预测是有效的。考虑到Ⅳa、Ⅳb、Ⅵa、Ⅵb 和Ⅴb 的使用频率不足，Ⅲa 和Ⅰb 的习得准确率下滑，因此这些项目的习得顺序要往后调整，这样所得到的习得顺序和前面我们结合使用频率和使用准确率得到的结论（Ⅰa、Ⅱa、Ⅲb＞Ⅲa＞Ⅳa＞Ⅰb＞Ⅳb＞Ⅵb、Ⅵa＞Ⅱb、Ⅴb＞Ⅴa、Ⅶa、Ⅶb）大体一致。

Ⅲb 是在初、中、高三个阶段习得情况都非常好的句式，Ⅲa 虽然初级阶段习得准确率达到了习得标准，但到了中级阶段习得准确率下滑；那么为什么泰国学生趋向补语引申义句式 Ⅲb 的习得却好于其本义句式 Ⅲa 的习得呢？这一点我们将在第二节第四部分里用标记理论予以解释。

第二节　泰语母语者习得汉语趋向补语的泛化情况分析

Mellow，J. D. 和 K. Stanley[①] 对泛化进行了系统的分类。他们指出个

---

① Mellow, J. D. and K. Stanley, "Theory Development in Applied Linguistics: Toward a Connectionist Framework for Understanding Second Language Acquisition", *Issues in Applied Linguistics*, Vol. 13, No. 1, 2002, p. 19.

人符号网络发展的早期可能出现某种类型的泛化，后面的阶段则会呈现出多种不同类型的泛化。泛化可以视为符号网络发展到某个阶段特点的标志，他们指出泛化随着习得发展的阶段不同而呈现出不同的特点：①在习得的第二个阶段两个阶段之间的主要的泛化类型浮现出来；②在第 3 阶段，这一泛化类型成为一种适应表达一定功能文本的成熟形式（泛滥flooding）；③随着习得的进一步发展，泛化发展成为本阶段内部的泛化，泛化率降低（trickling）；④呈现出同一符号网络多个发展阶段的不同泛化类型；⑤泛化类型不包括在相关的符号网络发展序列之中（如过去式"came"泛化成动词不定式"to come"），即泛化呈现为这一符号网络输出形式和另一个相关的符号网络输出形式之间的变化；⑥泛化呈现在一个单独的符号网络之内（如过去时表达时，后缀用在内部变化的适当位置，例如，在句子"Hillerman unearthed an ancient pot"里，"unearthed"后面的"ed"很难发出来，这就导致口语里"ed"的缺失，同时由于口语发音拼写的原因，导致这种缺失呈现在书面语里）。他们（2002：22）还运用竞争模型和联结主义理论从以下三个方面解释了泛化出现的原因。第一，泛化和 U 型学习曲线是联想学习过程的一种自然结果。第二，泛化是学习者中介语网络之间联结关系的一种变化。随着学习的深入，学习者自身形成了多种形式和功能之间的联结模式，并且一种符号网络之间形式和功能的联结与另一种符号网络之间形式和功能的联结之间也形成了联结关系，在表达某一功能的语言输出过程中，重叠的符号网络被激活，并且非目的语相似形式（non-native-like form）占据了优势地位，这时泛化就产生了。第三，和环境主义相一致的观点是在多种不同的和强制的语境中使用语言时，学习者要力图理解复杂的输入、表达复杂的语义，随着学习的深入，他们理解和表达复杂功能语言形式的能力在持续增长，他们的中介语网络也在不断扩张，该网络包括越来越复杂的相互联系的功能和形式，这时学习者的语言泛化形式开始出现，并且逐步增长。此外，随着新目的语相似形式和功能之间联结强度的提升，非目的语相似形式和功能之间的联结度就被削弱，直至变为零，泛化形式便消失了。Ambridge，Ben and Pine，Julian，M. and Rowland，Caroline，F.（2012：260—279）通过实证研究，对泛化现象的逐步消失作出了进一步的解释，他们指出学习者某个语言项目泛化的逐步退却源自相关语言项目输入频率的提高及其跟语义槽的逐步匹配，高频语言项目过度泛化错误通常被认为更不可接受，因为更高的整体结构频率具有更高的激活水平，随着输入频率的提高及在大脑里语言项目和正确语义联结程度的增强，学习者越来越容易输出正确的语言形式，非目的语相似的泛化形式便逐渐减退。简单来说，泛化类型的出现随着语言掌握水平的提升，呈现出由无到有，由少到多，而后完全消失的趋势，正是由于泛化的这些规律，我们可以用来观察某一语言项目的习得过程和习得规律。根据 Mellow, J. D. 和 K. Stanley（2002：19）对泛化的分类，如果泛化呈现为本阶段内的泛化（如同一个趋向补语句型中核心动词的误代或趋向补语之间的误代，属于泛化阶段3）或者同一符号网络多个发展阶段的不同泛化类型（即趋向补语各次类之间的误代，属于泛化阶段4），我们都界定为该句式未习得；如果泛化呈现为这一符号网络输出形式和另一个相关的符号网络输出形式之间的变化，如趋向补语和结果补语之间的误代，使用趋向补语和不用趋向补语之间的误代（即遗漏趋向补语），回避使用"把"字句，这时我们认为已经到了泛化的第5个阶段；如果泛化呈现在一个单独的符号网络之内，如趋向补语之后动态助词"了"的误加或遗漏，这时我们认为该项目的使用已经基本成熟，属于泛化阶段6，视为该句式的习得达到了很高的水平。①

为了便于总结习得规律，提出有针对性的教学建议，我们把泰语母语者习得趋向补语相似的类型放在一起进行泛化情况分析。

一　Ia 和 IVa 的泛化情况分析

（一）Ia 的泛化情况分析

1. 初级阶段 Ia 的泛化情况分析

（1）小伙子走去没看右边小伙子走去树。（"走去"误代"走过去"，Ia 误代 IVa，属于泛化阶段4）

（2）一下子她就走去了。（"走去"误代"走过去"，Ia 误代 IVa，属于泛化阶段4）

---

①　我们泛化的界定是以句式本身呈现出来的类型为依据的，例如"我看见蜘蛛从电脑出来不说还有一只壁虎"这个句子"出来"就是"动词＋来"属于 Ia，这里它误代了 IVa"爬出来"；我们不看作是"复合趋向补语"遗漏了动词的原因是使用者受泰语母语的影响在这样的语境下就是使用 Ia 的形式。

初级阶段的两例偏误均是属于泛化阶段4，显示为未习得。

2. 中级阶段 Ia 的泛化情况分析

（3）下车了我就开后面的车门我看见蜘蛛从电脑出来不说还有一只壁虎，这只蜘蛛很大我很害怕。（"从电脑出来"误代"从电脑里爬出来"，误代 IVa，属于泛化阶段4）

（4）一会儿，我的叔叔来到了要带我们去奶奶的家。（"来到"后"到"的误加，属于泛化阶段3）

（5）那时侯刚刚会开自行车所以就出去远一点，那时候我们出去过了半天。（"出去"前遗漏动词"骑"或"跑"等，误代 IVa，属于泛化阶段4）

（6）他说七天之内要我搬出。（"搬出"误代"搬出来"，误代 IVa，属于泛化阶段4）

高级阶段 Ia 的偏误0例。从泛化类型来看，Ia 的偏误在中级阶段才出现泛化阶段5，呈现为习得。

（二）IVa 的泛化情况分析

1. 初级阶段 IVa 的泛化情况分析

初级阶段 IVa 的总偏误只有1例，如下：

（7）小王把手机出来给他朋友打电话。（"出来"前遗漏动词，属于泛化阶段3）①

2. 中级阶段 IVa 的泛化情况分析

中级阶段 IVa 的偏误有2例，如下：

（8）它从我们站那慢慢地去最上面，然后一下子就跑过来到目的地，圈来圈去，人们坐那辆又叫又喊。（"跑过来到目的地"误代"跑到目的地来"，误代 VIa，属于泛化阶段4）

---

① 这个例句属于学生在"把字句"里使用趋向补语时遗漏动词，因此我们把该例句归为 IVa 的偏误，而不是 Ia 的偏误。

（9）不知道要怎么做只好赶快找新的房然后般出去了。（"般出去"误代"搬出去"，动词错误，属于泛化阶段3）

高级阶段IVa的偏误为0例，从泛化类型来分析，IVa到高级阶段才呈现为习得。

二　Ib 和 IVb 的泛化情况分析

（一）Ib 的泛化情况分析

1. 初级阶段 Ib 的泛化情况分析

（10）那里有一个看起很善良的女生。（"看起"误代"看起来"，误代IVb，属于泛化阶段4）

Ib 在初级阶段的泛化类型在第4阶段，呈现为未习得。

2. 中级阶段 Ib 的泛化情况分析

（11）大佛塔从几千年前古代流下在，是传统人很羡慕的佛。（"流下在"误代"流传下来"，误代IVb，属于泛化阶段4）

（12）我觉得这是很好的方法，因为这些风俗是从我们祖先传来给后代，这叫做代代繁衍。（"传来给后代"中"来"冗余，属于泛化阶段3）

（13）当他们对我说话，如果他知道是个外国人他就用普通话。如果看不出，以为是中国人他就用本地话。（"看不出"误代"看不出来"，误代IVb，属于泛化阶段4）

3. 高级阶段 Ib 的泛化情况分析

（14）很多流行歌曲都是乱做来。（用"来"误代"出来"，误代IVb，属于泛化阶段4）

（15）有什么问题要当面提出，不要背后议论。（用"出"误代"出来"，误代IVb，属于泛化阶段4，类似偏误2例）

（16）大家对问题有不同看法的，尽量提出，然后决定行事。

（用"出"误代"出来"，误代 IVb，属于泛化阶段 4）

（17）如果不对男女分班的话，学生会容易谈恋爱，进一步就是有做爱，然后就不用说了是哪个问题追来。（用"来"误代"上来"，误代 IVb，属于泛化阶段 4）

（18）每次都是我一个人收拾，才知道我这么爱干净是我父母来的。（遗漏动词"遗传"，属于泛化阶段 3）

（19）后来到的人应该为先来到的人服务才对。

（两个"来到"中的趋向补语"到"冗余，属于泛化阶段 3）

从泛化类型来看，Ib 在初、中、高三个阶段最高泛化阶段都是 4，显示为习得。

（二）IVb 的泛化情况分析

1. 初级阶段 IVb 的泛化情况分析

（20）果然，我的钱包在我妈妈的包里，我可以高兴出来了。（"出来"误代"起来"，属于泛化阶段 3）

（21）她来跟我说"你还记得我吗？我还记得你啊！"我听说了使劲想……可我真的想不出来。（类似偏误 2 例）（"出来"误代"起来"，属于泛化阶段 3）

（22）她给我选很合适的颜色，穿上来看了很漂亮，很合适。（"上来"误代"起来"，属于泛化阶段 3）

（23）因为那时间我的中文也不像现在那么好，怕需要说的时候，不能表达出来。（"不能表达出来"误代"表达不出来"，属于泛化阶段 3）

2. 中级阶段 IVb 的泛化情况分析

（24）多亏了小王《一个学越南语的中国学生》，我才能平青下来，好好地学习汉语。（"平青"误代"平静"，属于泛化阶段 3）

（25）有一个故事，这个故事看起来很可爱的！（"看起来"误代"听起来"，动词错误，属于泛化阶段 3）

（26）假如我是宋国人，我就不会把他的想法做出来。（"做出

来"误代"付诸实施",整个动补短语误代,属于泛化阶段3)

(27)我们出生下来。("出生下来"误代"生下来",是动词错误,属于泛化阶段3)

(28)除了这个理由以外,我都想不出来了,因为其实我从来不喜欢看历史,所以对这个题目不太了解,但是我对少数民族很有兴趣。("想不出来"误代"想不出来别的原因",误代Ⅶb,属于泛化阶段4)

(29)高考之前,我已经通过一些大学的专门考试,也能考进入了,但那些大学还不符合我的愿望。("考进入了"误代"考上",Ⅳb误代Ⅰb,属于泛化阶段4)①

3. 高级阶段 Ⅳb 的泛化情况分析

(30)什么都不懂,只能眼眠看过来看他的会话和行为("看过来"后,"过来"冗余,属于泛化阶段3)

(31)男女分校毕业出来的学生,在进入不同与以前校园的生活模式的大学及社会时,有些人会无所适从,需花一段时间来调适自己。("男女分校毕业出来"中的"出来"冗余,属于泛化阶段3)

(32)现在很多年轻人都很喜欢吸烟,他们觉得吸烟的人很酷或者被朋友叫他试一试后来就迷起来了。("迷起来"误代"迷上",Ⅳb误代Ⅰb,属于泛化阶段4)

从泛化类型来看,Ⅳb三个阶段的泛化最高阶段都是阶段4,这说明其习得水平到高级阶段仍旧有待提高。

---

① 这个例子里"进"、"入"属于古代汉语里的"空间趋向动词"(参见梁银峰《汉语趋向动词的语法化》,学林出版社2007年版,第3—4页),只不过"入"现在常为构词语素,因此,现代汉语里,没有把它归为趋向动词,在"也能考进入了"这个句子里,我们可以把"进入"看作复合趋向补语,"考进入"属于Ⅳb。

三 IIa 和 IIIa 的泛化情况分析

（一）IIa 的泛化情况分析

初级阶段 IIa 的偏误如下：

（33）我跟朋友去清迈玩，先准 BEI 乐西，紧接着坐车去，随后到清迈玩，买乐西，吃饭，然后回家。（"坐车去"误代"去坐车"，属于趋向补语误代连动式，属于泛化阶段 5）

IIa 的使用在中级和高级均未出现偏误。从泛化情况来看，IIa 在初级阶段习得情况就很好。

（二）IIIa 的泛化情况分析

1. 初级阶段 IIIa 的泛化情况分析

（34）特别是晚上夜里如果你有机会。来到清迈，不该失去这个机会，来到 Doisuthep 山！（"来到 Doisuthep"的"到"冗余，属于泛化阶段 3）

（35）第一次走出大学门口。（"第一次走出大学门口"误代"第一次走出大学大门"，宾语错误，属于泛化阶段 3）

（36）不然为了我都把自己投下水了。（"投下水"误代"拖下水"，属于泛化阶段 3）

（37）他出来家以后，就去公园。（"出来家"误代"从家里出来"，误代 Ia，属于泛化阶段 4）

（38）我突然把我的手进去口袋，要拿手机给朋友照顾一下。（"进去口袋"误代"放进口袋里去"，误代 VIa，属于泛化阶段 4）

（39）他走过她了。（"走过她"误代"从她面前走过去"，误代 IVa，属于泛化阶段 4）

（40）这个女人走过他了。（"走过他"误代"从他面前走过去"，误代 IVa，属于泛化阶段 4）①

---

① 这个例子里的"过"同例（29）的"入"一样，属于古代汉语里的"空间趋向动词"（参见梁银峰《汉语趋向动词的语法化》，学林出版社 2007 年版，第 3—4 页）。

（41）可以坐气车去大概6个小时到的城市了，然后坐车上去公园。（"上去公园"误代"到公园去"，误代Ⅱa，属于泛化阶段4）

（42）在高中她去搬出别的学校但我也跟她联系到现在。（"搬出别的学校"误代"搬到别的学校去"，误代Ⅵa，属于泛化阶段4）

（43）我出去外面旅游（"出去外面"误代"到外面去"，误代Ⅱa，属于泛化阶段4）

（44）每天都在宿舍了，出去哪儿了。（"出去哪儿"误代"到哪儿去"，误代Ⅱa，属于泛化阶段4）

（45）他想走去他的好朋友家。（"走去他的好朋友的家"误代"走着去他的好朋友的家"，属于泛化阶段5）

2. 中级阶段Ⅲa的泛化情况分析

（46）我爸爸帮我带上潜水的眼睛。（"带上"误代"戴上"，动词偏误，属于泛化阶段3）

（47）一下子就出了眼泪。（"出"前遗漏动词"流"，属于泛化阶段3）

（48）除了受到语言文化环境还可以长开眼睛看其他世界。（"长开"误代"睁开"，动词偏误，属于泛化阶段3）

（49）有一天我的学姐和她们的老师进来了我们班。（"进来了我们班"误代"进了我们班"，趋向补语"来"冗余，属于泛化阶段3）

（50）有人说医生把他的尸体拉去别的地方了。（"拉去别的地方"误代"拉到别的地方去"，误代Ⅵa，属于泛化阶段4）

（51）当时是雨天，我们七个女孩乘车从清迈去到泰国最北边的。（"从清迈去到泰国最北边的"误代"从清迈到泰国最北边去"，误代Ⅱa，属于泛化阶段4）

（52）有人说医生把他的死体拉去别的地方了。（"拉去别的地方"误代"拉到别的地方去"，误代Ⅱa，属于泛化阶段4）

（53）可以说跟仙境没有两样从到可以坐气车去大概6个小时到的城市了，然后坐车上去公园。（"上去公园"误代"上到公园里去"或"上到公园去"，误代Ⅵa1例，属于泛化阶段4）

（54）我们在那边玩了好几天才回来昆明。（"回来昆明"误代

"回昆明来"，误代Ⅱa，属于泛化阶段4)

（55）我和母亲的性格也差不多，我们俩喜欢做菜，如果有空的话，我们俩常常做菜或者出去外面吃东西。（"出去外面"误代"到外面去"，误代Ⅱa，属于泛化阶段4)

（56）如果爸爸要出去外面，我就会对爸爸撒娇。（"出去外面"误代"到外面去"，误代Ⅱa，属于泛化阶段4)

（57）第三天我进去了汉城，人比仁川更多。（"进去了汉城"误代"进到汉城里去"，或"进汉城去了"，误代Ⅱa或Ⅵa，属于泛化阶段4)

（58）我觉得最成功的人是出去外面看一看别的世界。（"出去外面"误代"到外面去"，误代Ⅱa，属于泛化阶段4)

（59）如果你可以走到了5楼，就觉得这是天堂啦！（"走到了5楼"中"了"误加了，属于泛化阶段6)

（60）如果没有去看HINTA-HINYAI就算还没有来到SAMUI，就像汉语的这句话"不到HINTA-HINYAI非好汉"。（"来到SAMUI"误代"来过SAMUI"，属于泛化阶段5)

（61）一方面我怕再一次失败，我从来都没有出到国外。（"出到国外"误代"去过国外"，属于泛化阶段5)

（62）Doisuthep山是清迈著名的一座山，来到清迈非去Doisuthep山不可，不去就算你还没有来到清迈。（"来到清迈"误代"来过清迈"，属于泛化阶段5)

（63）如果人人来清迈但是不来su lie山，泰国人就常常说"来清迈不去su lie山就是来不到清迈"。（"来不到"误代"没到过"，属于泛化阶段5，类似偏误共5例)

（64）我们很高兴地走去那家宾馆。（"走去那家宾馆"误代"走着去那家宾馆"，属于泛化阶段5)

3. 高级阶段Ⅲa的泛化情况分析

（65）吸烟的人吸烟进去身体里面时会使得了肺病，而且还会另到他们的口有味道。（"进去身体里面"误代"进到身体里面去"，误代Ⅵa，属于泛化阶段4)

（66）不论男女，父母都送去学校读书，有钱人家还到国外留学。（"送去学校"误代"送到学校里去"，误代Ⅵa例，属于泛化阶段4）

从泛化情况来看，泰国学生在初级阶段Ⅲa的泛化就达到了第5阶段，证明该项目的习得达到了很高的水平；然而中级Ⅲa和趋向补语其他项目的误代，尤其是和Ⅱa的误代比例依旧很高，占总偏误的37.5%；到了高级阶段其误代Ⅵa占100%，这说明Ⅲa习得的重点仍旧是语序问题。汉语中简单趋向补语带处所宾语，有Ⅲa和Ⅱa两种形式，而泰语中简单趋向补语带处所宾语只有Ⅲa（动词＋简单趋向补语＋处所宾语）一种形式，习得者的母语和汉语差别较大从而造成了母语的负迁移，导致了Ⅲa误代Ⅱa。

四　Ⅲb 的泛化情况分析

（一）初级阶段 Ⅲb 的泛化情况分析
初级阶段Ⅲb所有的偏误如下：

（67）有一段时间我放开这里我自己生气想回家。（"放开这里"误代"离开这里"，动词偏误，属于泛化阶段3）

（68）有一天我去公园玩，我看见了一个小鸟。突然我就想到好玩的。（"想到"误代"想起"，补语偏误，属于泛化阶段3）

（69）我不能把它们分开，因为我现在想到每个人都想跟她的妈妈在一起。（"想到"误代"认为"，属于泛化阶段3）

（70）我和他也想一起毕业还有两年就毕业了。我不想出什么不好的事。但是有一天让我不可能忘他。（"不想出"误代"想不出"，误代其可能式，属于泛化阶段3）

（71）我也不只怎么样有多少钱就都带上钱包里，（"带上钱包里"误代"带在钱包里"，属于泛化阶段5）

（72）当初我刚考上了泰国的第一名学校。（"考上了泰国的第一名学校"中"了"的误加，属于泛化阶段6）

（二）中级阶段 Ⅲb 的泛化情况分析
中级阶段Ⅲb所有的偏误如下：

（73）我能从很多电影学到很多中国文化，不仅是看电影我的家也是华人所有我有能得到很多中国文化，我妈常说中国是一个有很长久的国家。（"得到"误代"学到"，动词错误，属于泛化阶段3）

（74）现在我们已经收到了很多的帮助。（"收到"误代"得到"，动词错误，属于泛化阶段3）

（75）不过这也是让你的心灵受到很安解的感觉。（"收到"误代"得到"，动词错误，属于泛化阶段3）

（76）Simiao 里的气氛透出着很丰富的 LANNA 文化。（"很丰富的 LANNA 文化"误代"很丰富的 LANNA 文化味"，宾语错误，属于泛化阶段3）

（77）每个人都想得到自己的愿望像那个宋国人一样。（"得到自己的愿望"误代"实现自己的愿望"，动词错误，属于泛化阶段3）

（78）一个人生活，跟朋友完不要想那多，但是有时候我也想到他，我就拿我的笔记本来看。（"想到"误代"想起"，补语错误，属于泛化阶段3）

（79）很多有名的作家或者科学家他们的生活要受到各种各样的困难，才能得到成功的。（"受到"误代"遇到"，动词错误，属于泛化阶段3）

（80）有时候我把李明来我们班给大家介绍。（"来"前遗漏动词"带"，属于泛化阶段3）

（81）我就想起，我要走出去看看在世界还有什么东西让我学，为了我的前途，为了我的梦想，我禁不住想到我的爸爸妈妈。（"想到"误代"想起"，属于泛化阶段3）

（82）手机代来人们生活的方便。（"代来"误代"带来"，动词错误，属于泛化阶段3）

（83）所以现在手机进了我们的生活。（"进"前遗漏动词"走"，属于泛化阶段3）

（84）终于我考上了，我就想来那件事，我的想法快实现了。（"想来"误代"想起"，补语错误，属于泛化阶段3）

（85）到困难的事情，不管是在生活中发生，还是学习的情，会想到我一个好朋友我不想出什么不好的事。（"不想出"误代"想不出"，误代其可能式，属于泛化阶段3）

（86）看见爸妈越来越离我远的样子我禁不住流了眼泪。（"流"后遗漏"下"，属于泛化阶段5）

（三）高级阶段Ⅲb的泛化情况分析

高级阶段Ⅲb的所有偏误如下：

（87）歌曲是人类灵魂的一件伟大的作品，歌曲给人类带来很多的用途。（"带来很多的用途"误代"带来很多益处"，宾语错误，属于泛化阶段3）

（88）可能解下了一些心情的闷气、疼苦、困难。（"解下"误代"解除"，动词错误，属于泛化阶段3）

（89）根据国外教育方面，办理男女分班学校已有多年的经验，表明出学生早恋不是由同班上课所引起，而是起于多种因素。（"表明出"后"出"冗余，补语冗余，属于泛化阶段3）

（90）现代的社会环境很差，容易的被人伤害，所以，每一次子女没回到家，他心裏就不安，带来了很多难过。（"带来了很多难过"中"带来"和"难过"不搭配，应改为"带来很多悲伤"，属于泛化阶段3）①

从泛化情况来看，Ⅲb初级阶段的泛化表现为3、5、6三个阶段，泛化达到了很高的水平，Ⅲb三个阶段的偏误主要表现为动词偏误和简单趋向补语之间的误代。

五　Ⅱb和Ⅵa、Ⅵb的泛化情况分析

（一）Ⅱb的泛化情况分析

1. 初级阶段Ⅱb的泛化情况分析

Ⅱb在初级阶段的所有用例都是正确的，用例如下：

（91）正好我的父母打电话来问我"现在你在哪"。（正确用例）

_____

① 例句中的繁体字"傷"、"裏"是留学生自己写的繁体字，因他们在自己国家上的汉语课本有些用的是繁体字。

（92）有时爸爸妈妈打电话来跟我说话。（正确用例）

（93）我还没有朋友，没有谁跟我聊天，只有妈妈每天都打电话来。（正确用例）

（94）我沟通的重要性是打电话，特别是爸爸妈妈可以打电话来找我每个小时因为我离开家的时候他们很想念我。（正确用例）

（95）再过半小时我的朋友的妈妈打电话来说"我把钥匙在她家门口那里"。（正确用例）

（96）请你自己带饭去。（正确用例）

2. 中级阶段 IIb 的泛化情况分析

中级阶段 IIb 的所有用例如下：

（97）那下午我的妈妈听到我和朋友的安排我就我的妈妈拿钱包去了。（正确用例）

（98）他拿钱包去了。（正确用例）

（99）觉得他怎么会带孩子来呢！（正确用例）

（100）我觉得如果他经常这样带儿子来。（正确用例）

（101）没有人打电话来找我了。（正确用例）

（102）我听说中国人小学的时候，整个晚上都在写字差点儿指就流血来了。（误代 VIb，属于泛化阶段 4）

IIb 初级的所有用例都是正确的，高级阶段未出现用例，中级的用例有 6 例，其中有 1 例偏误，泛化类型又在泛化阶段 4，如果仅从偏误来看，IIb 的习得是比较好的，这是由于 IIb 是和泰语里简单趋向补语带宾语是一致的。因为，如果汉语中宾语是表示人或物体的名词（一般宾语），宾语可以在趋向补语前也可以在趋向补语后，但是泰语中若宾语是表示人或物体的名词，宾语的位置一般放在趋向补语之前。在初级和中级阶段泰语母语者 IIb 的使用频率都高于汉语母语者，应当是受母语的影响的原因。

（二）VIa 和 VIb 的泛化情况分析

1. VIa 的泛化情况分析

① VIa 初级阶段的泛化情况分析

VIa 在初级阶段的所有用例只有 1 例，并且是正确的，例子如下：

（103）我在附近找出一条线来束它。

初级阶段还出现了 1 例回避使用 VIa 的情况，如下：

（104）然后这个女人走过他了，他还转他的头看、这个女人。（"他还转他的头看"误代"他还转过他的头来看"，属于泛化阶段5）

② 中级阶段 VIa 的泛化情况分析

（105）那天老师给我玩儿的游戏太危险了，不知道中国怎么说，但是真的是很危险，最后我掉山，山不是很高，但也是受伤了。（"掉山"应该改为"掉到山下去"，回避使用 VIa，属于泛化阶段5）

（106）我们绝对不再坚持了这一次旅行尽快转撤回清迈，因为那边没有医院，所以没办法最好是回家回到清迈立马带朋友送到医院去。（"立马带朋友送到医院去"误代"立马把朋友送到医院去"，属于泛化阶段5）

（107）我看着同学他们都看着我心里想回自己的坐位。（"回自己的坐位"误代"回到自己的座位上去"，属于泛化阶段5）

（108）没当想念他们就会拿出那封信来读。（正确用例）

中级阶段 VIa 的用例共 2 例，除一例即第（108）例外，还有"回过头来" 1 例，都是正确的，只是我们在中介语语料里发现了例（105）至例（107）这 3 例回避使用 VIa 的情况；高级阶段的用有"跑到厕所去"两例正确用例，未出现偏误用例，因此如果仅仅从泛化情况来看，泰语母语者在初级阶段就已经习得了。

2. VIb 的泛化情况分析

①初级阶段 VIb 的泛化情况分析

初级阶段 VIb 的所有用例都是正确的，如下：

（109）说不出话来。

（110）说起他来。

（111）有时他在家打起鼓来。

（112）他弹吉他时，我都会跟着唱起歌来。

② 中级阶段 VIb 的泛化情况分析

中级阶段 VIb 的所有用例有 7 例，并且都是正确的。例如：

（113）有一天他忽然想起了一个办法来就是他把每一根庄稼都拔出来了一些，它们就长高了很多。

中级阶段 VIb 的用例还有"拿出钱来"、"追逐起浪花来了"等。

③ 高级阶段 VIb 的泛化情况分析

泰语母语者 VIb 在高级阶段的所有用例只有 2 例，并且都是正确的，例子如下：

（114）所以西方的文化逐渐传到泰国来。

（115）明明知道它怎么读，可就是写不出字来。

VIb 在初、中、高三个阶段所有的用例都是正确的，因此，如果从泛化情况分析，VIb 在初级阶段就已经习得了。

六　Va、Vb 和 VIIa、VIIb 的泛化情况分析

（一）Va 的泛化情况分析

1. 初级阶段 Va 的泛化情况分析

Va 初级阶段的所有用例为 4 例，其中偏误 2 例，还有 2 例是回避使用"把"字句，导致该句式的语感不好。所有用例如下：

（116）走过她了，但他还回头过来看。（"回头过来看"误代"回过头来看"，误代 VIa，属于泛化阶段 4）

（117）王太太正在摘着苹果下来。（"正在摘着苹果下来"误代"正在把苹果摘下来"，回避使用"把"字句，属于泛化阶段 5）

（118）爸爸需要用九牛二虎之力才能带着我们出来。（从表达的角度看，用"把"字句更好，即把"带着我们出来"改为"把我们

带出来"更好)

（119）我想要大学带留学生出去看有名的地方在外面。（从表达的角度看，用"把"字句更好，即把"想要大学带留学生出去"改为"希望大学把留学生带出去"更好）

2. 中级阶段 Va 的泛化情况分析

（120）他回到家的时候就没有带它回来。（正确用例）

（121）突然间我发现有一只想象拉我起来的样子。（正确用例）

（122）当没有钱时就在家做饭，一个人买菜回来然后做，这就可以省钱了。（正确用例）

（123）手机的好处有很多。第一就是很方便，想跟别人谈话只牵着手机出来就可以跟某人说话了。（"牵着手机出来"中动词错误，应把"牵"改为"拿"，属于泛化阶段3）

中级阶段 Va 的所有用例只有这 4 例，其中有 1 例偏误，泛化阶段为 3，表明习得情况不好。

3. 高级阶段 Va 的泛化情况分析

高级阶段 Va 的所有用例只有 2 例，且都是错的，例子如下：

（124）吸烟的人吸烟进去身体里面有时会使得了肺病，而且还会另到他们的口有味道。（初级阶段 Vb 的偏误情况。"吸烟进去身体里面"应改为"把烟吸进身体里面去"，属于泛化阶段5）

（125）他还去帮我找手机回来（回避使用"把"字句，应该为"他还去帮我把手机找回来"，属于泛化阶段5）

从泛化情况来看，Va 在初级阶段就出现了第 5 阶段的偏误，如果仅仅按泛化情况分析，它在初级阶段就已经习得了。

（二）Vb 的泛化情况分析

1. 初级阶段 Vb 的泛化情况分析

初级 Vb 的用例只有 1 例，是错误的，例子如下：

（126）看来他很累，但是她坚持地照顾我下去。（"照顾我下去"补语冗余，属于泛化阶段3）

2. 中级阶段 Vb 的泛化情况分析

中级阶段 Vb 的用例有6例，只有1例是错的，例子如下：

（127）出来时忘的东西也可以打电话回去告诉朋友顺便带出来。（正确用例）

（128）爸爸需要用九牛二虎之力才能带着我们出来。（正确用例）

（129）只有我爸爸妈妈打电话回来。（正确用例）

（130）人生的现在都不能少了手机，有了它去哪里都很方便，想家就可以打电话回去。（正确用例）

（131）到家的时候就没有带它回来。（正确用例）

（132）他还去帮我找手机回来。（"找手机回来"应改为"把手机找回来"，回避使用"把"字句，属于泛化阶段5）

3. 高级阶段 Vb 的泛化情况分析

高级阶段 Vb 的用例只有1例，并且是正确的，例子如下：

（133）上高中时，我曾交过几个从别所女校转学过来的同学。①（正确用例）

从 Vb 的泛化情况来看，初级阶段只有1例用例，且泛化在第三阶段，从泛化情况来看属于未习得，中级阶段6例用例中只有1例偏误，且该偏误在泛化阶段5，Vb 在高级阶段只有1例正确用例，说明如果仅从泛化情况分析，在中级阶段该句式就已经达到了很高的习得水平。

（三）VIIa 的泛化情况分析

初级阶段 VIIa 的偏误如下：

---

① 这个例子里虽然"转学"是一个词，但是从结构上看，它是动宾结构，因此我们把"转学过来"看作是 VIIb，把"转过来"看作 IVb。

（134）他看着小林。不知道走出来路了。（"不知道走出来路了"
应该改为"不知道已经走出来了"，VIIa 误代 IVb 属于泛化阶段 4）

VIIa 初级阶段只出现 1 例用例，该用例是错误的，泛化情况在泛化阶
段 4，中高级阶段又未出现使用频次，从泛化情况分析，它在 3 个阶段都
呈现为习得水平不高。

（四）VIIb 的泛化情况分析

中级阶段 VIIb 的偏误用例如下：

（135）但我要以自己的能力考进入那个大学，或者到国外某些
国家留学。（"考进入那个大学"误代"考入那个大学"，误代 IIIb，
属于泛化阶段 4）

（136）我心里想说"你"，但说出来"我"。（"说出来"的
"出来"后面遗漏了"了"，属于泛化阶段 6）

VIIb 在初级和高级阶段没有用例，中级阶段有 2 例用例，且都是偏误
用例，有 1 例在泛化阶段 5，如果仅从泛化情况分析，VIIb 在中级阶段表
现为习得水平较好。

七　泰语母语者初、高、中三个阶段趋向补语泛化情况总体分析

表 11　　　　泰语母语者趋向补语各句式泛化情况统计表

句式	初级泛化情况	中级泛化情况	高级泛化情况	习得情况判断
Ia	总偏误 2 例，属于泛化阶段 4 的有 2 例，即误代 IVa 2 例（100%）	总偏误 4 例，属于泛化阶段 3 的有：补语冗余 1 例，动词遗漏 1 例；属于泛化阶段 4 的有误代 IVa 3 例（75%）	偏误 0 例	高级阶段习得水平高，表现为泛化消失，显示为高级阶段习得
Ib	总偏误 1 例：误代 IVb，属于泛化阶段 4	总偏误 3 例，属于泛化阶段 3 的有：补语"来"冗余 1 例；属于泛化阶段 4 的有：误代 IVb2 例（33.3%）	总偏误 8 例，属于泛化阶段 3 的有 3 例：补语"到"冗余 2 例，遗漏动词 1 例；属于泛化阶段 4 的有 5 例：误代 IVb5 例（71.4%）	习得水平三阶段都不高，最高泛化阶段为阶段 4，显示为未习得

句式	初级泛化情况	中级泛化情况	高级泛化情况	习得情况判断
IIa	总偏误 1 例，属于泛化阶段 5："坐车去"误代"去坐车"或"坐着车去"	偏误 0 例	偏误 0 例	初级阶段泛化阶段达到了第 5 阶段，显示为习得
IIb	偏误 0 例	总偏误 1 例，属于泛化阶段 4，误代 VIb	没有出现用例	初级阶段 0 偏误，中级达到泛化的第 4 阶段，显示为初级阶段习得
IIIa	总偏误 12 例，属于泛化阶段 3 的有 3 例：其中"来到"后"到"冗余 1 例，宾语和动词错误各 1 例；属于泛化阶段 4 的有 8 例：误代 Ia1 例，误代 IIa3 例，误代 IVa 2 例，误代 VIa2 例（66.7%）；属于泛化阶段 5 的有 1 例，即"走去那家宾馆"误代"走着去那家宾馆"	总偏误 24 例，属于泛化阶段 3 的有 4 例：补语冗余 1 例，动词错误 2 例，遗漏动词 1 例；属于泛化阶段 4 的有 10 例：误代 IIa8 例，误代 IIa 或 VIa1 例，误代 IIa 或 VIa1 例；属于泛化阶段 5 的有 9 例：趋向补语"到"误代动态助词"过"3 例，"来不到"误代"没到过"5 例，即"走去"误代"走着去"1 例；属于泛化阶段 6 有 1 例，即趋向补语后误加"了"1 例	总偏误 2 例，误代 VIa2 例，属于泛化阶段 4	初级阶段达到了泛化阶段 5，显示为习得
IIIb	总偏误 6 例，属于泛化阶段 3 的有 4 例：动词偏误 2 例，补语"到"误代"起"1 例，趋向补语误代其可能式 1 例；属于泛化阶段 5 的有 1 例：趋向补语误代介词短语补语各 1 例；属于泛化阶段 6 的 1 例：趋向补语后误加"了"1 例	总偏误 14 例，属于泛化阶段 3 的偏误有 13 例：动词偏误 6 例，宾语错误 1 例，补语"来"误代"起"1 例，补语"到"误代"起"2 例，遗漏动词 2 例，趋向补语误代其可能式 1 例；属于泛化阶段 5 的 1 例：遗漏趋向补语	总偏误 4 例，都属于泛化阶段 3，其中宾语错误 2 例，动词错误 1 例，补语冗余 1 例	初级阶段达到了泛化阶段 6，显示为初级阶段习得
IVa	总偏误 1 例，"出来"前遗漏动词 1 例（属于泛化阶段 3）	总偏误 2 例，属于泛化阶段 3 的有 1 例：动词错误，属于泛化阶段 4 的有 1 例：误代 VIa1 例	总偏误 0 例	高级阶段习得

续表

句式	初级泛化情况	中级泛化情况	高级泛化情况	习得情况判断
IVb	总偏误5例，属于泛化阶段3的5例："出来"误代"起来"3例，"上来"误代"起来"1例，趋向补语误代其可能式1例	总偏误6例，属于泛化阶段3的有5例：遗漏宾语4例，动词错误4例；属于泛化阶段4的有2例：误代Ⅰb1例，误代VIb1例	总偏误3例，属于泛化阶段3的有2例：补语冗余2例；属于泛化阶段4的有1例：误代Ib1例	IVb三个阶段最高泛化阶段都为泛化阶段4，显示为未习得
Va	总偏误2例，属于泛化阶段4的有1例：误代VIa；属于泛化阶段5的有1例：回避使用"把"字句1例	总偏误1例，是动词错我，属于泛化阶段3	总偏误2例，都是回避使用"把"字句（属于泛化阶段5）	初级阶段习得
Vb	总偏误1例，是补语冗余，属于泛化阶段3	总偏误1例，回避使用"把"字句（属于泛化阶段5）	总偏误0例	中级阶段习得
VIa	总偏误0例，回避使用VIa1例	总偏误0例，回避使用VIa3例，在VIa中错用"把"字句1例	总偏误0例	初级阶段习得
VIb	总偏误0例	总偏误0例	总偏误0例	初级阶段习得
VIIa	总偏误1例，误代IVb属于泛化阶段4	未出现用例	未出现用例	未习得
VIIb	未出现用例	总偏误2例，误代IIIb1例（属于泛化阶段4），趋向补语后遗漏动态助词"了"1例（属于泛化阶段6）	未出现用例	中级阶段习得

　　从泛化情况分析，泰语母语者初级阶段习得的趋向补语句式有Ⅱa、Ⅱb、Ⅲa、Ⅲb、Ⅴa、Ⅵa和Ⅵb，中级阶段习得的趋向补语句式有Ⅴb和Ⅶb，高级阶段习得的项目是Ⅰa和Ⅳa、Ib、IVb和VIIa始终显现为未习得。因此，基于泛化分析得出的习得顺序如下：

　　Ⅱa、Ⅱb、Ⅲa、Ⅲb、Ⅴa、Ⅵa、Ⅵb＞Ⅴb、Ⅶb＞Ⅰa、Ⅳa＞Ib、IVb、VIIa

　　第一节我们已经分析了几种特殊句式VIa、VIb、Ⅱb、Ⅴa、Ⅴb、Ⅶa和Ⅶb的习得不能完全依靠准确率，还要分析他们的使用范围、使用频率，泛化分析的情况也是仅仅以习得偏误情况为依据，因此，我们把基于泛化得到的习得顺序进行调整，得到了新的习得顺序如下：

　　Ⅱa、Ⅲa、Ⅲb＞Ⅰa、Ⅳa＞Ib、IVb＞Ⅵa、Ⅵb＞Ⅴa、Ⅴb、VIIa、

Ⅶb、Ⅱb

上面这一顺序和基于准确率和使用频率得出的习得顺序（Ⅰa、Ⅱa、Ⅲb、Ⅳa＞Ⅲa＞Ⅰb＞Ⅳb＞Ⅵb、Ⅵa＞Ⅱb、Ⅴa、Ⅴb、Ⅶa、Ⅶb）最大的不同是Ⅰa和Ⅳa的习得顺序靠后，Ⅲa的习得顺序靠前。这是什么原因呢？从泛化情况看，Ⅰa在初级阶段的偏误都表现为和Ⅳa的误代，到中级阶段误代Ⅳa也占了75%，到高级阶段才未出现偏误，这说明复合趋向补语（本义）与简单趋向补语本义的区别是一个难点，这个难点能让我们透过这两个句式的高使用频率和高使用准确率表象发现二者容易混淆的实质，因此泛化分析可以对基于准确率和使用频率得出的习得规律进行验证和补充。

第二章

越南语母语者汉语趋向补语习得研究

第一节　越南语母语者习得汉语趋向补语的顺序

关于越南学生汉语趋向补语习得的研究主要有杨春雍（2005）、段芳草（2011）、田静（2011）和白克宁（2007）的硕士学位论文。段芳草（2011）和田静（2011）主要分析的是越南留学生习得汉语趋向补语的偏误类型、偏误原因，没有涉及习得顺序；白克宁（2007）在对中介语语料的偏误分析和问卷调查的基础上总结出了越南留学生习得趋向补语的习得顺序，不过他归纳的这个习得顺序是按趋向补语的十个子项目初级、中级和高级三个阶段的平均正确率来定的，这样归纳出来的习得顺序不能全面反映越南留学生习得汉语趋向补语的客观情况，因为习得顺序并不等于习得正确率顺序。我们在这里重新界定习得标准，在对大规模的中介语语料库进行定量分析的基础上来确定习得顺序，并结合偏误类型，运用泛化分析理论予以验证。

一　越南语母语者各阶段趋向补语使用情况及相关分析

（一）越南语母语者各阶段趋向补语使用情况

我们的作文语料来源如下：高级来自北京语言大学 HSK 动态作文语料库中 HSK 考试分数在 60 分以上的越南学生作文语料 0.7395 万字，以及云南师范大学取得高级证书的越南学生作文语料 0.7405 万字，共计 1.48 万字；中级来自云南师范大学取得中级证书的越南留学生作文语料 10.165 万字；初级来自云南师范大学初级水平的越南留学生学生作文语料 15.783 万字，三阶段共计 27.4 万字。我们把越南学生习得汉语趋向补语各句式的情况制成表 12 至表 14。

表12　　越南语母语者初级水平汉语学习者汉语趋向补语使用情况统计

数据 句式	越南学生使用情况				汉语母语者使用频率	越南学生和汉语母语者使用频率之差	外国学生使用频次
	使用频次	使用频率	错误频次	正确率（％）			
句式 Ia	121	7.67	5	95.87	2.7005	4.9695	2.2
句式 Ib	105	6.653	18	82.9	0.7595	5.8935	0.067
句式 IIa	18	1.14	0	100	0.4375	0.7025	2.4
句式 IIb	3	0.1901	2	33.3	0.006	0.1841	0
句式 IIIa	172	10.898	12	93.02	1.1615	9.7365	2.233
句式 IIIb	574	36.368	24	95.8	4.1495	32.2185	0.533
句式 IVa	51	3.231	1	98.03	3.265	−0.034	1.367
句式 IVb	84	5.322	3	96.4	10.594	−5.272	2.4
句式 Va	2	0.1267	1	50	0.063	0.0637	0.033
句式 Vb	1	0.06336	1	0	0.027	0.03636	0.033
句式 VIa	6	0.3802	0	100	0.679	−0.2988	0.133
句式 VIb	0	0	0	0	0.6965	−0.6965	0.2
句式 VIIa	2	0.19	1	50	0.0285	0.1615	0.033
句式 VIIb	4	0.2534	1	75	0.018	0.2354	0.467

表13　越南语母语者中级水平汉语学习者汉语趋向补语使用情况统计

数据 句式	越南学生使用情况				汉语母语者使用频率	越南学生和汉语母语者使用频率之差	外国学生使用频次
	使用频次	使用频率	错误频次	正确率（％）			
句式 Ia	41	4.03	0	100	2.7005	1.3295	3
句式 Ib	83	8.17	7	91.6	0.7595	7.4105	0.533
句式 IIa	2	0.197	0	100	0.4375	−0.2405	0.9
句式 IIb	3	0.295	1	66.7	0.006	0.289	0
句式 IIIa	69	6.79	5	92.75	1.1615	5.6285	6.567
句式 IIIb	465	45.75	17	96.34	4.1495	41.6005	3.567
句式 IVa	7	0.689	0	100	3.265	−2.576	1.167
句式 IVb	78	7.673	6	92.3	10.594	−2.921	6.433
句式 Va	2	0.197	1	50	0.063	0.134	0.6
句式 Vb	0	0	0	0	0.027	−0.027	0.6
句式 VIa	3	0.295	0	100	0.679	−0.384	0.4
句式 VIb	1	0.197	0	100	0.6965	−0.498	0.2
句式 VIIa	0	0	0	0	0.0285	−0.0285	0.033
句式 VIIb	2	0.098	2	0	0.018	0.08	0.9

表 14   越南语母语者高级水平汉语学习者汉语趋向补语使用情况统计

数据＼句式	越南学生使用情况				汉语母语者使用频率	越南学生和汉语母语者使用频率之差	外国学生使用频次
	使用频次	使用频率	错误频次	正确率（%）			
句式 Ia	0	0	0	0	2.7005	－2.7005	6.867
句式 Ib	3	2.027	0	100	0.7595	1.2675	0.933
句式 IIa	0	0	0	0	0.4375	－0.4375	1.433
句式 IIb	2	1.351	0	100	0.006	1.345	0
句式 IIIa	8	5.405	1	87.5	1.1615	4.2435	6.833
句式 IIIb	145	97.973	9	93.8	4.1495	93.8235	4.9
句式 IVa	0	0	0	0	3.265	－3.265	2.733
句式 IVb	16	10.811	0	100	10.594	0.217	9.433
句式 Va	0	0	0	0	0.063	－0.063	0.067
句式 Vb	0	0	0	0	0.027	－0.027	0.033
句式 VIa	1	0.676	0	100	0.679	－0.003	0.333
句式 VIb	0	0	0	0	0.6965	－0.6965	0.733
句式 VIIa	0	0	0	0	0.0285	－0.0285	0.1
句式 VIIb	0	0	0	0	0.018	－0.018	1.067

为了能清楚地显示越南语母语者各句式在三个阶段的准确率变化及不同句式之间的准确率差异，我们根据表12、表13、表14制成图6和图7。

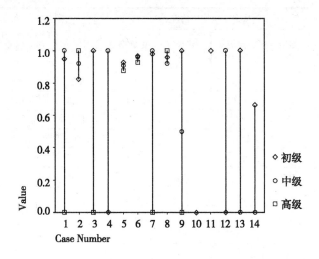

（附注：1. 句式 Ia；2. 句式 Ib；3. 句式 IIa；4. 句式 IIb；5. 句式 IIIa；
6. 句式 IIIb；7. 句式 IVa；8. 句式 IVb；9. 句式 Va；10. 句式 Vb；
11. 句式 VIa；12. 句式 VIb；13. 句式 VIIa；14. 句式 VIIb）

图 6   越南学生趋向补语 14 种句式正确率升降

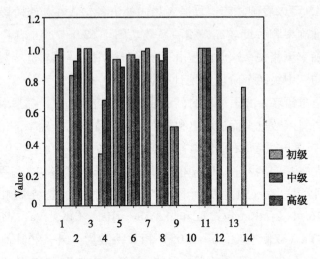

图7 越南学生趋向补语14种句式三阶段正确率对比图

（二）越南语母语者趋向补语各句式的习得准确率的相关情况及其原因分析

1. 越南语母语者趋向补语各句式准确率初、中、高三阶段相关度分析

为了能了解越南语母语者初、中、高三阶段趋向补语各句式习得准确率的相关情况，我们通过相关分析制成了表15。

表15　越南语母语者趋向补语各句式初、中、高三阶段准确率相关度分析表

Correlations

			高级	中级	初级
Spearman's rho	初级	Correlation Coefficient	1.000	0.638 *	0.219
		Sig. (2-tailed)	0	0.014	0.452
		N	14	14	14
	中级	Correlation Coefficient	0.638 *	1.000	0.053
		Sig. (2-tailed)	0.014	0	0.856
		N	14	14	14
	高级	Correlation Coefficient	0.219	0.053	1.000
		Sig. (2-tailed)	0.452	0.856	0
		N	14	14	14

*. Correlation is significant at the 0.05 level (2 – tailed).

从表15可以看到越南语母语者趋向补语各句式在初级阶段和中级阶段的习得准确率相关度较高，相关系数达到了63.8%，二者和高级阶段的习得准确率不相关，这应该是由于高级阶段中介语语料的字数较少造成的，因此初、中级两个阶段的统计数据有较高的可信度[①]。表15的结果和表9泰语母语者中介语语料的显示数据的可信度一致，都是由于高级阶段中介语语料字数过少而显示出和初、中两个阶段的准确率不相关。

2. 越南语母语者12种趋向补语正确率相关度分析

为了进一步了解我们统计的越南语母语者趋向补语各句式习得数据的可信度，我们分析了初、中、高三个阶段各句式的相关性，把结果制成表16。

从表16可以看出：句式Ia和句式IIa、IIIa、IIIb、IVa、Va均高度相关，除和IVa（双侧检验，$p < 0.05$）相关系数为1外，和其他句式的相关系数都是99.9%（双侧检验，$p < 0.05$）；句式Ib和句式IIb正相关，相关系数为1（双侧检验，$p < 0.05$）；句式VIIa、VIIb高度相关，相关系数为1（双侧检验，$p < 0.01$）。句式IVb、Vb、VIa、VIb未检测出与其他句式的准确率相关，这说明这几个句式的习得数据带有一定的偶然性。通过相关分析，可以看到我们的统计数据对越南母语者趋向母语习得的研究有很强的说服力。

二　基于语料库得到的习得顺序

从表12到表14可以看出，初级阶段Ia、Ib、IIa、IIIa、IIIb、IVa（使用频率和汉语母语者相差甚微）达到了习得标准，IVb在初级和中级阶段的习得准确率达到了习得标准，然而使用频率不足，到高级阶段才完全达到习得标准，因此，IVb的习得应该排在Ia、Ib、IIa、IIIa、IIIb、IVa的后面。同时，数据显示IIIb是各个阶段习得准确率和使用频率都达到习得标准的句式，Ia、IIa、IVa在初级阶段达到了习得标准，到了高级阶段没有出现用例，这应该是由于语料中语体限制的原因，因为我们调查的高级阶段语料多为议论性话题，议论性话题中趋向补语的本义使用率会低一些。鉴于Ib的习得准确率在初级阶段只有83%，排

---

① Goldschneider, Jennifer, M. and Dekeyser, Robert, M. 指出一个给定变量的高程度预测效度在很大程度上是由于其与另一变量的相关度高。参见 Goldschneider, Jennifer M. and Dekeyser, Robert M, "Explaining the 'Natural Order of L2 Morpheme Acquisition' in English: A Meta-analysis of Multiple Determinants", *Language Learning*, Vol. 55, 2005, pp. 57—58。

表 16　越南语母语者汉语趋向补语 14 种句式相关度分析表

		句式1A	句式1B	句式2A	句式2B	句式3A	句式3B	句式4A	句式4B	句式5A	句式5B	句式6A	句式6B	句式7A	句式7B
句式1A	Pearson Correlation	1	-0.829	0.999*	-0.843	0.999*	0.999*	1.000*	-0.883	0.999*	0.a	0.a	0.530.	469	0.469
	Sig. (2-tailed)	0.0	0.377	0.022	0.361	0.022	0.022	0.011	0.311	0.022	0.0	0.0	0.644	0.689	0.689
	N	3	3	3	3	3	3	3	3	3	3	3	3	3	3
句式1B	Pearson Correlation	-0.829	1	-0.849	1.000*	-0.849	-0.849	-0.839	0.470	-0.849	0.a	0.a	0.034	-0.882	-0.882
	Sig. (2-tailed)	0.377	0.0	0.355	0.016	0.355	0.355	0.366	0.688	0.355	0.0	0.0	0.978	0.312	0.312
	N	3	3	3	3	3	3	3	3	3	3	3	3	3	3
句式2A	Pearson Correlation	0.999*	-0.849	1	-0.862	1.000**	1.000**	1.000*	-0.866	1.000**	0.a	0.a	0.500	0.500	0.500
	Sig. (2-tailed)	0.022	0.355	0.0	0.339	0.0	0.0	0.011	0.333	0.0	0.0	0.0	0.667	0.667	0.667
	N	3	3	3	3	3	3	3	3	3	3	3	3	3	3
句式2B	Pearson Correlation	-0.843	1.000*	-0.862	1	-0.862	-0.862	-0.853	0.493	-0.862	0.a	0.a	0.009	-0.870	-0.870
	Sig. (2-tailed)	0.361	0.016	0.339	0.0	0.339	0.339	0.350	0.672	0.339	0.0	0.0	0.995	0.328	0.328
	N	3	3	3	3	3	3	3	3	3	3	3	3	3	3
句式3A	Pearson Correlation	0.999*	-0.849	1.000**	-0.8621	1.000**	1.000*	-0.866	1	0.000*	0.a	0.a	0.500	0.500	0.500
	Sig. (2-tailed)	0.022	0.355	0.0	0.0	0.0	0.0	0.011	0.333	0.0	0.0	0.0	0.667	0.667	0.667
	N	3	3	3	3	3	3	3	3	3	3	3	3	3	3
句式3B	Pearson Correlation	0.999*	-0.849	1.000**	-0.862	1.000*	1	1.000*	-0.866	1.000**	0.a	0.a	0.500	0.500	0.500
	Sig. (2-tailed)	0.022	0.355	0.0	0.339	0.0	0.0	0.011	0.333	0.0	0.0	0.0	0.667	0.667	0.667
	N	3	3	3	3	3	3	3	3	3	3	3	3	3	3
句式4A	Pearson Correlation	1.000*	-0.839	1.000*	-0.853	1.000*	1.000*	1	-0.875	1.000*	0.a	0.a	0.515	0.485	0.485
	Sig. (2-tailed)	0.011	0.366	0.011	0.350	0.011	0.011	0.0	0.322	0.011	0.0	0.0	0.656	0.678	0.678
	N	3	3	3	3	3	3	3	3	3	3	3	3	3	3

续表

		句式1A	句式1B	句式2A	句式2B	句式3A	句式3B	句式4A	句式4B	句式5A	句式5B	句式6A	句式6B	句式7A	句式7B
句式4B	Pearson Correlation	-0.883	0.470	-0.866	0.493	-0.866	-0.866	-0.875	1	-0.866	0.a	0.a	-0.866	0.000	0.000
	Sig. (2-tailed)	0.311	0.688	0.333	0.672	0.333	0.333	0.322	0.0	0.333	0.0	0.0	0.333	1.000	1.000
	N	3	3	3	3	3	3	3	3	3	3	3	3	3	3
句式5A	Pearson Correlation	0.999*	-0.849	1.000**	-0.862	1.000**	1.000**	1.000*	-0.866	1	0.a	0.a	0.500	0.500	0.500
	Sig. (2-tailed)	0.022	0.355	0.0	0.339	0.0	0.0	0.011	0.333	0.0	0.0	0.0	0.667	0.667	0.667
	N	3	3	3	3	3	3	3	3	3	3	3	3	3	3
句式5B	Pearson Correlation	0.a	0.a	0.a	0.a	0.a	0.a	0.a	0.a	0.a	0.a	0.a	0.a	0.a	0.a
	Sig. (2-tailed)	0.0	0.0	0.0	0.0	0.0	0.0	0.0	0.0	0.0	0.0	0.0	0.0	0.0	0.0
	N	3	3	3	3	3	3	3	3	3	3	3	3	3	3
句式6A	Pearson Correlation	0.a	0.a	0.a	0.a	0.a	0.a	0.a	0.a	0.a	0.a	0.a	0.a	0.a	0.a
	Sig. (2-tailed)	0.0	0.0	0.0	0.0	0.0	0.0	0.0	0.0	0.0	0.0	0.0	0.0	0.0	0.0
	N	3	3	3	3	3	3	3	3	3	3	3	3	3	3
句式6B	Pearson Correlation	0.530	0.034	0.500	0.009	0.500	0.500	0.515	-0.866	0.500	0.a	0.a	1	-0.500	-0.500
	Sig. (2-tailed)	0.644	0.978	0.667	0.995	0.667	0.667	0.656	0.333	0.667	0.0	0.0	0.0	0.667	0.667
	N	3	3	3	3	3	3	3	3	3	3	3	3	3	3
句式7A	Pearson Correlation	0.469	-0.882	0.500	-0.870	0.500	0.500	0.485	0.000	0.500	0.a	0.a	-0.500	1	1.000**
	Sig. (2-tailed)	0.689	0.312	0.667	0.328	0.667	0.667	0.6781	0.000	0.667	0.0	0.0	0.667	0.0	0.0
	N	3	3	3	3	3	3	3	3	3	3	3	3	3	3
句式7B	Pearson Correlation	0.469	-0.882	0.500	-0.870	0.500.	500	0.485	0.000	0.500	0.a	0.a	-0.500	1.000**	1
	Sig. (2-tailed)	0.689	0.312	0.667	0.328	0.667	0.667	0.6781	0.000	0.667	0.0	0.0	0.667	0.0	0.0
	N	3	3	3	3	3	3	3	3	3	3	3	3	3	3

注：* Correlation is significant at the 0.05 level (2-tailed).

** Correlation is significant at the 0.01 level (2-tailed).

a. Cannot be computed because at least one of the variables is constant.

附注：表16中的1A即Ia，其他句式类推，这是由于SPSS自动把小写字母a、b生成大写字母A、B。

在准确率都在 90％ 以上的 Ia、IIa、IIIa、IIIb、IVa 的后面，我们把 Ib 的习得排在这些项目的后面；鉴于 IVa 的使用频率在初、中级阶段略显不足，因此把它排在 Ia、IIa、IIIa、IIIb 的后面；鉴于 IIIa 在初中级阶段达到习得标准后，到了高级阶段习得准确率下降，我们把 IIIa 的习得顺序排在 Ia、IIa、IIIb 的后面；鉴于 IIa 在中级阶段使用频率呈现不足，我们把它排在 Ia 和 IIIb 的后面。VIa 的习得准确率三个阶段都很高，但是使用频率一直不足，我们把它排在上述项目的后面；VIb 初级和高级都没有出现用例，中级阶段只出现了 2 例，虽然习得准确率达到了 100％，然而使用频率不足，我们把它排在 VIa 的后面。与泰语母语者一样，越南语中介语语料库中 Ⅱb、Ⅴa、Ⅴb、VIIa、VIIb 这五个句式的使用频率都极低，使用正确率带有极大的偶然性，比如，IIb 初级和中级阶段的习得准确率低于 80％，高级阶段出现了 2 次，正确率是 100％，仅就依据这两个正确用例确定高级阶段 IIb 已经习得了不能让人信服；此外，Ⅴa、Ⅴb、VIIa、VIIb 的使用准确率未达到习得标准，因此，我们把他们列在习得序列的最后面。

　　总之，综合越南学生在三个阶段趋向补语各句式的习得情况，我们得出以下习得顺序：

　　Ia、IIIb > IIa > IIIa > IVa > Ib > IVb > VIa > VIb > Ⅱb、Ⅴa、Ⅴb、VIa、VIIb

三　通过蕴含量表得到的习得顺序

　　我们根据三个阶段的习得准确率，用蕴含量表进行排序，借此验证我们通过上述分析多得到的习得顺序。

语料库蕴含量表

（以 80％为标准的二维量表）

容易←--→难

	Ⅰb	Ⅲa	Ⅲb	Ⅳb	Ⅵa	Ⅰa	Ⅱa	Ⅳa	Ⅵb	Ⅱb	Ⅴa	Ⅴb	Ⅶa	Ⅶb
初级	1	1	1	1	1	1	1	1	0	0	0	0	0	0
中级	1	1	1	1	1	1	1	1	1	0	0	0	0	0
高级	1	1	1	1	1	0*	0*	0*	0*	1	0	0	0	0
正确	3	3	3	3	3	2	2	2	1	1	0	0	0	0
错误	0	0	0	0	0	1	2	2	2	2	0	0	0	0

这样我们得到趋向补语各句式的四个难度等级：

a. Ⅰb、Ⅲa、Ⅲb、Ⅳb、Ⅵa

b. Ⅰa、Ⅱa、Ⅳa

c. Ⅵb、Ⅱb

d. Ⅴa、Ⅴb、Ⅶa、Ⅶb

该量表的伽特曼再生系数为 90.5%>90%，证明该量表的难度预测是有效的。我们前文已经分析过Ⅰa、Ⅱa、Ⅳa 到高级没有出现是由于语料数量不足和语体限制的原因，因此，这三个项目可以调到和第一阶段难度一样的语法项目。Ⅵa 虽然三个阶段准确率都很高，但三个阶段 Ⅵa 使用的只有"到……来"、"到……去"、"出……去"、"进……来"、"进……去"、"回……去"六个，且使用频率都不足，因此Ⅵa 的排序我们调到蕴含量表中 a 和 b 两个难度等级的后面，这样，越南学生习得汉语趋向补语的排序是：

　　Ⅰa、Ⅱa、Ⅳa、Ⅰb、Ⅲa、Ⅲb、Ⅳb>Ⅵa>Ⅵb、Ⅱb>Ⅴa、Ⅴb、Ⅶa、Ⅶb

这个顺序和我们前面基于语料库得出的习得顺序（Ia、IIIb>IIa>IIIa>IVa>Ib>IVb>VIa>VIb>Ⅱb、Ⅴa、Ⅴb、VIIa、VIIb）基本上是一致的。

在趋向补语的习得顺序上，越南语母语者与泰语母语者总体习得顺序是一致的；不同的是 Ib 和 IIIa 的习得。越南母语者初级阶段 Ib 的准确率只有 83%，比泰国学生初级阶段 99% 的准确率低很多，到了中高级阶段越南母语者 Ib 的准确率持续上升，然而泰国学生 Ib 的准确率到高级阶段由于误代其他更复杂类型的补语出现了下滑，下降到 72%；IIIa 这个项目，泰国语母语者在中级阶段准确率出现了下滑，而越南语母语者到了高级阶段的习得准确率下滑，这些小的波动说明 IIIa、Ib 的习得是非线性的。

第二节　越南语母语者习得汉语趋向补语的泛化情况分析

基于 27.4 万字初级、中级和高级阶段的越南语母语者汉语中介语语料库，我们对越南学生习得趋向补语 14 种句式的偏误类型和泛化情况进行了分析。

一　Ia 和 IVa 的泛化情况分析

（一）Ia 的泛化情况分析

初级阶段 Ia 的偏误情况如下：

（1）跳街舞也是一种健身方法，跳完以后我能吃很多饭，身体的肌肉也就慢慢出来。（"慢慢出来"，应为"慢慢长出来"，误代 IVa，是趋向补语多个发展阶段的不同泛化类型，属于泛化阶段 4）

（2）想到这小明马上给这个鸟飞去找它的妈妈。（"飞去"应改为"飞回去"，误代 IVa，属于泛化阶段 4）

（3）那时我们都被吓坏了但是 Ama 老师她不管有多危险跑来抓了文玉的手。（"跑来"应改为"跑过来"，误代 IVa，属于泛化阶段 4）

（4）"我们每天走去上学。"（母语负迁移）（"走去"应改为"走着去"，用趋向补语误代动词作状语，属于不同符号输出网络之间的变化，属于泛化阶段 5）

（5）周末常常有客人来到参观。（"来到"后"到"冗余，属于本阶段内部的泛化，是泛化阶段 3）

Ia 初级阶段的泛化呈现为 3、4、5 三个阶段，表明在初级阶段 Ia 的习得已经达到了很高的水平。Ia 中级阶段没有出现偏误，意味着泛化的消失，是初级阶段习得水平的进一步发展。高级阶段 Ia 没有出现用例，应该是中介语语料不足的原因。越南语母语者 Ia 误代 IVa 的原因是由于受到母语的影响。越南语里没有复合趋向补语，汉语里用"动词 + 复合趋向补语"，越南语里却要用"动词 + 简单趋向补语"，例如："Tôi nhìn thấy anh ấy đi xuống rồi（我看见他走下了）""Tiếng cãi cọ dấn dần giảm đi rồi（声音 争吵 渐渐 减去了）"。

（二）IVa 的泛化情况分析

IVa 初级阶段只出现 1 例偏误，如下：

（6）我不让眼泪留下来，怕妈妈发现。（"留"应该改为"流"，同音替代，属于本阶段内部的泛化，是泛化阶段 3）

从这 1 例偏误来看，属于未习得，然而"留"误代"流"是词汇偏误，而非语法偏误，那么如果去掉这一偏误用例，IVa 在初级阶段的泛化消失了，就应该视为已经习得。IVa 在中级阶段没有偏误，证明习得的进一步发展，高级阶段 IVa 没有出现，是语料不足的原因。

二　Ib 和 IVb 的泛化情况分析

（一）Ib 的泛化情况分析

初级阶段 Ib 的偏误（总偏误 18 例）

（7）有什么时候你遇到危险，谁跟你一起超过，不离开的朋友时常在身边。（"不离开"的后面遗漏宾语"你"，误代 IIIb，是趋向补语多个发展阶段的不同泛化类型，属于泛化阶段 4）

（8）这个问题看来很简单，但是如果我们把这个问题研究我们会发现对这个问题没那么简单。（"看来"误代"看起来"，误代 IVb，属于泛化阶段 4）

（9）不会利用时间的人总会把时间没有效果的过去。（"过去"误代"浪费过去"，误代 IVb，属于泛化阶段 4）[①]

（10）我也懂了为什么我爸带来到这，也知道了，为什么这个地方那么著名。（误代 IIa）（"我爸带来到这"应该改为"我爸带我到这儿来"，属于泛化阶段 4）（错序）

（11）然后来我们那，说："你们的票呢？"我拿出，座位一样，但是时间不一样，我们的比她们晚了十分钟。（"拿出"应该改为"拿出来"，误代 IVb，属于泛化阶段 4）

（12）我每次想起总是很后悔。（"想起"应该改为"想起来"，误代 IVb，属于泛化阶段 4）

（13）我拿来看看是一本姐姐学习的方法。（"拿来"应该改为"拿过来"，误代 IVb，属于泛化阶段 4）

（14）过一段时间时很多国家同学们带来点平之后我们就可以常

---

①　辨认偏误要考虑语境（参见刘颂浩《第二语言习得导论——对外汉语教学视角》，世界图书出版公司 2007 年版，第 90 页），这里越南语母语者使用了"把时间没有效果的过去"这种 Ia 句式，应该使用的是"浪费过去"这种 IVa 句式，因此，这里应该看作是 Ia 误代 IVa，而不是 IVa 自身遗漏动词的偏误。

常各国不同的美食了。("很多国家同学们带来"应改为"很多国家同学们带来食物"，误代 IIIb，属于泛化阶段 4)

(15) 绿的叶，白的花……但是很清白我只能这样这么说了，以为我的汉语水平很底不能够说出我布 wang（应是"希望"）以后能够写更好。("说出"误代"说出来"，误代 IVb，属于泛化阶段 4；"不能够说出"应该改为"说不出来"，趋向补语误代其可能式，属于泛化阶段 3)①

(16) 或者去吃小吃，他知道我不喜欢学英语，所以他买很多种书带来给我。("带来"中的"来"冗余，是本阶段内部的泛化，属于泛化阶段 3)

(17) 她把饭带来给我。("带来"中的"来"冗余，是本阶段内部的泛化，属于泛化阶段 3)

(18) 那些后果是哪出来的，是从每个人的行为出来。("出来"误代"引起"2 例，同类型之间的误代，属于泛化阶段 3)

(19) 清迈可以说就是在泰国内，算上是有很久的历史城市之一。("算上"误代"算得上"，趋向补语误代其可能式，属于泛化阶段 3)

(20) 他的衣服虽不算上是时髦，可总是很得体。("不算上"误代"算不上"，趋向补语误代其可能式，属于泛化阶段 3)

(21) 到越南第一个景点他们要带去是越南道渡一河内。("他们要带去"根据上下文应是误代"他们要带着去的"，属于动词带趋向补语和动词作状语之间的误代，属于属于泛化阶段 5)

(22) 第二点就是下课跟中国人说话，用生句在上课的时候来跟他们说，你可以记出很快。(误代结果补语)("记出很快"应该改为"很快记住"，趋向补语误代结果补语，属于泛化阶段 5)

(23) 每天早上妈妈用温和的声音把我从睡梦中醒来，把做好的早饭放在我前面。(应该把"醒来"改为"叫醒"，趋向补语误代结果补语，属于泛化阶段 5)

(24) 过来几分钟。("来"应该改为"了"，属于"来"和

---

① 这个句子的偏误有两种归类方法，即归为泛化阶段 3 或泛化阶段 4，我们统计的时候简化处理把它归在简单趋向补语和复合趋向补语的误代这一类，即属于泛化阶段 4。

"了"之间的误代，是不同符号网络输出形式之间的误代，属于泛化阶段5）

越南语母语者 Ib 在初级阶段习得就达到了泛化阶段5，证明习得达到了很高的水平，主要偏误为和其他类型趋向补语的误代，占了 55.6%。

中级阶段 Ib 的偏误用例如下：

（25）时间过去得真快。（"时间过去得真快"应改为"时间过得真快"，趋向补语"去"的冗余，属于泛化阶段3）

（26）生活的时间过去真的太快了。（"生活的时间过去真的太快了"应改为"生活的时间过得真的太快了"，趋向补语"去"的冗余，属于泛化阶段3）

（27）说实话我从来没试过这种方法，但我的朋友已经做出了效果很好的！（"已经做出"应该改为"已经做到"，趋向补语误代结果补语，属于泛化阶段5）

（28）随着社会越来越发展"手机"慢慢成为不能离开的东西。（误代可能补语）（"不能离开"应该改为"离不开"，趋向补语误代其可能式，属于泛化阶段3）

（29）从我知道的时候到现在，我觉得手机好像是人们的朋友，是一个东西不能理开了。（误代可能补语）（"不能理开"应该改为"离不开"，动词"理"错误，趋向补语误代其可能式，属于泛化阶段3）

（30）但在我心目中有一肚子的话想跟世界方物说出。（"想跟世界方物说出"，"跟世界方物说出来"，误代"IVb"，属于泛化阶段4）

（31）但是已经两年过我们六个不是没有矛盾的。（"两年过"应该改为"两年过去了"，是用趋向补语和不用趋向补语之间的变化，是不同符号网络输出形式之间的误代，属于泛化阶段5）

初级阶段 Ib 的泛化阶段表现为第3、4、5三个阶段，从泛化类型上来看基本习得了。中级阶段 Ib 的泛化阶段仍表现为第3、5三个阶段，同样表现为基本习得。Ib 的在高级阶段出现了3例，没有出现偏误，泛化消失了，表现为完全习得。

（二）IVb 的泛化情况分析

IVb 在初级阶段和中级阶段出现了偏误，高级阶段没有出现偏误。

1. 初级阶段 IVb 的泛化情况分析

初级阶段 IVb（总偏误 3 例）的偏误如下：

（32）梦想醒起来但一切都晚了。（"梦想醒起来"应该改为"梦想醒了"）（趋向补语"起来"和语气词"了"之间的误代，是本阶段内部的泛化，属于泛化阶段 5）

（33）为了他而也有多少血汗钱都纷纷地跟着他走出去。（"走"应该改为"流"，同音误代，是本阶段内部的泛化，属于泛化阶段 3）

（34）妈妈笑着起来。（动词"笑"后"着"的误加，是本阶段内部的泛化，属于泛化阶段 3）

2. 中级阶段 IVb 的泛化情况分析

中级阶段 IVb（总偏误 6 例）的偏误用例如下：

（35）突然想出来了快要毕业了。（"出来"误代"起来"，2 例，是本阶段内部的泛化，属于泛化阶段 3）

（36）看过来，这年的 7 月份我会毕业了。（"过来"误代"起来"）（"看过来"应改为"看起来"，是本阶段内部的泛化，属于泛化阶段 3）

（37）从国外进入也很多，而自起从老年人留下来也多。（"留下来"中"留"应改为"传"，是本阶段内部的泛化，属于泛化阶段 3）

（38）四年在中国留学我 ren 出来很多事。（"ren 出来"应改为"了解了"或"明白了"，动补错误，是本阶段内部的泛化，属于泛化阶段 3）

（39）她才安心了下来。（误代 VIb）（"安心了下来"应改为"安下心来"，属于泛化阶段 4，补语前"了"的误加属于泛化阶段 6）

从初级阶段 IVb 的泛化来看，泛化呈现为第 3、5 两个阶段，表现为基本习得，中级阶段泛化仍表现为第 3、6 两个阶段，显示为习得达到了较高的水平。到了高级阶段，IVb 未出现偏误，泛化消失，显示为习得。

三　IIa 和 IIIa 的泛化情况分析

IIa 在初级阶段没有偏误，表明泛化消失，该项目在初级阶段就已经习得。它在中级阶段偏误率为 0，仍旧显示为习得。高级阶段该项目没有出现，应该是语料不足的原因。IIIa 在初级、中级和高级三个阶段都出现了泛化，我们这里予以具体分析。

1. 初级阶段 IIIa 的泛化情况分析

初级阶段 IIIa 的偏误用例如下：

（40）八天的国庆节结束了，我们又回来学校上课。（"回来学校"误代"回学校来"，误代 IIa，属于泛化阶段 4）

（41）有一天小明出去外边玩，他把鸟飞在天上但是把鸟的脚系好。（"小明出去外边玩"应该改为"小明到外边去玩"或"小明去外边玩"，误代 IIa，属于泛化阶段 4）

（42）欢迎你来到河内旅游。（"欢迎你来到河内旅游"应该改为"欢迎你到河内来旅游"，误代 IIa，属于泛化阶段 4）

（43）回来中国以后我和他——教我拉小提琴的第一位老师没有联系过。（"回来中国以后"应该改为"回中国来以后"误代 IIa，属于泛化阶段 4）

（44）在饭店吃饭，大家都说想再回来越南旅游。（"回来越南"误代"回越南来"，误代 IIa，属于泛化阶段 4）

（45）我们又回来学校上课。（"回来学校"误代"回学校来"，误代 IIa，属于泛化阶段 4）

（46）经过三周批评和惩（无法识别）他下决定回来原点。（"他下决定回来原点"应该改为"他下决定回到原点"或"他下决定回到原点来"，误代 VIa，属于泛化阶段 4）

（47）我想了想还是跟母亲说了 20 元钱的事，母亲没说停下手中的活去出了家门，我想母亲肯定又去给我借钱了。（"去出了家门"

应该改为"走出了家门","去"误代"走",是本阶段内部的泛化，属于泛化阶段3)

（48）去到公园，裴文看见一个小孩子哭。（"去到公园"应该改为"走到公园","去"误代"走",是本阶段内部的泛化，属于泛化阶段3)

（49）出去了飞机场以后，我就有了第二个感觉：树木太多了。（"出去了飞机场以后"应该改为"出了飞机场以后","去"误加，是本阶段内部的泛化，属于泛化阶段3)

（50）秋天在河内晚上在外边逛街的人很多，特点是男女谈都来走到"阮游路"看风情和品赏花香景色迷人。（"都来走到'阮游路'"应该改为"都走到'阮游路'来",误代"VIa",属于泛化阶段4)

（51）在我吃的时候，她已经把我的书包和衣服包放在门口，等我吃完把我送学校。（"等我吃完把我送学校"应该改为"把我送到学校"）（"送学校"中"送"后遗漏"到"，或把"送学校"改为"送到学校去"，是使用趋向补语和不用趋向补语之间的误代，属于泛化阶段5)

2. 中级阶段 IIIa 的泛化情况分析
中级阶段 IIIa 的偏误用例如下：

（52）进去手机店时，在你眼前是各种各样，五花八门，你肯定不知该买哪个，该看哪个。（"进去手机店时"应该改为"进手机店里去时"，误代 IIa，属于泛化阶段4)

（53）她们过来学校时常常跟我说她们太想学校了想回宿舍睡。（"过来学校"应改为"到学校来"，误代 IIa，属于泛化阶段4)

（54）最重要的我现在有了一个很可爱的儿子，我也把他带来昆明生活了。（"带来昆明"应该改为"带昆明来"或"带到昆明来"，误代"IIa"或"VIa"，属于泛化阶段4)

（55）河中间有两个桥，从城里过去这两个桥到城外很方便。（"过去这两个桥"按作者的表达意图改为"过这两个桥去"，误代"IIa"，或者改为"从城里经过这两个桥"，属于泛化阶段4)

（56）越南人从腊月二十三就开始就可以邀请亲朋好友一起轮到家里吃年饭，不一定要等到三十那天。（"轮到家里"应改为"轮流到家里"，"轮流"作状语，是趋向补语的表达和使用状语表达之间的变化，属于泛化阶段5）

3. 高级阶段 IIIa 的泛化情况分析
高级阶段 IIIa 的偏误用例：

（57）每个月我们可以送到您家里一本杂志。（"送到您家里一本杂志"可以改为"送一本杂志到您家里"，是宾语和补语错序，属于泛化阶段3，或者"把一本杂志送到您家里"，属于泛化阶段5）

从泛化阶段来看，IIIa 初级阶段的泛化表现为3、4、5 三个阶段，表明初级阶段 IIIa 已经基本习得，到了中级阶段的泛化表现为4、5 两个阶段，高级阶段的泛化表现为阶段5，表明中高级阶段的习得情况较好。

四 IIIb 的泛化情况分析

（一）初级阶段 IIIb 的泛化情况分析
初级阶段 IIIb 的偏误用例如下：

（58）我记起感觉我不适应当老师。（"记起感觉"应改为"觉得"，是本阶段内部的泛化，是泛化阶段3）

（59）因此人们想到几个在山上避免火灾。（"想到几个在山上避免火灾"应改为"想到几个在山上避免火灾的方法"，缺少宾语中心语，是泛化阶段3）

（60）越南人陷入了工业生活。（"陷入了工业生活"应改为"进入了工业生活时代"，是泛化阶段3）

（61）现在我中国学习了，没看到他我很难过什么候回越南我都去看他。（"没看到他"误代"看不到他"，趋向补语误代其可能式，属于泛化阶段3）

（62）这个愚蠢的宋国人因为他不懂得这个道理，他不体会生活的所有规律，他终于受到了一个很让人伤心的结果。（"受到"应该

改为"得到"，属于泛化阶段3)

（63）它看见我都叫我，然后跑到我。（"然后跑到我"应改为"然后跑到我面前"，宾语错误，是泛化阶段3)

（64）因为在河内没有海，也没有山，没有很大很壮观的风景，但是河内带上一种很古老的样子。（"带上"应该改为"呈现出"，属于泛化阶段3)

（65）她迷路了，不能找到她妈妈。（误代可能补语1例）（她迷路了，"不能找到她妈妈"误代"找不到她妈妈"，是趋向补语误代其可能式，属于泛化阶段3)

（66）一船你也许想到那个工作好。和工资高。（"想到"误代"认为"，属于泛化阶段3)

（67）今天，当我路过南京市中华中学时，看到了中华中学的门上挂上了"热烈庆祝我校高考本科上线95%（文科上线100%）的优秀成绩"的标语。（"看到了"后"了"的误加，属于泛化阶段6)

（68）我把所有心里和精力都放进了这分工作。（"放进了这分工作"中宾语"这分工作"错误，应改为"这份工作中"，属于泛化阶段3)

（69）你还是要先弄清楚你想要什么，你就永远也不会找到好工作。（"不会找到"误代"找不到"，是趋向补语与其可能式之间的误代，属于泛化阶段3)

（70）每个人民应该唤起家庭，朋友保护森林，参观种树，中森林，做森林加绿色。（"唤起家庭"应改为"唤起家庭的注意"，是宾语错误，属于泛化阶段3)

（71）那一年我十九岁，刚考上了大学，我父母也很自豪，所以他们有点宠爱（chong ai）我，我有什么要求只要我说出来他们都尽快答应了。（"刚考上了大学"应该改为"刚考上大学"，误加"了"，属于泛化阶段6)

（72）可是因为两个月后我才来上课，我学习比朋友们晚两个月，我拼命学习才跟随到他们的水平，我觉得我的班主任和老师们很热情，关心、照顾我的朋友们都很团结，我心里非常感谢他们。（"跟随到"应该改为"赶上"2例，属于泛化阶段3)

（73）不仅是失败而且它终于受到一个悲伤的结局。（"受到"应该改为"得到"，属于泛化阶段3)

（74）如今，社会越来越发展，人也越来越多，所以现在人们很难找工作。（"找"的后面遗漏"到"，是使用趋向补语和不用趋向补语之间的误代，属于泛化阶段5）

（75）人们不管是谁都希望会找好工作。（"找好工作"中"找"的后面遗漏"到"，是使用趋向补语和不用趋向补语之间的误代，属于泛化阶段5）

（76）我很想他毕业之后。我一定见他。（"见他"后遗漏"到"，是使用趋向补语和不用趋向补语之间的误代，属于泛化阶段5）

（77）当我遇困难的时候，他都来我的身边安慰，鼓励。（"当我遇困难的时候"中"遇"的后面遗漏"到"，是使用趋向补语和不用趋向补语之间的误代，属于泛化阶段5）

（78）早上，您可以去逛逛，感觉到越南人的生活，很快，很慢……（"感觉到越南人的生活"应该改为"感觉一下越南人的生活"，"趋向补语"误代"数量补语"，属于泛化阶段5）

（79）学到一个月我只会说一点汉语，也有朋友是中国人。（"到"与"了"的误代，"学到"应该改为"学了"，属于泛化阶段5）

（80）从那开始，我妈妈一个人负担把我们姐妹抚养的责任。（"负担"后遗漏"起"，是使用趋向补语和不用趋向补语之间的误代，属于泛化阶段5）

（二）中级阶段 IIIb 的泛化情况分析

中级阶段 IIIb 的偏误用例如下：

（81）是一位领导有自信才能拿到好的合作才可以每个月才有多工资发合职员……（"好的合作"应改为"好的合作项目"，宾语错误，属于泛化阶段3）

（82）云南师范大学国际语言文化学院举办这次活动虽然规模不大但留下非常重要的意义。（"留下"应改为"显现出"，动补错误，属于本阶段内部的泛化，是泛化阶段3）

（83）可是现在也过去了，我也可以毕业，也有一天受到云南师范大学的毕业证。（"受到"应改为"拿到"，是泛化阶段3）

（84）令人自豪的感觉，而挫折是一个人在生活中做任何事情不

得到好的结果，失败了可能会使你痛不欲生。（"不得到"应改为"得不到"，趋向补语误代其可能式，属于泛化阶段3）

（85）想念到昆明路，想念到自己的学校"云南师范大学"。（"想念到"应该改为"想念"，误加"到"作补语，3例，是泛化阶段3）

（86）回意到我刚来中国时，我对自己没有什么信心。（"回意到"应该改为"回忆"，补语"到"误加，是泛化阶段3）

（87）我觉得减肥的时候应该注重到吃和运动。（"注重到"应该改为"注重"，补语误加，属于泛化阶段3）

（88）您现在还不是我们HSBC的贵宾客户，所以还不能受到这项特殊的服务。（"受到"应改为"得到"，动词之间的误代，属于泛化阶段3）

（89）还有什么问题请直接联系到我们。（"联系到"后误加"到"，属于泛化阶段3）

（90）于是就出愈胖愈好的趋势。（"出"前遗漏了动词"发展"，属于泛化阶段3）

（91）他学习很努力，终于考试了大学。（"考试了"应该改为"考上了"，遗漏补语"上"，是泛化阶段5）

（92）至今还清楚地记得那一场雨，就在我三岁的时候，就在一个本不能说所发生的事的年龄。（"说"后遗漏"出"，属于泛化阶段5）

（93）哪知道今天他能这样成功，可是剩下了只有他一个人工作。（"剩下了只有他一个人工作"应该改为"只剩下他一个人工作"，误加虚词"了"2例，这是趋向补语符号表达网络用不用虚词的问题，属于泛化阶段6）

（94）我们没有人知道以后手机还会变成什么样子，以后手机可以做到了什么？（"做到了"应改为"做到"，误加虚词"了"，属于泛化阶段6）

（三）高级阶段IIIb的泛化情况分析
高级阶段IIIb的偏误用例如下：

（95）这样是因为他觉得他的妻子每天受到痛苦而她得了一种不治之症。（"受到"误代"遭受"，共2例，属于泛化阶段3）

（96）两个人的样子有时受到大家的喜欢，有时被冷落。（"受到大家的喜欢"后宾语错误，应该改为受到"受到欢迎"，属于泛化阶段3）

（97）从很普通的东西，幽默中就让我们思考到很高尚的问题。（"思考到"后误加"到"，属于泛化阶段3）

（98）还有什么问题请直接联系到我们。（"联系到"后误加"到"，属于泛化阶段3）

（99）只通过胖和瘦受欢迎的时间而表达出人们的观念变化很快。（"表达出"中"表达"误代"显示"，属于泛化阶段3）

（100）因为内容简单但深刻很快受到大家同意的观点。（"受到大家同意的观点"应改为"很快被大家接受了"，属于趋向补语输出网络和被动表达输出网络之间的误代，属于泛化阶段5）

（101）我一定会做出好所有的能力和努力为贵公司服务。（"作出好"是"好"的误加，是趋向补语和结果补语之间输出形式之间的误代，属于泛化阶段5）

IIIb 初级阶段的泛化表现为3和5两个阶段，显示为基本习得，它中级阶段的泛化表现为3、5、6三个阶段，显示习得水平进一步提高，高级阶段的泛化达到了阶段5，说明 IIIb 的习得在初、中、高三个阶段都很好。

五　IIb 和 VIa、VIb 的泛化情况分析

（一）IIb 的泛化情况分析

1. 初级阶段 IIb 的泛化情况分析

初级阶段 IIb 的所有用例如下：

（102）给大家带来身休健康，身休健康可以做很多事，带幸福来每家庭。（"带幸福来"应改为"带来幸福"，误代 IIIb，属于趋向补语这一符号网络内多个发展阶段的不同泛化类型，属于泛化阶段4）

（103）我认为这个计划不仅带钱来，它对我的品德、智力有不少好处。（"带钱来"误代"带来钱"，误代 IIIb，属于泛化阶段4）

（104）以为汉语水平还不够，所以带词典去。（正确用例）

初级阶段 IIb 的所有用例 3 例, 偏误 2 例, 属于泛化阶段 4, 习得情况一般。

2. 中级阶段 IIb 的所有用例:

中级阶段 IIb 的所有用例如下:

（105）可是手机不是只带来好处, 它有时也会带麻烦来给你。（"带麻烦来"应改为"带来麻烦", 误代 IIIb, 属于趋向补语这一符号网络内多个发展阶段的不同泛化类型, 属于泛化阶段 4）

（106）对于那个打电话来可以看见对方, 有的人隐私不想让别人知道, 可是一接电话就会让人知道。（正确用例）

（107）过了几天, 我父母又打电话来问问我, 生活怎么样。（正确用例）

中级阶段 IIb 的所有用例 3 例, 偏误 1 例, 表现为泛化阶段 4, 习得情况一般。

IIb 高级出现 2 个用例, 并且都是正确的, 初级、中级的用例极少, 泛化类型又在泛化阶段 4, 因此从泛化情况来看属于未习得。相对于泰国学生而言, 越南语母语者 IIb 句式的习得不如泰语母语者, 因为泰语里当宾语为一般宾语时, 只有一种表达形式"动词 + 事物宾语 + 趋向补语"即 IIb 的形式, 而越南语里当宾语为事物宾语时则有两种表达形式, 即"动词 + 趋向补语 + 事物宾语"（IIIb 的形式）和"动词 + 事物宾语 + 趋向补语"（IIb 的形式）, 而 IIIb 又是语言类型上无标记的形式, 所以越南语母语者使用汉语 IIIb 的频率高, 使用 IIb 的频率少, 相对于泰语母语者而言, 受母语迁移的成分相对少一些。

（二）VIa 和 VIb 的泛化情况分析

1. VIa 的泛化情况分析

①初级阶段 VIa 的泛化情况分析

初级阶段 VIa 的所有用例都是正确的, 如下:

（108）他经常拿出那些玩具来。

（109）突然我们班的文玉他因地滑摔倒了, 差点掉下山去了。

（110）过了三年的幸苦而且他也是个聪明的人终于他也学会制

鞋的技术了，就回到故乡去，自己开了一个商店。

（111）把箱子放到床下边去了。

（112）北京的水井在地表下约5米处就能打出水来。

（113）如果还有火一定不能乱扔，要弄好然后扔到垃圾桶里去。

②中级阶段Ⅵa的泛化情况分析

中级阶段Ⅵa的所有用例都是正确的，如下：

（114）为了等有兔子送上门来，农民什么活也不干了。

（115）这故事暗暗指那些不肯努力，不肯劳动，只想舒舒服服地等待机会自己送上门来。

（116）从此，他再也不肯出力气种地了，每天都躺在树墩子跟前，等着第二只、第三只野兔自己撞到这树墩子上来。

③高级阶段Ⅵa的泛化情况分析

高级阶段Ⅵa的用例只有1例，且是正确的，如下：

（117）没到二十岁就被伤寒病染到身上来了。

初级阶段Ⅵa的所有用例都是正确的，按泛化情况分析初级阶段它就已经习得了。然而，它的使用频率不足，使用范围又仅限于"出……来"、"下……去"、"到……去"三个，所以说初级阶段就习得Ⅵa是不合适的。中级阶段Ⅵa也没有偏误，按泛化情况分析也是习得的，但是它的所有用例只有3例，且使用范围仅限于"上……来"、"到……来"两个，高级阶段的用例也只有1例，是"到……来"。因此仅凭没有泛化情况，就认定习得，也是证据不足的。

2. Ⅵb的泛化情况分析

Ⅵb初级阶段和高级阶段都没有出现用例，中级阶段也只出现了1个用例，如下：

（118）每度我发过生日我都问起自己来："无聊人，你在干什么？"

VIb 的这个用例是正确的，如果仅按没有泛化情况来分析，越南学生中级阶段就习得 VIb 了，这种不考虑使用频率和使用范围的断定是理由不足的。

六　Va、Vb 和 VIIa、VIIb 的泛化情况分析

越南语里没有复合趋向补语，所以汉语里 Va、Vb 和 VIIa、VIIb 这些本身就使用频率低的句式，越南语母语者不仅使用频率低，而且偏误率很高，泰语母语者由于受其母语的影响 Vb 句式的习得就好于越南语母语者。

（一）Va 的泛化况情分析

Va 高级阶段未出现用例，Va 初级阶段和中级阶段各出现两例，从泛化情况来分析，都属于泛化阶段 5，应该视为习得了。然而如果把使用正确率 50% 考虑进去，就不可能认定为习得了。Va 两个阶段的所有用例如下：

1. 初级阶段 Va 的所有用例

（119）一会儿也立文玉上去了，救了他了。（回避使用"把"字句，"一会儿也立文玉上去了"应改为"一会儿也把文玉拉上去了"。是属于使用趋向补语句式的同时回避"把"字句的偏误，属于泛化阶段 5）

（120）她陪新郎进新娘的房屋接新娘出来。（正确用例）

2. 中级阶段 Va 的所有用例

（121）今天又能带只兔子回去。（正确用例）

（122）比如说我往的房子，我的个个东西因为我不能都拿它们回去。（回避使用"把"字句，"我不能都拿它们回去"应改为"我不能把它们都拿回去"，属于泛化阶段 5）

从 Va 的使用情况来看，回避使用"把"字句是其最大的偏误。

（二）Vb 的泛化情况分析

Vb 只是在初级阶段出现了 1 例，并且还是错误的，泛化情况属于泛化阶段 5，根据泛化情况分析可以视为习得，然而错误率是 100%，使用

频率又极低，所以这种判定是没有意义的。用例如下：

（123）最后只剩下我一个人，现在我还坚持学书法下去。（回避使用"把"字句，"现在我还坚持学书法下去"应改为"现在我还坚持把书法学下去"）

Vb 的最大偏误也是回避使用"把"字句。

（三）VIIa 的泛化情况分析

VIIa 中、高级两阶段未出现用例，只在初级阶段出现 2 例，有 1 例偏误，按泛化情况分析，属于泛化阶段 4，属于未习得。

初级阶段 VIIa 共 2 例，偏误 1 例，初级阶段 VIIa 的所有用例如下：

（124）当时在我前边有一个小孩子在哭，一位公安看到了，马上走过去孩子的身边。（"马上走过去孩子的身边"应改为"马上走到孩子的身边"或"马上走到孩子的身边去"，误代 IIIa 或 VIa，属于泛化阶段 4）

（125）我和弟弟选好了，妈妈从钱包拿出来一张 100 块给老板。（正确用例）

（四）VIIb 的泛化情况分析

VIIb 在初级阶段出现了 4 例，有 1 例泛化，属于泛化阶段 3，属于未习得；中级阶段出现了 2 个用例，并且都是错的，泛化阶段分别是 3 和 4；高级阶段未出现用例，总之，VIIb 呈现为未习得。

初级阶段 VIIb 的所有用例（共 4 例，偏误 1 例）如下：

（126）它世世代代勾引了诗人，数不清有多少诗人为它写诗可是还是不会表达出来它的情调。（"不会表达出来"误代"表达不出来"，趋向补语误代其可能式，属于泛化阶段 3）

（127）妈妈瞪着眼，生气地对我说："这个小鬼，人家多么难才能卖出去几个冰淇淋，我们应该把钱还给他。"（正确用例）

（128）到了晚上，我待在酒店无聊，突然想起来在新加坡有很多合法的红灯区，我便去看看。（正确用例）

（129）我提出来一些好的地方让你们参考。（正确用例）

中级阶段 VIIb 的所有用例如下：

（130）说到成功和挫折我突然想出来我以前的故事。（"想出来我以前的故事"应改为"想起我以前的故事来"，误代 VIb，属于泛化阶段 4）

（131）四年在中国留学我认出来很多事（"认出来"应改为"了解了"，动补错误，属于泛化阶段 3）

七　小结

按 Mellow, J. D. 和 K. Stanley（2002：19）对泛化的分类，如果泛化呈现为本阶段内的泛化或者同一符号网络多个发展阶段的不同泛化类型（即趋向补语各次类之间的误代）我们都界定为该句式未习得；如果泛化呈现为这一符号网络输出形式和另外一个相关的符号网络输出形式之间的变化，如趋向补语和结果补语之间的误代，使用趋向补语和不用趋向补语之间的误代，这时我们认为已经到了泛化的第 5 个阶段，视为该项目已经基本习得；如果泛化呈现在一个单独的符号网络之内，如趋向补语之后"了"的误加或遗漏，这时我们认为该项目的使用已经基本成熟，属于泛化阶段 6，视为该句式的习得。各个句式的偏误类型如表 17 所示。

表 17　　　　　　越南语母语者趋向补语各句式偏误统计表

句式	初级（偏误情况）	中级（偏误情况）	高级（偏误情况）	习得情况
Ia	总偏误 5 例，属于泛化阶段 3 有 1 例："来到"后"到"冗余 1 例；属于泛化阶段 4 有 3 例：误代 IVa3 例（60%）；属于泛化阶段 5 有 1 例："走去"误代"走着去"，误代动词作状语 1 例	偏误 0 例	偏误 0 例	初阶段习得

句式	初级（偏误情况）	中级（偏误情况）	高级（偏误情况）	习得情况
Ib	总偏误 18 例，属于泛化阶段 3 的有 4 例："带来"中的"来"冗余 2 例，趋向补语误代其可能式 2 例；属于泛化阶段 4 的有 10 例：误代其它趋向补语次类 10 例，其中误代 IIa 1 例、误代 IVa 1 例、误代 IVb 6 例（33.3%）、误代 IIIb 2 例；属于泛化阶段 5 的有 4 例：误代结果补语 2 例、误代动词作状语 1 例，"来"和"了"之间的误代 1 例	总偏误 7 例，属于泛化阶段 3 的有 4 例：误加补语 2 例，误代其可能式 2 例；属于泛化阶段 4 的有 1 例：误代 IVb1 例；属于泛化阶段 5 的有 2 例：遗漏补语 1 例，趋向补语误代结果补语 1 例	偏误 0 例	初级阶段习得
IIa	偏误 0 例	偏误 0 例	未出现用例	初级阶段习得
IIb	总偏误 2 例：误代 IIIb2 例，属于泛化阶段 3	偏误 1 例，属于泛化阶段 4：误代 IIIb	偏误 0 例	
IIIa	总偏误 12 例，属于泛化阶段 3 的有："去"误加 1 例，动词偏误 2 例；属于泛化阶段 4 的有：误代其他趋向补语次类 8 例（IIa 6 例、VIa2 例）（67%）；属于泛化阶段 5 的有：使用趋向补语和不用趋向补语之间的误代 1 例	总偏误 5 例，属于泛化阶段 4 的有：误代 IIa4 例（80%）；属于泛化阶段 5 的有：趋向补语误代动词作状语 1 例	总偏误 1 例：宾补错序 1 例	初级阶段习得
IIIb	总偏误 24 例，属于泛化阶段 3 的有 14 例：动词偏误 8 例（33.3%），误代可能式 3 例，宾语偏误 4 例；属于泛化阶段 5 的有 6 例：误代数量补语 1 例，遗漏补语 4 例，趋向补语"到"和动态助词"了"的误代 1 例，使用趋向补语和不用趋向补语之间的误代 1 例；属于泛化阶段 6 的有 2 例：趋向补语后"了"的误加 2 例	总偏误 17 例，属于泛化阶段 3 的有 12 例：动词偏误 3 例（26%），误代可能式 1 例，补语误加"到"6 例，遗漏动词 1 例，宾语错误 1 例；属于泛化阶段 5 的有：遗漏趋向补语 2 例；属于泛化阶段 6 的有 3 例：误加虚词"了"3 例	总偏误 9 例，属于泛化阶段 3 的有 7 例：动词偏误 4 例（40%），宾语错误 1 例，误加"到"2 例；属于泛化阶段 5 的有 2 例：趋向补语后结果补语的误加 1 例，趋向补语和被动表达之间的误代 1 例	初级阶段习得

续表

句式	初级（偏误情况）	中级（偏误情况）	高级（偏误情况）	习得情况
IVa	总偏误1例，属于泛化阶段3：动词偏误1例	偏误0例	偏误0例	中级阶段习得
IVb	总偏误3例，属于泛化阶段3的有：动词后"着"的误加1例、动词偏误1例；属于泛化阶段5的有：趋向补语"起来"和"了"之间的误代1例	总偏误6例，属于泛化阶段3的有："出来"误代"起来"2例、"过来"误代"起来"1例、动词和动补错误2例，属于泛化阶段6的有：补语前"了"的误加1例	偏误0例	初级阶段习得
Va	总偏误1例，属于泛化阶段5：回避使用"把"字句	总偏误1例，属于泛化阶段5：回避使用"把"字句	未出现用例	
Vb	总偏误1例，属于泛化阶段5：回避使用"把"字句	未出现用例	未出现用例	
VIa	偏误0例	偏误0例	偏误0例	
VIb	未出现用例	偏误0例	未出现用例	
VIIa	总偏误1例，误代IIIa或VIa1例	未出现用例	未出现用例	
VIIb	总偏误1例，误代可能补语1例	总偏误2例，误代VIb1例，动补错误1例	未出现用例	

　　仅按泛化情况分析，初级阶段习得的趋向补语项目是Ia、Ib、IIa、IIIa、IIIb、IVb、VIa、Va、Vb，中级阶段习得的项目是IVa、VIb，高级阶段习得的项目是IIb；未习得的趋向补语项目是VIIa、VIIb。这样基于泛化得到的习得顺序是：

　　Ia、Ib、IIa、IIIa、IIIb、IVb、VIa、Va、Vb ＞ IVa、VIb ＞ IIb ＞ VIIa、VIIb

　　基于泛化得到的习得顺序与基于语料库例的习得准确率和使用频率得出的越南学生习得趋向补语的顺序（Ia、IIIb＞IIa＞IIIa＞IVa＞Ib＞IVb＞VIa＞VIb＞IIb、Va、Vb、VIIa、VIIb）有些不同；不同的原因之一是忽略了使用频率的问题，IIb、Va、Vb、VIa和VIb这些项目若不考虑其使用频率和使用范围仅按泛化阶段分析习得顺序，就忽略了越南留学生回避使用趋向补语的情况；不同的原因之二是忽略了习得准确率和使用频率的波动问题，Ib的习得准确率初级阶段不高，IVb的使用频率初、中级两个阶段存在不足，因此把它们归在 Ia、IIa、IIIa、IIIb、IVa 的后面。此外，正如本节所分析的那样，把使用频率和使用范围考虑进去，除了 VI-Ia、VIIb 之外，Ⅱb 、Va、Vb、VIa 和 VIb 仍旧属于未习得的语法项目；这样基于泛化分析所得到的语法顺序和基于中介语语料库得到的习得顺序大体一致。

第三章

老挝语母语者汉语趋向补语习得研究

关于老挝学生汉语趋向补语习得研究的成果只有米娜的《老挝学生汉语趋向补语对比及偏误分析》，该论文在问卷调查和整理学生书面作业（造句、作文）、口头表达中的偏误用例的基础上得到老挝学生趋向补语习得的偏误用例161例，归纳了偏误类型，分析了偏误原因。然而 Ellis（1985：90）指出第二语言习得研究在调查上要避免两种风险：一是避免使用诱发中介语语料来研究习得顺序；二是避免使用不同来源的混合语料，这种语料会使中介语的特征很难被辨别出来。Ellis（1985：88）指出诱发中介语语料比自然语料显示的母语干扰水平更高，并且在诱发中介语语料时，学习者常常试图避免使用一些句法结构或者去使用一些他们在自然语料中从来不使用的句法结构；他还指出语言使用者自发的交际语料最能反映学习者的中介语能力。因此，我们使用纯粹的自然语料来研究老挝语母语者汉语趋向补语的习得，在统计习得数据时还要分句型、分汉语水平来进行。

我们对老挝学生趋向补语习得顺序的研究从两个方面进行，一是基于使用准确率和使用频率得出的习得顺序；二是基于泛化理论对泛化阶段的分析来验证习得顺序。

第一节 基于语料库的老挝语母语者汉语趋向补语习得顺序研究

一 初中级老挝语母语者汉语趋向补语的习得情况统计

我们通过对 13.2 万字的中介语语料库（其中初级水平的作文语料 4.1888 万字，中级水平的作文语料 9.0193 万字）的定量统计，制成表 18 和表 19。

表 18　　　　　　　　初级汉语水平老挝语母语者趋向补语使用情况统计

句式　　数据	老挝学生使用情况				汉语母语者使用频次	老挝学生和汉语母语者使用频率之差	外国学生使用频次
	使用频次	使用频率	错误频次	正确率（%）			
句式 Ia	34	8.117	4	88.2	2.7005	5.4165	2.2
句式 Ib	46	10.982	7	84.8	0.7595	10.2225	0.067
句式 IIa	11	2.626	0	100	0.4375	2.1885	2.4
句式 IIb	0	0	0	0	0.006	-0.006	0
句式 IIIa	90	21.486	8	91.1	1.1615	20.3245	2.233
句式 IIIb	181	43.21	10	94.5	4.1495	39.0605	0.533
句式 IVa	18	4.297	1	94.4	3.265	1.032	1.367
句式 IVb	49	11.698	2	95.9	10.594	1.104	2.4
句式 Va	0	0	0	0	0.063	-0.063	0.033
句式 Vb	0	0	0	0	0.027	-0.027	0.033
句式 VIa	2	0.4776	0	100	0.679	-0.2014	0.133
句式 VIb	1	0.239	0	100	0.6965	-0.4575	0.2
句式 VIIa	0	0	0	0	0.0285	-.0285	0.033
句式 VIIb	4	1.194	4	0	0.018	1.176	0.467

表 19　　　　　　　中级汉语水平老挝语母语者趋向补语使用情况统计

句式　　数据	老挝学生使用情况				汉语母语者使用频次	老挝学生和汉语母语者使用频率之差	外国学生使用频次
	使用频次	使用频率	错误频次	正确率（%）			
句式 Ia	117	12.972	3	97.4	2.7005	10.2715	2.2
句式 Ib	110	12.196	10	90.9	0.7595	11.4365	0.067
句式 IIa	14	1.1087	2	85.7	0.4375	0.6712	2.4
句式 IIb	3	0.333	0	100	0.006	0.327	0
句式 IIIa	216	23.949	18	91.7	1.1615	22.7875	2.233
句式 IIIb	364	40.358	17	95.3	4.1495	36.2085	0.533
句式 IVa	30	3.326	0	100	3.265	0.061	1.367
句式 IVb	104	11.531	8	92.3	10.594	0.937	2.4
句式 Va	3	0.333	2	33.3	0.063	0.27	0.033
句式 Vb	1	0.1111	1	0	0.027	0.0841	0.033

续表

数据 \ 句式	老挝学生使用情况				汉语母语者使用频率	老挝学生和汉语母语者使用频率之差	外国学生使用频次
	使用频次	使用频率	错误频次	正确率（%）			
句式 VIa	6	0.665	0	100	0.679	-0.014	0.133
句式 VIb	6	0.665	0	100	0.6965	-0.0315	0.2
句式 VIIa	2	0.222	2	0	0.0285	0.1935	0.033
句式 VIIb	1	0.111	1	0	0.018	0.093	0.467

为了更直观地显示 14 种句式在初级、中级阶段的准确率情况，我们制成图 8 和图 9。

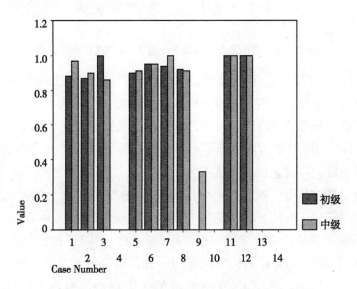

图 8　老挝语母语者汉语趋向补语 14 种句式
在初级和中级阶段的准确率对比

二　老挝语母语者趋向补语的习得顺序

从表 18 和表 19 我们可以看到初级、中级阶段老挝语母语者 IIa、IIIa、IIIb、IVa 和 IVb 都达到了习得标准，VIa 和 VIb 的使用准确率一直很高，然而使用频率一直不足，Ia 和 Ib 的使用频率在两个阶段都达到了习得标准，但在初级阶段其使用准确率略低，分别为 88.2% 和 84.8%，低于初级阶段前述五个趋向补语句式的习得准确率，那么 Ia

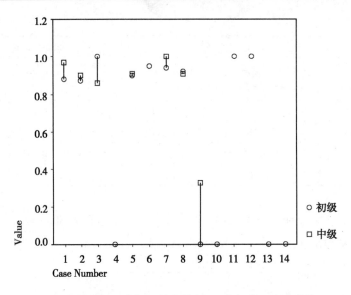

图9　老挝语母语者汉语趋向补语14种句式正确率升降

和 Ib 的习得顺序要排在它们的后面吗？我们对初级阶段 Ia 和 Ib 的习得偏误进行了分析，二者一半以上的偏误分别是由于误代 IVa 和 IVb 造成的（具体数据见表20），这说明二者偏误的真正原因还是不能正确使用 IVa 和 IVb。IIa 初级阶段达到了习得标准，然而到了中级阶段它的习得准确率下滑，不过下滑的幅度不大，因为这个阶段 IIa 的使用频次是 14次，错误频次只有 2 次，因此可以看做初级阶段 IIa 就已经习得了。老挝学生 VIa 和 VIb 的习得准确率在初级、中级阶段都达到了100%，然而使用频率不足，使用范围很窄，因此，我们仍旧把他们列在 Ia、Ib、IIa、IIIa、IIIb、IVa 和 IVb 的后面。IIb 在初级阶段未出现，到中级阶段达到了习得标准，然而 IIb 中级阶段的 3 个用例，都是"打电话来"，这说明其使用频率低且使用范围过窄，因此我们把它的习得排在 VIa 和 VIb 的后面。Va、Vb、VIIa、VIIb 在初级和中级两个阶段都未达到习得标准。鉴于以上分析，我们得出老挝学生习得汉语趋向补语的大致顺序，如下：

Ia、Ib、IIa、IIIa、IIIb、IVa、IVb > VIa、VIb > IIb > Va、Vb、VIIa、VIIb

三　老挝语母语者趋向补语习得顺序与越南语母语者和泰语母语者习得顺序的差异及其动因

（一）三国学习者趋向补语习得顺序差异

通过三国学生习得顺序的对比，我们可以看到三国趋向补语的习得顺序大致相似，最大的不同是 IIIa、IIa 和 Ib 的习得。我们再结合对习得准确率和使用频率的考察，发现三国非汉语母语者这三个句式的习得情况呈现出非线性。越南语母语者 IIIa 的习得到了高级阶段准确率下滑，泰语母语者的 IIIa 的习得准确率到了中级阶段出现下滑；而老挝语母语者初级和中级的准确率比较稳定，分别是 91.1% 和 91.7%。泰国学生 Ib 的习得准确率初级、中级两个阶段达到了 90% 以上，但到了高级阶段习得准确率出现了下滑，只达到了 75.86%；越南语母语者和老挝语母语者初级阶段 Ib 的准确率只达到了 80% 以上，到了中高两个阶段习得准确率达到了 90% 以上。老挝学生 IIa 的习得在初级阶段达到了习得标准，然而其准确率到中级阶段出现了下滑；泰国学生 IIa 的习得在初级、中级阶段都达到了习得标准，而到了高级阶段使用频率呈现不足；越南学生 IIa 的习得在初级阶段达到了习得标准以后，中、高级阶段使用频率呈现出不足。在第一章我们已经分析过泰语母语者到高级阶段准确率出现下滑是受母语负迁移的影响，Ib 的习得呈 U 型说明母语和目的语的差异对二语习得的发展进程有一定的影响。当然，相对于本族语和目的语之间的差异，目的语结构的复杂程度会对二语习得产生更大的影响。[1] Ib 虽然从句法上看不复杂，但汉语趋向补语的引申义很复杂，此外，现代汉语趋向于使用双音节词语，"Ib"是"动词 + 单音节趋向补语"，有时音节结构也限制了趋向补语的使用，以"V + 起"和"V + 起来"为例，国家语委现代汉语 2000 万字语料库中，"V 起来"引申义的用例有 9127 例，而"V + 起"的引申义用例却只有 93 例。这一点我们会在本书第六章第一节里予以说明。

（二）三国学习者趋向补语习得顺序差异的内在动因

虽然二语学习者习得语言项目往往呈现 U 型学习模式[2]，但是 Ib、IIIa

---

①　［美］Susan Gass、［英］Larry Selinker：《第二语言习得》，赵杨译，北京大学出版社 2011 年版，第 117 页。

②　Ibid.，p. 203.

和 IIa 的 U 型模式在我们的研究中非常明显地呈现出来，是什么原因呢？Ib 的习得呈 U 型是由于母语和目的语的差异，那么 IIIa 和 IIa 的习得呈现差异否也是由于母语和目的语的差异呢？我们对越南、泰国、老挝三国"动词后带趋向动词同时带处所宾语的语序"进行了考察，发现三国语言都是只有一种顺序，即"动词 + 简单趋向补语 + 处所宾语"，例子如下：

ເດິກ ຫາຍ ແລວ, ຂອຍ ຕອງ ກັບ ໄປ ເຮືອນ（老挝语）
晚 多 了， 我 要 回 去 家
Không biết anh Hải chạy đi đâu rồi?　　（越南语）
不 知道 阿海 跑 去 哪 了
กรุณา ย้าย เก้าอี้ ตัว นี้ เข้า ไป ใน ห้องเรียน（泰语）
请 搬 椅子 把（量）这 进 去 里 教室

汉语里动词后有处所宾语，如果简单趋向补语是"来"、"去"时，要用"动词 + 处所宾语 + 来/去"（IIa）这一句型，如果是"来"、"去"以外的其他简单趋向补语则要用"动词 + 简单趋向补语 + 处所宾语"（IIIa）的句型，也就是说汉语里的句型比泰语、越南语和老挝语复杂，呈现出标记性，从而造成了 IIIa 和 IIa 的习得呈 U 型。

那么，三国学生的母语，尤其是老挝语和泰语很相似，为何老挝语母语者和泰语母语者习得 IIIa 和 IIa 还会有差异呢？

老挝语里补语的使用情况和泰语完全一致，当宾语为处所宾语时，语序一般为"动词 + 趋向补语 + 宾语"的形式（复合趋向补语带处所宾语还可以采用"动词 + 趋$_1$ + 处所宾语 + 趋$_2$"的形式）；当宾语为一般的事物宾语时泰语和老挝语的语序多是"动词 + 宾语 + 趋向补语"，而我们汉语趋向补语的句式很复杂，越南语里没有复合趋向补语，带简单趋向补语时，越南语的语序和老挝语、泰语的语序基本是一致的，正因为没有复杂的复合趋向补语，越南语母语者习得汉语趋向补语的母语负迁移要弱得多，这一点可以用三国学生习得汉语趋向补语的语序偏误比例予以证明，越南语母语者的趋向补语语序偏误比例要比泰语、老挝语母语者低得多。越南学生初、中、高三阶段趋向补语总偏误是 118 例，错序偏误 20 例，占总偏误比例的 16.95%；老挝学生初、中两个阶段的总偏误是 100 例，错序偏误 21 例，占总偏误的 21%，泰国学生的错序偏误率最高，其初、中、高三阶段总偏误是 110 例，错序偏误 30 例，占总偏误比例的 27.27%。

　　既然泰语和老挝语的语序是一致的，为什么老挝语母语者的习得 IIIa 的情况比泰国学生稳定呢？这牵涉认知凸显的问题。认知凸显的狭义定义是"结构特点从感知上区别于其环境"。[①] 是什么原因导致泰语母语者对 IIIa 语序的认知凸显，而忽略 IIa 语序的存在呢？这跟泰语母语者的补语语序强势有关。

　　虽然泰语简单趋向补语语序和老挝语一样，但泰语母语语序的强势影响比老挝语母语者强；这正是由于泰语处于稳定聚变时期，"在聚变时期，各种文化特征都会在一个特定区域扩散开来，尤其是语言特征"[②]。泰语的语序特征正处于区域强势，从而造成泰语母语者对优势语序（动词＋趋向补语＋处所宾语）的认知凸显，而忽略了"动词＋处所宾语＋来/去"这一劣势语序，这一点可以从我们对泰北云南华裔汉语方言的变异中得到证明。在泰北，云南华裔常常说"进来教室"、"还回去泰国"这样有语法偏误的句子，而这些句子的语序正是泰语的优势语序。[③] 老挝语母语者和泰语母语者趋向补语的语序完全一致，泰语母语者 IIIa 的习得出现波动正是由于泰语这种优势语序对语言认知的影响造成的。因此，母语对汉语习得的影响并不是仅仅表现在语言层面，而是常常表现在影响持该母语者语言认知能力的更深层面。

第二节　老挝语母语者习得汉语趋向补语的泛化情况分析

　　老挝学生在初级阶段是否真正习得了 IIIa 和 IIa 呢？我们在对中介语语料进行定量统计的基础上用泛化理论予以解释。按照 Mellow, J. D. 和 K. Stanley（2002：19）对泛化的系统分类，我们对 IIIa 和 IIa 的偏误进行

---

　　① Ravid, D. D., *Language Change in Child and Adult Hebrew*, New York：Oxford University Press, 1995, p. 117.

　　② ［澳］罗伯特·迪克森：《语言兴衰论》，朱晓农译，北京大学出版社 2010 年版，第 59 页。

　　③ 齐春红、杨育彬：《泰北地区云南方言语法变异情况考察》，《云南师范大学学报》（哲学社会科学版）2010 年第 6 期。

分类，并根据他们的泛化情况观察这些趋向补语句式的习得过程和习得规律。从表 18 可以看到初级阶段 IIa 出现了 11 次，偏误 0 次，它的正确率为 100%，IIIa 出现 90 例，偏误 8 例，正确率为 91.1%；从表 19 可以看到中级阶段 IIa 只出现了 14 次，偏误 2 次，它的准确率为 85.7%，IIIa 出现了 216 次，偏误了 18 次，它的准确率为 91.7%；单从使用准确率和使用频率来看，二者在初级阶段已经习得了，那么从泛化类型来看呢？下面，我们运用泛化分析理论来予以详细的分析。

一　IIIa 和 IIa 的泛化情况分析

（一）初级阶段 IIIa 的泛化情况分析

（1）我对朋友说："如果我们毕业以后肯定会回来中国旅行。"（"回来中国"应该改为"回中国来"或"回到中国来"，误代 IIa 或 VIa，属于泛化阶段 4）

（2）我正在吃东西车就过去别的公园。（"过去别的公园"应改为"开到别的公园去了"，误代 VIa，属于泛化阶段 4）

（3）那时候我们都睡觉了，以后他上来宿舍……（"上来宿舍"应该改为"上宿舍来"或"到宿舍来"，误代 IIa，属于泛化阶段 4）

（4）有一次，我跟宋意一起出去泰国旅行，泰国是我们国家的邻居。（"出去泰国"应该改为"到泰国去"，误代 IIa，属于泛化阶段 4）

（5）到下午 3 点钟，我就回来城里，去吃吃北京烤鸭。（"回来城里"误代"回城里来"，误代 IIa，属于泛化阶段 4）

（6）我们坐火车至广西，找我弟弟，然后就坐飞机回来昆明。（"回来昆明"应改为"回昆明来"，误代 IIa，属于泛化阶段 4）

（7）昨天晚上魏福荣在酒店里喝酒，一点才回来宿舍。（"回来宿舍"应改为"回宿舍来"或"回到宿舍来"，误代 IIa 或 VIa，属于泛化阶段 4）

（8）我踢了他的屁股，他的大手指碰上我的头，拉扯我的头发。（"碰上我的头"应改为"碰到我的头"，"上"误代"到"，属于本阶段内的泛化，属于泛化阶段 3）

从上面的偏误来看，老挝语母语者初级阶段的 IIIa 的偏误主要为误代 IIa，总偏误 8 例，误代 IIa6 例，占了 75%，属于泛化阶段 4，习得水平不高。

（二）中级阶段 IIIa 和 IIa 的泛化情况分析

1. 中级阶段 IIa 的泛化情况分析

（9）她转身来看着我，回答我，我为了丈夫工作每天做也不会累啊！（"转身来"误代"转过身来"，误代 VIa，属于泛化阶段 4）

（10）它（桌子）真的很有意义，它的意义人们每一家做饭的时候，也拿饭来放在桌子上啊。（"拿饭来"误代"把饭拿来"，回避使用"把"字句，错序，属于泛化阶段 5）

IIa 初级阶段没有出现偏误，中级阶段达到了泛化阶段 5，因此仅从泛化情况来看，IIa 的习得达到了很高的水平。

2. 中级阶段 IIIa 的泛化情况分析

（11）进去里面很冷要穿着大冬衣才可以。（"进去里面"误代"进里面去"或"进到里面去"误代 IIa 或 VIa，属于泛化阶段 4）

（12）在过去森林很美，大大高高的树绿绿的草，风景也好，水也很清，一进去到森林就听到动植物的声音很好听。（"进去到森林"误代"进森林里去"或"进到森林里面去"误代 IIa 或 VIa，属于泛化阶段 4）

（13）我毕业以后肯定会回来中国旅行。（"回来中国"误代"回中国来"或"回到中国来"，误代 IIa 或 VIa，属于泛化阶段 4）

（14）有一月她回去中国她带很多的巧克力。（"回去中国"误代"回中国去"误代 IIa，共 2 例，属于泛化阶段 4）

（15）现在我来到了中国读书。（误加"了"，属于泛化阶段 6，连动句中如果要用动态助词"了"，这个"了"要放在第二个动词的后面）

（16）我们老挝有一句话说哪一个到了 Luang Prabang 不上这座山就是 PUSI 就可以说没来到 Luang Prabang。（"没来到"中"到"误代"过"，属于泛化阶段 5）

（17）我们5个人要去买礼物给咪咪，去到了三江城市。（"去到了三江城市"中补语"到"冗余，应改为"去了三江城市"补语冗余，类似偏误共2例，是同一类型本阶段内的泛化，属于泛化阶段3）

（18）那天，当我听到闹钟的声音，我就张开了眼起床。（"张"误代"睁"，动词错误，是同一类型本阶段内的泛化，属于泛化阶段3；带趋向补语连动句中"了"的误加或位置错误，属于泛华阶段6）

（19）昆明的新年路，我们常常去卖东西在那儿有很多漂亮的衣服、鞋子、书包，我也卖回家了很多。（动词"卖"应该改为"买"，属于泛化阶段3；"卖回家"后误加"了"或"了"的错序，"卖回家了很多"应改为"买回家很多"或"买了很多回家"属于泛化阶段6）

（20）我们一边走一边照相，走到一条湖有很多白鸟，在老挝是没有像这样的鸟；我和朋友走到白鸟，那白鸟又飞到我们头顶上。（"一条湖"误代"一条湖边"，"白鸟"误代"白鸟旁"，宾语错误2例，是同一类型本阶段内的泛化，属于泛化阶段3）

（21）下午的那天我来到家庭，我也看到奶油蛋糕，很大我才知道父母骗我的。（"来到家庭"误代"回到家里"，动词和宾语错误，是同一类型本阶段内的泛化，属于泛化阶段3）

（22）就是这些话，我就决定来到昆明，当我来到昆明的时候，一个朋友都没有。（句中第一个"来到昆明"误代"来昆明"，是补语后"到"的误加，因为"决定"后面的事情还没有发生，因此"来"的后面不能用"到"，是同一类型趋向补语本发展阶段内的泛化，属于泛化阶段3）

（23）我眼睛一眨一眨地望上天空，看到一颗发着红光的流星。（"望上天空"，"上"误代"向"，属于泛化阶段3）

　　IIIa在中级阶段的偏误共计18例，其中主要偏误有属于泛化阶段3的：补语"到"用在"来"、"去"后冗余3例，动词错误2例，宾语错误3例，主要是框式介词①中方位词的遗漏；属于泛化阶段4的，误代IIa

---

① 刘丹青：《语序类型学与介词理论》，商务印书馆2003年版，第312页。

或Ⅵa 5 例（27.8%）；属于泛化阶段6 的，趋向补语后误加"了"3 例，主要表现为带趋向补语的连动句中"了"的误加或位置错误。Ⅲa 到了中级阶段习得水平有了一定的提高。

（三）从Ⅱa 和Ⅲa 泛化的发展阶段看二者的习得先后

1. Ⅱa 的习得情况分析

从初级阶段的偏误来看，Ⅱa 没有出现偏误，再从中级阶段Ⅱa 出现的两例偏误看，它们分别是由于误代Ⅵa（属于泛化阶段4）和回避使用"把"字句（属于泛化阶段5）造成的，因此，从泛化类型来看老挝语母语者在初级阶段Ⅱa 的习得已经达到了很高的水平。

2. Ⅲa 的习得情况分析

Ⅲa 初级阶段的 8 例偏误中，有 6 例是由于误代Ⅱa 造成的，占75%，属于泛化的第 4 个阶段；它中级阶段的 18 例偏误中，有 5 例是由于误代Ⅱa 或Ⅵa 造成的，占 27.8%，属于泛化的第 4 个阶段，该阶段出现了第6 阶段的泛化 3 例，说明到了中级阶段Ⅲa 的习得水平有了提高。

3. Ⅱa 的习得早于Ⅲa 的习得

基于泛化分析，Ⅱa 初级阶段没有泛化现象，Ⅲa 在初级阶段泛化达到了第四阶段，说明Ⅱa 的习得要早于Ⅲa 的习得。有一个问题是Ⅱa 初级阶段没有泛化现象说明泛化消失，为什么到了中级阶段又出现了泛化现象呢？这是由于随着学习阶段的提升又学习了一些新的容易混淆的语法点，因此Ⅱa 中级阶段的偏误主要表现为误代更复杂的Ⅵa 和回避使用把字句的偏误。

二　Ia 和Ⅳa 的泛化情况分析

（一）初级阶段Ia 和Ⅳa 的泛化情况分析

1. Ia 的泛化情况分析

（24）我就走去问一问："你哭什么呢?"（"走去"误代"走过去"，误代Ⅳa，属于泛化阶段4）

（25）就看见自己的手上有一只小鸟，我就让它走去找它妈妈了。（"走去"误代"走过去"，误代Ⅳa，属于泛化阶段4）

（26）我往一把凳子去，他也往那把凳子去。（"去"前遗漏动词"走"2 例，是同一类型本阶段内的泛化，属于泛化阶段3）

　　从初级阶段 Ia 的偏误来看，总偏误 4 例，误代 IVa2 例，占了 50%，遗漏动词 2 例，而且这 4 例偏误都和"走 + 去/过去"的使用有关，因此，"走 + 去/过去"的习得是老挝语母语者习得汉语的一个难点。

　　2. IVa 的偏误类型和偏误比例

　　（27）我疼地喊出来，妈妈听到就跑过来把我们俩分开。（"出来"误代"起来"，属于泛化阶段 3）

初级阶段 IVa 的偏误只有 1 例，表现为复合趋向补语之间的误代。

（二）中级阶段 Ia 和 IVa 的偏误类型及偏误评估

1. Ia 的泛化情况分析

　　（28）我就看见了一棵树，我就去那里休息一下，我就想一想我就看一看，我看到了一苹果丢下在地上，我就看上去发现时有很多苹果啊。（"丢下在地上"应该改为"丢在地上"，趋向补语"下"的冗余，属于泛化的第 5 个阶段，一个符号网络输出形式使用趋向补语"丢下在地上"，与另一个符号网络使用介词短语补语"丢在地上"之间的变化）

　　（29）我站起来拿着书包要走去。（"走去"应改为"走过去"，误代 IVa，属于泛化阶段 4）

　　（30）我们还能在湖上开船，在湖和大观楼之间有一个石池，石池上有一条龙，石池内有一只金龟，金龟的背后有一个洞，是用硬币放下去，我和朋友一起也掉下的金龟的背后。（"掉下的金龟的背后"应改为"把硬币丢到金龟的背后"，回避使用"把"字句，错序，属于泛化的第 5 个阶段，不用"把"字句的符号网络和用"把"字句的符号网络之间的泛化）

　　从初级阶段 Ia 的偏误来看，4 例中有 2 例是遗漏动词造成的，属于本阶段内部的泛化，有 2 例是由于误代 IVa 造成的，这属于 Mellow, J. D. 和 K. Stanley（2002：19）指出的泛化发展的第 3 和第 4 两个阶段；再看中级阶段 Ia 的偏误类型，泛化除了误代 IVa 之外，又出现了新的属于泛化第 5 阶段的偏误，即趋向补语"下"的冗余和回避使用"把"字句，泛化的阶段提高了，这说明学生汉语中介语的水平提高了。

2. IVa 的使用情况

IVa 在初级阶段有 1 例，属于泛化的第 3 个阶段，到了中级阶段 IVa 没有进一步出现偏误，表明泛化消失，中级阶段已经习得了 IVa。

（三）从泛化阶段看 Ia 和 IVa 的习得先后

从泛化阶段来看，初级阶段 Ia 的偏误呈现为第 3 和 4 两个阶段，IVa 在初级阶段有 1 例，属于泛化的第 3 个阶段，这说明初级阶段 Ia 的习得情况好于 IVa；到了中级阶段 Ia 出现了第 5 阶段的偏误，而 IVa 没有出现偏误，这说明到了中级阶段 IVa 的习得好于 Ia。因为，从本书表 5 可以看到 IVa 的使用频率高于 Ia，因此相对来说 IVa 是无标记的句式，学生受母语影响容易用 Ia 误代 IVa。比如，老挝语"ຍາງໄປ（走去）"是一个使用频率很高的语言项目，而汉语里的"走去"要受限制，譬如它用在连动句里作前一项谓语时，就只能说"走过去"或"走着去"，而不能说"走去"，例如"走去找那个人"就是错的，因此受母语的负迁移，老挝语母语者汉语中介语里"走去"误代"走过去"的频率较高。

三　Ib 和 IVb 的泛化情况分析

（一）Ib 的泛化情况分析

1. 初级阶段 Ib 的泛化情况分析

（31）他听了我们就笑了起。（"笑了起"误代"笑了起来"，误代 IVb，属于泛化阶段 4）

（32）还祝福我身体健康学习顺利，要好好努力的学习，我听了眼泪就出来。（"出来"误代"流出来"，遗漏动词"流"，属于泛化阶段 3）

（33）我们在一起玩很多有趣的游戏，它们玩起都非常有趣。（"玩起"误代"玩起来"，误代 IVb，属于泛化阶段 4）

（34）他的大手指碰上我的头，拉扯我的头发，我疼地喊出来，妈妈听到就跑过来把我们俩分开……（"喊出来"中"喊"后遗漏"了"，属于泛化阶段 6）

（35）刚来到我自己的麻烦事不怎么会说汉语，去哪儿都跟哥哥们送。（"来到"后误加"到"，补语冗余，是同一类型本阶段内的泛

化，属于泛化阶段3）

（36）那时等待他们全都来到了我们就开始吹蛋糕，他们给我唱生日快乐歌。（"来到"后误加"到"，补语冗余，是同一类型本阶段内的泛化，属于泛化阶段3）

（37）没想到，她说得那么好，我就对她说了我遇的麻烦。（"我遇"的后面遗漏补语"到"是同一类型本阶段内的泛化，属于泛化阶段5）

Ib初级阶段的偏误有7例，误代IVb2例，占28.6%，与"到"作补语有关的偏误有3例，包括"到"的误加和遗漏，占42.9%，Ib的偏误再次说明"到"作趋向补语是老挝语母语者的一个习得难点。初级阶段Ib的偏误达到泛化阶段5和泛化阶段6的各有1例。

2. 中级阶段Ib的泛化情况分析

（38）它的路很平很宽，走起很舒服。（"走起"误代"走起来"误代IVb，属于泛化阶段4）

（39）因为我们国家现在是从外国进来的文化对我们国家影响很大。（"进来"误代"引进来"，遗漏动词"引"，属于泛化阶段3）

（40）我的眼泪再次流下。（"流下"误代"流下来"误代IVb，属于泛化阶段4）

（41）从那时来我一直都后悔，每次想起它我的眼泪都会掉下了。（"掉下"误代"掉下来"误代IVb，属于泛化阶段4，）

（42）有的年他们会躲起，不让我看到。（"躲起"误代"躲起来"，误代IVb，属于泛化阶段4）

（43）她教的方法看来舒服，我们荣幸能她来教。（"看来"误代"看起来"误代IVb，属于泛化阶段4）

（44）我睡醒来大概是11点半吧。（"睡醒来"后"来"的冗余，或者改为"醒过来"，误代IVb，属于泛化阶段4）

（45）坐在床上一句话也说不出，只见温热的泪珠从眼眶慢慢流下。（"流下"误代"流下来"误代IVb属于泛化阶段4）

（46）现在还有什么问题不妨提出吧。（"提出"误代"提出来"，误代IVb，属于泛化阶段4）

　　（47）鸣蝉唱过了三复，我们却又要离来。（"来"误代"开"，属于泛化阶段3）

　　总偏误10例，属于泛化阶段3的有2例："来"误代"开"1例，遗漏动词1例；属于泛化阶段4的有8例：误代IVb8例，占总偏误的80%。

（二）IVb的泛化情况分析

1. 初级阶段IVb的泛化情况分析

　　（48）妈妈才放心下来。（"放心下来"误代"放下心来"，误代VIb，属于泛化阶段4）

　　（49）在那下午很多人喜欢去看太阳落，还能看到全部思茅的城市，看下来很漂亮的城市。（"下来"误代"上去"或"起来"，属于泛化阶段3）

　　总偏误2例，属于泛化阶段3的有"下来"误代"上去"或"起来"1例；属于泛化阶段4的有误代VIb1例，占总偏误的50%。

2. 中级阶段IVb的泛化类型和偏误评估

　　（50）在梅子湖里还有一个是我最喜欢的一条湖，看过去很美。（"过去"误代"上去"，属于泛化阶段3）

　　（51）我就看见了一棵树，我就去那里休息一下，我就想一想我就看一看，我看到了一苹果丢下在地上，我就看上去发现时有很多苹果啊。（"看上去"后"上去"的误加，是本阶段内的泛化，属于泛化阶段3）

　　（52）苹果想看起来也想吃了。（"看起来"误代"看上去"，属于泛化阶段3）

　　（53）你们听了想象出来吗？（"想象出来"误代"想象得出来"，属于趋向补语误代其可能式，属于泛化阶段3）①

　　（54）说完这句，每个的脸变悲哀，然后眼泪就掉出来。（"出

---

　　①　这里主要表现为"得"字这一虚词的使用问题，属于趋向补语与其可能式的误代，故归为泛化阶段3。

来"误代"下来",属于泛化阶段3)

（55）其实在老挝还没有这样大的游乐园，我很高兴地走到这玩具那玩具，有的想玩但可怕丢下来，而只看朋友们玩。（动词错误，"丢"误代"摔"，属于泛化阶段3）

（56）当成绩单发出来的时候，或一起庆祝新年或过节都给我留下美好的印象和快乐的回忆……（"出来"误代"下来"，属于泛化阶段3）

（57）我童年的记忆让给我每次想出来都让给我笑眯眯地去回忆那一段最美妙自己的感情。（"出来"误代"起来"，属于泛化阶段3）

中级阶段IVb的总偏误8例，属于泛化阶段3的有8例：补语冗余1例，动词错误1例，该句型内复合趋向补语之间的误代5例（62.5%），趋向补语误代可能补语1例。在复合趋向补语例的误代中，有"出来"误代"起来"、"下来"，"看起来"误代"看上去"，这些偏误说明"出来"作趋向补语及"看起来"这个构式是老挝语母语者习得复合趋向补语引申义的一个难点。趋向补语之间的误代有一部分原因是趋向补语的引申义比较复杂，以"出来"误代"起来"为例，日语母语者也会出现类似偏误①；其他国别非汉语母语者同样会出现类似偏误。②

（三）从Ib和IVb的泛化阶段看其习得先后顺序

从初级阶段Ib的偏误来看，初级阶段Ib的偏误达到泛化阶段5和泛化阶段6的各有1例，到了中级阶段Ib有80%的偏误属于误代IVb，也就是说误代IVb这一偏误在这一阶段达到了泛滥的形式，Ib的偏误中主要是由于不能掌握复杂的IVb造成的。IVb在初级阶段的偏误类型显示为泛化的第3、4两个阶段，IVb在中级阶段的泛化类型都是第3个阶段，这说明IVb的习得情况到了中级阶段趋向补语引申义之间的误代很普遍，习得水平有待于进一步提高；总之，从偏误情况和泛化阶段来看，初级阶段Ib习得的情况比IVb好，到了中级阶段Ib的偏误主要是由误代IVb造成的，因此总的来看，Ib的习得早于IVb。

---

① 杨德峰：《日本人学汉语常见语法错误释疑》，商务印书馆2008年版，第188页。

② 孟国：《对外汉语十个语法难点的偏误研究》，北京大学出版社2011年版，第172页。

四　Ⅲb 的泛化情况分析

（一）初级阶段 Ⅲb 的泛化阶段和偏误评估

（58）到中国，来到普洱，我深深感受中国的人热情与善良。（"感受"后遗漏补语"到"，共 3 例，是使用趋向补语和不用趋向补语之间的变化，属于泛化阶段 5）

（59）但我最难忘的就最迎接新生的那天，我和阳桂兰，还有唐理心，我们三个人就跳了我们的国舞，它的老挝名字叫"朵占芭"，我们的舞跳得很美丽，很优雅。（"跳了我们的国舞"后遗漏补语"起"，是使用趋向补语和不用趋向补语之间的变化，属于泛化阶段 5）

（60）但是童年记忆的大门一旦欬生活中某个瞬间打开，便不由地回想那个纯真的年纪，不由地感慨万千。（"回想"后遗漏"起"，是使用趋向补语和不用趋向补语之间的变化，属于泛化阶段 5）

（61）他推我分开他"我们的爱情是不可能的，我们的关系是亲戚，不能谈恋爱"。（"分开他"应改为"把我和他分开"，回避使用"把"字句，属于泛化阶段 5）

（62）我又不信自己的耳朵，我不知说什么好，我现在的感觉是很伤心的，他走开我了……（动词错误 2 例，"走开"应改为"离开"，本阶段内部的泛化，属于泛化阶段 3）

（63）但我只要想起小时候发生的那些事，我都会发出真心的笑。（"真心的笑"应该改为"真心的笑声"，宾语错误，是本阶段内部的泛化，属于泛化阶段 3）

（64）现在苹果越来越不自然，人们放肥料太多了，很少会吃到新鲜。["新鲜"应改为"新鲜的（苹果）"，宾语错误，是本阶段内部的泛化，属于泛化阶段 3]

总偏误 10 例，属于泛化阶段 3 的有：动词偏误 2 例，宾语错误 2 例；属于泛化阶段 5 的有：遗漏趋向补语 5 例（50%），回避使用"把"字句 1 例。从这个阶段的偏误来看，遗漏补语成了学习的难点，其中遗漏"到"3 例，遗漏"起"2 例。

(二) 中级阶段 IIIb 的泛化阶段和偏误评估

(65) 但这里我这个人从小就对中国非常地感兴趣，从小就看到中国电影，看到李小龙演的功夫片，从小就听到人说汉语是世界上最难学的语言之一。("看到"、"听到"后补语"到"的误加，类似偏误共 7 例，是本阶段内部的泛化，泛化阶段 3)

(66) 电脑对我来说很有用，很有意思。它的坐到很多工作，很多东西，像拍电影也要电脑来做来剪辑，如果我们会用它，它帮我们很多很多的生活当中的事。("坐到"中"坐"误代"做"，"到"误加，是本阶段内部的泛化，属于泛化阶段 3)

(67) 她喜欢吃茶水和喜欢吃"酸辣虾汤"，我领进她去玩"泼水节"。("领进她去玩"误代"领着她去玩"，是用趋向补语和不用趋向补语之间的泛化，属于泛化阶段 5)

(68) 眼望到那无边无尽的天空，夜里无数的星球在一闪一闪地发着光。("眼望到"误代"眼望着"，是用趋向补语和不用趋向补语之间的泛化，属于泛化阶段 5)

(69) 还看到很多礼物在那里我就想出今天是我的生日呀! ("出"误代"起"，是本阶段内部的泛化，属于泛化阶段 3)

(70) 他不知不觉进来了我的生命。("进来了我的生命"误代"走到我的生命里来"，误代 VIb1 例，属于泛化阶段 4)

(71) 普洱茶很受欢迎，也正是普洱茶让普洱人们过了富饶有的生活。("过了富饶有的生活"中"过"后遗漏"上"，是使用趋向补语和不用趋向补语之间的变化，属于泛化阶段 5)

(72) 别看自行车但是但它给人类带了很多的方便生活。("带了很多的方便生活"中动词"带"后遗漏"来"，是使用趋向补语和不用趋向补语之间的变化，属于泛化阶段 5)

(73) 我感觉了孤寂。("感觉"后遗漏补语"到"，是使用趋向补语和不用趋向补语之间的变化，属于泛化阶段 5)

(74) 它让我把自己的心留下了重庆。("下"误代"在"，是趋向补语和介词短语补语之间的误代，属于泛化阶段 5)

(75) 这次是我刚刚受到的一件愉快的事情，很紧张，很有趣，又很印象，我突然忘不了这次到昆明，因为这是我第一次去中国的。

（"受到"误代"经历"，是近义词之间的误代，属于泛化阶段3）

总偏误17例，属于泛化阶段3的偏误有：动词偏误1例，补语误加"到"8例（44%），"出"误代"起"1例；属于泛化阶段4的有：误代Ⅵb1例（5.6%）；属于泛化阶段5的有："下"误代"在"1例，"眼望到"误代"眼望着"1例，"领进她去玩"误代"领着她去玩"1例，遗漏趋向补语3例。在Ⅲb的这17例偏误中，与"到"有关的偏误有10例，占总偏误的58.9%，其中误加补语"到"8例，遗漏"到"1例，"到"误代"着"1例；这些数据再次说明"到"作趋向补语是一个习得难点。

（三）从泛化阶段看趋向补语的习得

初级阶段Ⅲb的泛化阶段呈现为第3和第5阶段，中级阶段它的泛化呈现为3、4、5三个阶段，因此根据泛化类型初级阶段老挝语母语者Ⅲb的习得情况就很好。

五　使用频率较低的趋向补语项目Ⅱb和Ⅵa、Ⅵb的泛化情况分析

（一）初、中级阶段Ⅱb的使用情况分析

Ⅱb在初级阶段没有出现，显示出使用频率不足，在中级阶段它有3个用例，如下：

（76）我在吃饭了以后，有一个人打电话来她是胡天丽。

（77）她打电话来告诉我："如果你会跳舞了来教我因为我不会跳舞！"

（78）只有打电话来只听到他们的声音。

在上述三个句子都出现了Ⅱb的用例，都是"打电话来"，而且都是正确的，按照泛化理论，泛化的消失就是习得的最后阶段，也就是说此时Ⅱb就习得了，可是Ⅱb的使用频率极低，使用的又是日常交际中常用的"打电话来"，因此仅就这三个例子就断定Ⅱb已经习得了，让人觉得证据不足。

（二）Ⅵa和Ⅵb的使用情况分析

Ⅵa和Ⅵb的习得和Ⅱb的习得情况类似，它们初级、中级阶段的用例全都是正确的，下面予以具体分析。

1. 初级阶段 VIa 的总用例

（79）好了，时间不早了该回学校了，于是我和朋友们又<u>回到学校来</u>了。

（80）他的头被打破了，流了很多血，后来我就叫他们立刻把他<u>送到医院去</u>。

2. 初级阶段 VIb 的总用例

（81）可不知道他们他了什么，就突然<u>打起架来</u>了让所有的人都大吃一惊。

3. 中级阶段 VIa 的总用例

（82）刚好我们就快要<u>跑到那有天车的地方去</u>了。

（83）我一直等我的家庭到晚上 6 点半才来，我<u>跑出家门去</u>，看见了一个蛋糕。

（84）开学的第一天，有一位可爱的老师<u>走进教室来</u>。

（85）但我也不怕，摘完了花我就准备要回家，在山路上走时，不知不觉就<u>掉进了大坑里去</u>了。

（86）幸好有一位猎人经过，看见我掉进了坑里，就用绳子把我<u>拉起来</u>，然后把我<u>送回家去</u>。

4. 中级阶段 VIb 的总用例

（87）手中的粉笔尘弄脏了衣服，但是这样<u>走起路来</u>。实在不太"美观"。

（88）每当我刚接触中文和洋学生被难以理解的中文，困难的时候，她总是不厌其烦地<u>静下心来</u>给我解释。

（89）那时非常高兴，至少还有他们<u>想起我的生日来</u>。

（90）可是恰恰相反<u>穿起衣服来</u>更加他肥胖起来了。

（91）我学写中文头都学病了，因为中文特别的难学，主要是记不住它的笔画。所以<u>写不出字来</u>。

（92）我穿上围裙，像模像样地<u>做起饭来</u>，抓了几把米用水洗一下。

（93）有一次她给我们班作业但一个人都没人做，<u>她生起气来</u>如凶神恶煞一般。

5. Ⅵa、Ⅵb 的习得情况评估

按照泛化理论，Ⅵa、Ⅵb 在初级阶段和中级阶段的所有用例都是正确的，它们在初级阶段就习得了，然而它们的使用频率极低，再者，汉语中可以用做 Ⅵa、Ⅵb 的复合趋向补语有 17 个，而这里 Ⅵa 使用的只有"到……来"、"到……去"、"出……去"、"进……来"、"进……去"、"回……去" 6 个，Ⅵb 只用了"下……来"、"起……来"、"出……来" 3 个，因此，使用范围过窄，使用频率又不足，仅凭正确率 100%、无泛化是不能确定它们已经习得的。

六　Ⅴa 和 Ⅴb 的泛化情况分析

Ⅴa 和 Ⅴb 在初级阶段没有出现，它们在中级阶段出现的用例很少，而且都是错误的。

（一）中级阶段 Ⅴa 的偏误类型和泛化阶段

（94）是他黑洞拉我出来。（回避使用"把"字句，应改为"是他把我从黑洞里拉出来"，属于泛化阶段 5）

（95）到时间讲课了，全班都拿着数学书出来，十分钟过去，我觉着她教得好。（回避使用"把"字句，应改为"全班都把数学书拿出来"，属于泛化阶段 5）

（二）中级阶段 Ⅴb 的偏误类型和泛化阶段

（96）我觉得这样的学生要是继续这样喝酒下去的话，长期酒会对大脑带来损伤。（"喝酒下去"应改为"喝酒喝下去"，回避使用重动句，属于泛化的第 5 阶段）

（三）Va 和 Vb 的习得情况评估

Va 和 Vb 在初级阶段没有用例，到了中级阶段 Va 和 Vb 的泛化已经达到了第 5 阶段，从泛化类型来看学习者的汉语水平很高了，对这个句式的掌握程度也应是很高的，然而它的偏误率是 100%，使用频率又低，不能视为习得。这两个句式的偏误类型说明趋向补语使用在把字句和重动句里是老挝语母语者习得汉语趋向补语的一个难点。造成这种偏误的原因是由老挝语的负迁移造成的，在老挝语里，当宾语表示人或事物时，汉语宾语常见的位置是位于趋向补语中间，也可以位于复合趋向补语前面和后面，而在老挝语语法里，宾语的位置只能位于动词后复合趋向补语前，例如：

（97）汉：他拿出一本书来／他拿出来一本书／他拿一本书出来。
老：ວາ ລັກປີ້ ມຕວ ໜຶ່ງ ອອກມາ.（他 拿 书 本一 出来）

从上面的例子来看，老挝语母语者产出的有句法错误的 Va 和 Vb 句型是直接从母语中迁移过来的。为了避免这种负迁移，必须讲清楚"把"字句使用的语用情境，同时结合情境进行强化练习才行。

七　VIIa 和 VIIb 的泛化情况分析

（一）VIIa 的偏误类型和偏误原因分析

初级阶段 VIIa 没有用例，中级阶段 VIIa 的泛化达到第 4 阶段，具体偏误用例如下：

（98）比如我们老挝没有水果，要从泰国拉过来，从中国拉过去老挝这也是最好的贸易。（"拉过去老挝"应改为"拉到老挝去"，误代 VIa，属于趋向补语多个发展阶段的不同泛化类型，是泛化阶段 4）
（99）突然听见有一个人走过来我的后面说："一起回家吧！"（"走过来我的后面"误代"走到我的后面来"，误代 VIa，属于趋向补语多个发展阶段的不同泛化类型，是泛化阶段 4）

老挝母语者 VIIa 的偏误是由母语的负迁移造成的。复合趋向补语表示趋向意义时，宾语为处所词语，汉语的宾语位于趋向补语中间，而老挝语宾语可以位于趋向补语中间或趋向补语后面。例如：

（100）汉：妈妈走进房间来。

　老：ແມ່　ຍ່າງ ເຂົ້າ ຫ້ ອງ ມາ. （妈妈 走 进 里 房间 来）

　　　ແມ່　ຍ່າງ ເຂົ້າມາ ຫ້ ອງ. （妈妈 走 进来 里 房间）

由上面的例子可以看到，老挝语母语者受母语的负迁移，把处所宾语放在了复合趋向补语的后面。

（二）VIIb 的偏误类型和偏误原因分析

1. 初级阶段 VIIb 的偏误类型和泛化阶段

（101）我刚玩的时候我爸爸从老挝打过来我电话。（"打过来我电话"应改为"给我打来电话"，误代 IIIb，属于趋向补语多个发展阶段的不同泛化类型，是泛化阶段4）

（102）有一天我想起来我的生日，在我前几天是我朋友的生活他也过了。（"想起来我的生日"应改为"想起我的生日来"，误代 VIb，属于趋向补语多个发展阶段的不同泛化类型，是泛化阶段4）

（103）因为是第一次做主持人，我上台说话的时候，说出来话都是结结巴巴的很好笑。（"说出来话"应改为"说出话来"，误代 VIb，属于趋向补语多个发展阶段的不同泛化类型，是泛化阶段4）（错序）

（104）我好不容易说出来话，也特别的好笑。（"说出来话"应改为"说出话来"，误代 VIb，属于趋向补语多个发展阶段的不同泛化类型，是泛化阶段4）

初级阶段 VIIb 的偏误是由于目的语规则的泛化造成的，老挝语母语里一般宾语只能位于动词后复合趋向补语前，而这里宾语却出现在复合趋向补语的后面，汉语里是可以这样说的，比如可以说"说出来一句话"，但不可以说"说出来话"，因为定指宾语只能放在趋$_1$和趋$_2$的中间，但老挝语母语者缺乏这方面的知识，从而造成 VIIb 误代 VIb 的偏误。

2. 中级阶段 VIIb 的偏误类型和泛化阶段

（105）我把它买回来家苹果真好贵。（"买回来家"误代"买回家来"，误代 VIb，属于趋向补语多个发展阶段的不同泛化类型，是泛化阶段4）

　　上面这个泛化是受老挝语母语的负迁移造成的，前面我们已经分析过宾语为处所宾语时，老挝语是可以把处所宾语放在复合趋向补语的后面的，而汉语则必须把处所宾语放在复合趋向补语的中间。

　　（三）VIIa 和 VIIb 的泛化情况评估

　　VIIb 的泛化无论是初级阶段还是中级阶段都是第 4 阶段，VIIa 初级阶段没有用例，中级阶段的泛化也是第 4 阶段，这些都说明老挝语母语者对这两个句式的掌握水平不高。把 Va、Vb 和 VIIa、VIIb 的偏误综合起来看，动词后同时带复合趋向补语带宾语时，宾语和补语的错序是老挝语母语者习得汉语趋向补语的一个难点。

八　小结

　　我们按 Mellow, J. D. 和 K. Stanley（2002）对泛化的分类来分析趋向补语的习得情况，泛化的阶段越高，学生的汉语水平越高，每个句式的习得一般来说随着泛化阶段的提高而提高，这样我们可以根据每个句式的泛化情况来观察其习得的先后顺序。我们把老挝语母语者习得各句式的偏误情况和泛化阶段予以分析，归纳成表 20。

表 20　　　　　　老挝语母语者趋向补语各句式泛化情况统计

句式	初级	中级（偏误比例）	习得情况判断
Ia	总偏误 4 例，属于泛化阶段 3 的有 2 例：遗漏动词 2 例；属于泛化阶段 4 的有 2 例：误代 IVa 2 例（50%）	总偏误 3 例：属于泛化阶段 4 的有误代 IVa 1 例（33%）；属于泛化阶段 5 的有 2 例：回避使用"把"字句 1 例，趋向补语误代介词短语补语的偏误 1 例	中级阶段达到泛化阶段 5
Ib	总偏误 7 例，属于泛化阶段 3 的有 3 例："来到"后"到"冗余 2 例，遗漏动词 1 例；属于泛化阶段 4 的有 2 例：误代 IVb2 例（28.6%）；属于泛化阶段 5 的有 1 例："到"作补语的遗漏 1 例；属于泛化阶段 6 的有 1 例：趋向补语后"了"遗漏 1 例	总偏误 10 例，属于泛化阶段 3 的有 2 例："来"误代"开"1 例，遗漏动词 1 例；属于泛化阶段 4 的有 8 例：误代 IVb8 例，占总偏误的 80%	初级阶段达到泛化阶段 5
IIa	偏误 0 例	总偏误 2 例，属于泛化阶段 4 的有：误代 VIa 1 例（50%）；属于泛化阶段 5 的有：回避使用"把"字句 1 例	初级阶段无泛化，中级阶段达到泛化阶段 5
IIb	未出现用例	偏误 0 例	使用频率低，属于有标记句式

句式	初级	中级（偏误比例）	习得情况判断
IIIa	总偏误 8 例，属于泛化阶段 3 的有 1 例：趋向补语"上"误代"到"1 例；属于泛化阶段 4 的有 7 例：误代其他趋向补语 7 例（IIa4 例、误代 IIa 或 Ⅵ a2 例，误代 Ⅵa1 例）（87.5%）	总偏误 18 例，属于泛化阶段 3 的有 9 例：补语冗余 3 例，动词错误 2 例，宾语错误 3 例，"望上天空"误代"望向天空"1 例；属于泛化阶段 4 的有 5 例：误代 IIa 或 Ⅵa5 例（26.3%）；属于泛化阶段 5 的有 1 例："没来到"中"到"误代"过"1 例；属于泛化阶段 6 的有 3 例：趋向补语后误加"了"3 例	初级阶段达到泛化阶段 4，中级阶段达到泛化阶段 5
IIIb	总偏误 10 例，属于泛化阶段 3 的有：动词偏误 2 例，宾语错误 2 例；属于泛化阶段 5 的有：遗漏趋向补语 5 例，占总偏误的 50%，其中遗漏"到"3 例，遗漏"起"2 例，回避使用"把"字句 1 例	总偏误 17 例，属于泛化阶段 3 的偏误有 10 例：动词偏误 1 例，补语误加"到"8 例（44%），"出"误代"起"1 例；属于泛化阶段 4 的有 1 例：误代 Ⅵb1 例（5.6%）；属于泛化阶段 5 的有 6 例："眼望到"误代"眼望着"1 例，"领进她去玩"误代"领着她去玩"1 例，"下"误代"在"1 例，遗漏趋向补语 3 例	初级阶段和中级阶段都达到泛化阶段 5，属于初级阶段习得
IVa	总偏误 1 例，"出来"误代"起来"1 例（属于泛化阶段 3）	偏误 0 例	初级阶段达到泛化阶段 3，中级阶段无泛化
IVb	总偏误 2 例，属于泛化阶段 3 的有："下来"误代"上去"或"起来"1 例；属于泛化阶段 4 的有：误代 Ⅵb1 例，占总偏误的 50%	总偏误 8 例，属于泛化阶段 3 的有 8 例：补语冗余 1 例，动词错误 1 例，该句型内复合趋向补语之间的误代 5 例（62.5%）；趋向补语误代其可能式 1 例	初级阶段属于泛化阶段 4，中级阶段达到泛化阶段 3
Va	未出现用例	有 2 例用例，都是偏误，都是回避使用"把"字句（属于泛化阶段 5）	中级阶段 Va 的泛化已经达到了泛化的第 5 阶段，偏误率是 100%，使用频率低
Vb	未出现用例	总偏误 1 例：回避使用重动句 1 例，属于泛化阶段 5	
VIa	偏误 0 例	偏误 0 例	无泛化现象
VIb	偏误 0 例	偏误 0 例	无泛化现象
VIIa	未出现用例	总偏误 2 例：误代 VIa2 例，属于泛化阶段 4	中级阶段达到泛化阶段 4，使用频率低
VIIb	总偏误 4 例，属于泛化阶段 4 例：误代 Ⅵb3 例，误代 IIIb1 例	总偏误 1 例，属于泛化阶段 4 有 1 例：误代 Ⅵb1 例	初级和中级都达到泛化阶段 4，使用频率低

　　不考虑使用频率和使用准确率的情况下，从泛化情况的分析来看，初级阶段习得的项目是 Ib、IIa、IIIb、VIa、VIb，中级阶段习得的项目是 IIIa、Ia、IVa、IIb、Va、Vb，到了中级阶段仍旧未习得的项目是 IVb、VIIa、VIIb，在考虑习得准确率和使用频率的情况下，我们把 VIa、VIb、IIb 和 Va、Vb 仍旧列为未习得的项目，这样基于泛化分析得出的习得顺序是 Ib、IIa、IIIb > Ia、IIIa、IVa > IVb > VIa、VIb > IIb > Va、Vb、VIIa、VIIb，这一顺序和前面基于语料库得到的习得顺序（Ia、Ib、IIa、IIIa、IIIb、IVa、IVb > VIa、VIb > IIb > Va、Vb、VIIa、VIIb）是一致的，并且进一步细化了，这说明使用泛化理论和已有的结合使用频率和使用准确率的习得顺序分析是可以相互印证的。

　　从泛化分析的情况来看，不带宾语的简单趋向补语的习得偏误主要是误代不带宾语的复合趋向补语；"动词 + 简单趋向补语（引申义）+ 宾语"和"动词 + 复合趋向补语（引申义）"的偏误主要是由于各个趋向补语次类之间的误代造成的；习得带宾语的趋向补语时，"动词 + 处所宾语 + 简单趋向补语"容易引起偏误，动词后面有复合趋向补语又有宾语时，学生在习得时最大的问题是宾补位置错序，其中在习得"主 + 动 + 宾语 + 复合趋向动词"时主要的偏误是回避使用"把"字句。我们在教学时，可以根据这些习得难点采取有针对性的教学措施。

第四章

非汉语母语者汉语趋向补语的习得顺序共性研究

第一节 三国学生汉语趋向补语习得顺序和已有研究的比较

一 已有的前贤研究结论

关于趋向补语习得顺序的研究，李建成（2009）、汪翔、农友安（2011：101—102）作了较为详尽的述评，李建成等（2009）重点分析了目前关于趋向补语习得顺序研究存在的不足，例如语料不系统、不全面，考察的语法项目不统一，习得标准不够科学，缺乏纵向、动态的研究等。我们在这里想对钱旭菁（1997）的《日本留学生汉语趋向补语的习得顺序》、杨德峰的《英语母语学习者趋向补语的习得顺序》《朝鲜语母语学习者趋向补语习得情况分析》《日语母语学习者趋向补语习得情况分析》、陈晨等的《泰国学生汉语趋向补语习得情况考察》和肖奚强等的《外国学生汉语趋向补语句习得研究》所得出的结论进行比较，找出异同，分析差异存在的原因。

（一）关于日语母语者习得顺序的研究

最早对趋向补语习得顺序进行研究的是钱旭菁（1997）对日本留学生习得汉语趋向补语习得顺序的研究。她在 10 万字中介语语料和 150 份调查问卷的基础上考察了以下 16 项语法项目，并得出了习得顺序。她考察的 16 项语法项目如下：

1. V + 简单趋向补语（Ia、Ib）
2. V + 简单趋向补语 + 一般宾语（IIIb）
3. V + 处所宾语 + 简单趋向补语（IIa）
4. V + 复合趋向补语（IVa、IVb）
5. V + 复合趋向补语 + 一般宾语（VIIb）

6. V + 处所宾语 + 复合趋向补语（Va）

7. "上"、"下"等表结果义

8. "起来"表示开始并继续

9. "起来"表示由分散到集中

10. "起来"表示对事物进行估量和评价

11. "起来"引申用法带宾语

12. "下来"表示开始并继续

13. "下去"表示动作继续进行

14. "出来"表示由隐蔽到暴露

15. "过来"表示恢复正常的、原来的状态

16. "过去"表示失去正常的、原来的状态

钱旭菁（1997：96）得出了以下习得顺序：

> 动词不带宾语的简单趋向补语（Ia、Ib）→动词不带宾语的复合趋向补语（IVa、IVb）→动词带一般宾语的简单趋向补语（IIIb）→"起来"表示开始→动词带处所宾语的趋向补语（理解）（IIa、Va）→动词带一般宾语的复合趋向补语（VIIb）→"出来"表示暴露→动词带处所宾语的趋向补语（表达）（IIa、Va）→"下去"表示继续→"起来"表示评价→"过来"表示恢复→"过去"表示失去→"下来"表示开始→"起来"引申带宾语→"起来"表示集中。

钱旭菁（1997：97）指出日本学生最难习得的是"动词 + 处所宾语 + 趋向补语"，主要原因是这个结构和日语里的对应表达的差异大造成的。对于这个习得顺序，她（1997：98）也作了简单的归纳，即留学生先习得动词不带宾语的简单趋向补语（Ia、Ib）和复合趋向补语（IVa、IVb），后习得动词带宾语的简单趋向补语和复合趋向补语；先习得"起来"不带宾语的引申用法（IVb），后习得"起来"带宾语的引申用法（Vb、VIb、VIIb）。

（二）关于英语母语者习得顺序的研究

杨德峰（2004：23—35）在北京语言大学中介语语料库的基础上对日语母语学习者汉语趋向补语的习得顺序进行了进一步的考察，他把趋向补语分成以下 10 个项目：

1. V + 简单趋向补语（本义）（Ia）

2. V + 简单趋向补语（引申义）（Ib）

3. V + 简单趋向补语（本义）带宾语（IIIa、IIa）

4. V + 简单趋向补语（引申义）带宾语（IIIb、IIb）

5. V + 复合趋向补语（本义）（IVa）

6. V + 复合趋向补语（引申义）（IVb）

7. V + 复合趋向补语（本义）带宾语（Va、VIIa）

8. V + 复合趋向补语（引申义）带宾语（Vb、VIIb）

9. V + 趋$_1$ + 宾语 + 趋$_2$（本义）（VIa）

10. V + 趋$_1$ + 宾语 + 趋$_2$（引申义）（VIb）

杨德峰（2004：34）指出钱旭菁（1997）的习得顺序"表示本义的趋向补语的习得顺序基本上都在表示引申义的趋向补语的前面"有失偏颇，他着重指出他和钱的差异有两点，一是表示引申意义的"动词 + 趋$_1$ + 宾语 + 趋$_2$（VIb）"要比"动词 + 趋$_1$ + 宾语 + 趋$_2$（VIa）"先习得；二是"动词 + 简单趋向补语（引申义）"带宾语（IIIb、IIb）要比"动词 + 简单趋向补语（本义）"带宾语（IIIa、IIa）先习得。其实，深究起来，从上面它们各自得到的习得顺序可以看出，在第二点上杨德峰（2004：34）和钱旭菁（1997：96）的结论是一致的，只是第一点和钱旭菁（1997）先习得本义后习得引申义的观点不一致。

杨德峰（2003：52—65）首先在中介语语料库的基础上，考察了英语母语者习得汉语趋向补语 10 个语法项目的情况，构拟出了英语母语者的以下习得顺序：[①]

1. 动词 + 简单趋向补语（本义）（Ia）

2. 动词 + 简单趋向补语（引申义）（Ib）

3. 动词 + 复合趋向补语（本义）（IVa）

4. "动词 + 简单趋向补语（引申义）"带宾语（IIIb）

5. 动词 + 趋$_1$ + 宾语 + 趋$_2$（本义）（VIa）

6. 动词 + 趋$_1$ + 宾语 + 趋$_2$（引申义）（VIb）

7. 动词 + 复合趋向补语（引申义）（IVb）

8. 动词 + 复合趋向补语（引申义） + 宾语（Vb、VIIb）

---

① 杨德峰：《英语母语学习者趋向补语的习得顺序》，《世界汉语教学》2003 年第 2 期。

9. "动词 + 简单趋向补语（本义）"带宾语（IIa、IIIa）

10. 动词 + 复合趋向补语（本义） + 宾语（Va、VIIa）

Shuling Wu（2011）在对英语母语者习得汉语趋向补语的实验设计的基础上，得出了他们习得汉语趋向补语的顺序，即：

> 动词带简单趋向补语（Ia、Ib） > 动词带复合趋向补语（IVa、IVb） > 动词后带简单趋向补语和一般宾语（IIIb） > 动词后带简单趋向补语和处所宾语（IIa、IIIa） > 动词带复合趋向补语和一般宾语（Vb、VIb、VIIb） > 动词带复合趋向补语和处所宾语（Va、VIa、VIIa）。

（三）关于朝鲜语母语者习得顺序的研究

杨德峰（2003：20—31）考察了朝鲜语母语者汉语趋向补语的习得，考察项目在前 10 个语法项目的基础上又增加了"到……来/去（本义）"和"动词 + 到……来/去（本义）"两个语法项目。根据习得正确率，杨德峰（2003）指出初级阶段已经基本习得的语法项目有"到……来/去（本义）"、"动词 + 简单趋向补语（本义）（Ia）"、"动词 + 复合趋向动词（本义）（IVa）"、"动词 + 趋$_1$ + 宾语 + 趋$_2$（本义、引申义）（VIa、VIb）"，中级阶段基本掌握的语法项目是"动词 + 简单趋向补语（引申义）（Ib）"。该文指出习得不稳定的语法项目是"动词 + 简单趋向补语（引申义）"带宾语（IIIb），到了中级阶段仍未掌握的语法项目是"动词 + 到……来/去（本义）"（VIa）、"动词 + 简单趋向补语（本义）"带宾语（IIa、IIIa）、"动词 + 复合趋向补语（引申义）（IVb）"、"动词 + 复合趋向补语（本义） + 宾语（Va、VIIa）"和"动词 + 复合趋向补语（引申义） + 宾语（Vb、VIIb）"。[①] 这里有一个矛盾所在，即"动词 + 到……来/去（本义）"本身也是属于"动词 + 趋$_1$ + 宾语 + 趋$_2$（本义、引申义）（VIa、VIb）"的，VIa、VIb 初级阶段就已经习得了，而属于这一类的"动词 + 到……来/去（本义）"却未习得，这种情况说明朝鲜语母语者使用 VIa、VIb 的范围是有限的，仅仅依靠准确率来确定习得顺序

---

① 杨德峰：《朝鲜语母语学习者趋向补语习得情况分析》，《暨南大学华文学院学报》2003年第 4 期。

是不全面的。这一点李建成（2009）也提出了明确的质疑。李建成（2009）在对朝鲜语母语者进行问卷调查的基础上，对问卷结果进行了蕴含量表分析和聚类分析，他（2007：59）指出他的研究结论和杨德峰（2003）最大的不同在"动词＋趋$_1$＋宾语＋趋$_2$（本义、引申义）（VIa、VIb）"的习得上，他指出VIa、VIb的习得应该在韩语母语者习得汉语的最后阶段而不是第一阶段，同时他（2007：61）还指出了韩语母语者习得汉语趋向补语的大致趋势，即先习得简单趋向补语，后习得复合趋向补语，先习得无宾语的考察类型，再习得有宾语的考察类型，先习得表本义（即趋向义）的考察类型，再习得表示引申义的考察类型，先习得复合趋向补语合起来用的形式，然后才可能习得分开用的形式。

（四）关于泰语母语者习得顺序的研究

陈晨、李秋杨（2007：109—111）在偏误分析的基础上归纳了泰国学生习得汉语趋向补语的一般规律，即在结构形式方面，不带宾语的简单趋向补语（Ia、Ib）习得难度最小，依次是不带宾语的复合趋向补语（IVa、IVb）、带一般宾语的简单趋向补语（IIIb）、带处所宾语的简单趋向补语（IIa、IIIa）、带一般宾语的复合趋向补语（Vb、VIb、VIIb），带处所宾语的复合趋向补语（Va、VIa、VIIa）的习得难度最大，在语义方面，基本义的习得难度最小，引申义的习得难度较大。

纵观以上建立在留学生使用汉语趋向补语准确率基础上的习得顺序，结论明显一致的地方就是先习得Ia、IVa、Ib、IIIb，再习得IIa、IIIa，然后再习得其他语法项目。

（五）不分国别的习得顺序的研究

肖奚强、周文华（2009a：70—81）基于对90万字的中介语语料库和汉语母语者语料库中的趋向补语使用情况统计，综合外国学生汉语趋向补语14种下位句式使用频率和正确率，得出了外国学生汉语趋向补语句的习得顺序为：

IIIa ＞ Ⅰa ＞ IVb ＞ IIIb ＞ Ⅳa ＞ Ⅰb ＞ Ⅴa ＞ VIa ＞ VIIb ＞ Ⅱa ＞ VIb ＞ Ⅴb ＞ VIIa ＞ Ⅱb

这个习得顺序和前面众多专家的研究不一致。他们通过对90万字汉语中介语语料的考察，得出外国学生趋向补语各句式的使用频率从高到低排列顺序为：IVb＞IIIa＞Ia＞IIIb＞Ⅳa＞Ⅱa＞VIIb＞Ib＞VIb＞VIa＞Vb＞Ⅶa＞Va＞Ⅲb。三个学习阶段的正确率均值从高到低的排序为：Va＞Ia＞IIIa＞

Ⅲb > Ⅳa > Ⅴb > Ⅳb > Ⅶb > Ⅰb > Ⅶa > Ⅵa > Ⅵb > Ⅱa。① 最后，他们综合以上汉语母语者使用频率的排序、外国学生使用频率的排序和外国学生三个学习阶段正确率均值的排序，把外国学生习得趋向补语句的顺序调整为上面的习得顺序。

他们的这种调整让我们觉得依据不足，比如，仅仅依据 Ⅳb 的使用频率高于 Ⅲb，就把 Ⅳb 的习得顺序调在 Ⅲb 前面不合适，理由如下：从肖奚强、周文华（2009：72）的统计数据我们可以看到外国学生 Ⅲb 和 Ⅳb 的使用频率和母语使用者相比均不足，Ⅲb 相差万分之 1.867，Ⅳb 却相差万分之 2.089，相差得更多；再从外国留学生使用正确率上看 Ⅲb 是93.3%，而 Ⅳb 是 89.6%，明显比 Ⅲb 低；因此，无论从使用频率还是从正确率上来看，都没有根据把 Ⅳb 的习得排在 Ⅲb 的前面。再参看《汉语水平等级标准和语法等级大纲》，Ⅲb 属于乙级语法项目（第78—79 页），而 Ⅳb 属于乙级和丙级语法项目（第 116—117 页），这种调整确实有待实践检验。

（六）前贤对趋向补语习得顺序的解释

高顺全认为语法化过程和习得过程之间有着很多共同点，语法化顺序和习得顺序之间也就很可能存在着高度的一致性。② 他指出钱旭菁（1997）得出的习得顺序与潘允中（1980）的研究结论（趋向补语的语法化顺序是："动词＋简单趋向补语→动词＋简单趋向补语＋宾语→动词＋复合趋向补语→动词＋宾语＋简单趋向补语→动词＋趋向$_1$＋宾语＋趋向$_2$"）基本一致。他认为从语法化的角度看，趋向补语的基本意义是表示空间位移的方向，这个意义比较具体，也比较客观，复合趋向补语也是如此。但复合趋向补语还可以有引申用法，这一用法则比较抽象，有的还有一定程度的主观化，一般来说，引申用法都比基本用法难于习得。因此，根据这一点，他指出钱旭菁（1997）得出的习得顺序的结论是可信的。③

正如本节前文指出的那样，钱旭菁（1997：96）得出的日语母语者习得汉语趋向补语顺序如下：

---

① 因 Ⅱb 未出现用例，所以作者没有按准确率把 Ⅱb 列进去。参见肖奚强、周文华《外国学生汉语趋向补语句习得研究》，《汉语学习》2009 年第 1 期。

② 高顺全：《多义副词的语法化顺序和习得顺序研究》，复旦大学出版社 2012 年版，第23 页。

③ 同上书，第23—24 页。

动词不带宾语的简单趋向补语（Ia、Ib）→动词不带宾语的复合趋向补语（IVa、IVb）→动词带一般宾语的简单趋向补语（IIIb）→"起来"表示开始→动词带处所宾语的趋向补语（理解）（IIa、Va）→动词带一般宾语的复合趋向补语（VIIb）→"出来"表示暴露→动词带处所宾语的趋向补语（表达）（IIa、Va）→"下去"表示继续→"起来"表示评价→"过来"表示恢复→"过去"表示失去→"下来"表示开始→"起来"引申带宾语→"起来"表示集中。

我们把钱旭菁（1997：96）的习得顺序和潘允中（1980）的语法化顺序进行对比，发现二者有所不同，最大的不同是"动词+简单趋向补语+宾语"的语法化顺序在"动词+复合趋向补语"的前面，而在钱旭菁的研究结论里"动词+复合趋向补语"的习得却在"动词+简单趋向补语+宾语"等其他带宾句式的前面。

关于趋向补语的语法化规律，王国栓（2005）、马云霞（2008）都作了基于古今汉语语料的详尽研究，王国栓（2005：6，138）的研究对复合趋向补语的语法化进行了进一步的梳理，他指出复合趋向补语的语法化经历了"V+O+趋$_1$趋$_2$→V+趋$_1$+O+趋$_2$→V+趋$_1$趋$_2$+O"的过程，"V+趋$_1$趋$_2$+O"是到了现代汉语中才产生的格式；马云霞（2008）得出了大致相似的结论，她指出唐宋时期"趋向动词+来/去"作路径成分（即作趋向补语）逐渐普遍，由路径卫星成分（趋向补语）参与构成的各种句式已经大体齐备[1]。

William Croft（2011：46）指出："The types of changes attested in historical language are not identical to those found in language acquisition."（儿童在第一语言习得中对成人语言系统所作的改变跟语言的历时演变中所发现的类型不一致）。为什么会这样呢？因为隐喻并不能解释语法化的单项性与渐变性，而只是限制语用推理的类型；像语用推理或易位分析这样的微观机制足以描述语法化的过程[2]。语用推理会受到上下文语境和社会语境等多种语用因素的影响，因此，语法化并不完全和人自身内在的心理认

---

① 马云霞：《汉语路径动词的演变与位移事件的表达》，中央民族大学出版社2008年版，第188页。

② William Croft.，*Explaining Language Change*：*An Evolutionary Approach*，Peking：Sage Publications，Inc.，2011，p. 28.

知因素相关，还有一些社会因素是不可预测的，比如，"你太有才了"这个句子因 2007 年央视春晚小品《策划》而语法化为固定语块，这个词语的语法化是语言使用者根据自己的语言知识难以预测的，它的语法化是通过特殊的语言使用环境产生的，而不是通过隐喻产生的，类似的还有"你懂的"、"走你"、"元芳，你怎么看"等，鉴于此，某个语言语法化顺序与儿童习得该语言的顺序应当有所不同。沈家煊也有同样的看法，他指出语言演变不是源自语言自身，而是源自语言的使用，而且大部分是源自成人的语言使用，而不是儿童的语言使用。说话人和听话人在语用原则支配下的"在线"（on-line）交谈是语义演变最重要的动因，语用推理和推导义的"固化"是语义演变的最主要的机制[①]。

二 本书的研究结论和前贤研究的比较

肖奚强、周文华（2009）研究结论和分国别的研究结论差别大，还有一个原因，就是所使用的 90 万字的中介语语料没有分国别。我们的研究基于 78 万字的泰国、老挝、越南三国学生汉语中介语语料库分国别对学习者汉语趋向补语的使用情况进行了研究，得出了以下结论：

泰国学生习得汉语趋向补语的顺序是：

Ia、IIa 、IIIb、IVa > IIIa > Ib > IVb > VIb 、VIa > Ⅱb、Ⅴa、Ⅴb、Ⅶa、Ⅶb

越南学生习得汉语趋向补语的顺序是：

Ia、IIIb > IIa > IIIa > IVa > Ib > IVb > VIa > VIb > Ⅱb、Ⅴa、Ⅴb、VIIa、VIIb

老挝学生习得汉语趋向补语的大致顺序是：

Ia、Ib、IIa、IIIa、IIIb、IVa、IVb > VIa、VIb > IIb > Va、Vb、VIIa、VIIb

以上是基于使用频率和准确率得到的习得顺序，老挝语母语者的习得顺序把 Ia、Ib、IIa、IIIa、IIIb、IVa、IVb 的习得放在了一个水平线上，我们基于泛化分析又得出了更为细致的习得顺序，Ib、IIa、IIIb > Ia、IIIa、IVa > IVb > VIa、VIb > IIb > Va、Vb、VIIa、VIIb。

我们把三国学生的习得顺序进行对比，可以看到除了 IIIa、IIa 和 Ib

---

① 沈家煊：《语用原则、语用推理和语义演变》，《外语教学与研究》2004 年第 4 期。

的习得顺序有些变动外，其他项目的习得顺序三国基本是一致的。我们的研究再和前贤关于日语母语者、英语母语者、泰语母语者习得顺序的研究进行对比，最大的差异是 IIIb 和 IIa 的习得顺序。我们的研究得出的三国非汉语母语者的习得顺序里 IIIb 和 IIa 的习得一直排在 IVa 和 IVb 的前面，而前贤的研究结论中这个项目的习得要排在 IVa 和 IVb 的后面。

关于为什么先习得本义，后习得引申义，先习得 IVa，后习得 IVb，先习得 VIa 和 VIb，后习得其他复合趋向补语句式，马超（2008：19—22）运用标记理论作了解释，他根据趋向补语意义的出现频率和分布范围得出的多分标记模式是：趋向意义 > 结果意义 > 状态意义 > 其他意义，根据这个模式应该是先习得本义，后习得引申义。然而建立在 Brown, R. 的"累积复杂性"概念的基础上，Mellow J. D. 和 K. Stanley（2002：18—19）指出相关符号或结构网络是根据其构成成分的特点以某种特定的顺序被习得的，构成成分的特点包括形式成分和功能成分的聚合加工性能，累积的顺序是从形式成分和功能成分的在各个符号网络中的相互作用的过程中产生的。我们除了考虑意义之外，还应该考虑趋向补语各句式的形式成分的复杂性，我们知道从形式上看 IIIb 是无标记的形式，且 IIIb 如果用成了 VIb 和 VIIb 一般也是正确的，例如汉语里"想起一件事"、"想起一件事来"、"想起来一件事"都是正确的，因此 IIIb 虽然表达的是引申义，从累积复杂性来看，IIIb 相对来说简单一些，比其他所有的趋向补语句式都更容易习得。

再如，IIIa 句式是趋向补语的本义，然而越南语、泰语和老挝语里的 IIIa 要对应于汉语里的 IIIa 和 IIa 两种句式，根据 C. Prator（1967）由零迁移、正迁移和负迁移的概念出发，制定的"难度等级模式"架构[①]，IIIa 属于五级语言项（母语的一个语言项对应目的语的两个或多个语言项，属于对比等级 6 级，难度等级 5 级），这个 IIIa 是最难习得的语言项目。根据其累积复杂性，IIIb 比 IIIa 更容易习得。

---

① 这个"难度等级模式"将学习难度划分为六个等级，零级到五级，级数越高，难度越高。（Ellis, R. , *Understanding Second Language Acquisition*, Shanghai Foreign Language Education Press, 1999, p. 26. ）

第二节　影响留学生趋向补语习得序列的内在动因

　　早期对习得顺序动因的研究多是尝试用单一因素解释习得顺序发生的动因，如 Larsen-Freeman（1976）、Pienemann（1998）、Zobl & Liceras（1994）、Zobl（1995），然而这些研究都不能成功地解决为什么不同年龄、不同母语背景、以不同的方式接触英语的英语作为第二语言习得者习得特定的语法范畴的顺序几乎是一致的。即使 Krashen（1977）运用自然顺序作为他的鉴察假说的基础也未曾解决这个基本问题。此后，Mellow,J. D. and K. Stanley（2002）和 Goldschneider, Jennifer, M. and Dekeyser,Robert，M.（2005）尝试寻找多种因素对这一问题进行解释。

　　Mellow, J. D. and K. Stanley（2002）在竞争模型的基础上整合了符号学、联结主义、环境主义和成分主义对影响二语习得顺序成因的解释，并把两个很有名的概念"累积复杂性（cumulative complexity）"[①]和"竞争"[②]整合到对习得顺序成因的解释中来，指出，影响二语习得的因素有输入频率、使用语言的机会、语言使用的情境性、语言成分的形式和功能的特点、大脑的容量（或有限的注意力资源）限制，以及在大脑里形成的句法、语义、语用等方面的联结强度（或自动化程度）等。他们（2002：18—19）指出相关符号或结构网络是根据其构成成分的特点以某种特定的顺序被习得的，构成成分的特点包括形式成分和功能成分的聚合加工性能，累积的顺序是从形式成分和功能成分的在各个符号网络中的相互作用的过程中产生的。他们还详细分析了使符号变得难以处理的形式特点和功能特点，形式特点主要包括：（1）低知觉凸显；（2）复杂的结构特性，包括所需的语音（尤其是音位）、形态和句法形式的数量。功能特点主要包括：（1）低功能负荷，包括频繁或绝对的话语或组合关系的冗余；（2）复杂的功能，包括加载抽象的、

---

　　① Brown, R. , *A First Language*：*The Early Stages*, Cambridge, MA：Harvard University Press, 1973. 在这本书中，Brown 指出在相关的习得序列里，后习得的成分是由较早的习得成分构成的，也就是说一个由"x＋y"组成的符号网络比单独的"x"或"y"更复杂，因此它应该在"x"或"y"都习得后才能习得，这就是"累积复杂性"。

　　② 竞争模型的"竞争"是指言语输出时，言语者自身符号系统中能表达某种功能的本族语相似形式和非相似形式的竞争。

非典型的或不那么相关的语义内容。

Goldschneider, Jennifer, M. and Dekeyser, Robert, M. （2005）指出，影响习得顺序的主要因素有认知凸显、形态音位的规律性、语义复杂性、句法范畴和频率，从广义上说后四种因素都和认知凸显有关系[1]，形式凸显和意义凸显可以在各自的层面上独立操作。

我们分出了 14 种句式，其中 Ia（主＋动＋简单趋向动词本义）、Ｉb（主＋动＋简单趋向动词引申义）、IVa（主＋动＋复合趋向动词本义）、VIa（主＋动＋趋向动词₁ 本义＋宾语＋趋向动词₂ 本义）、VIb（主＋动＋趋向动词₁ 引申义＋宾语＋趋向动词₂ 引申义）的习得三国学生都遵循着形式和意义由简单到复杂的先后顺序，即 Ia > IVa > IVb > VIa、VIb[2]，而句式 IIa、IIIa 和 IIIb 的习得却存在着不同程度的提前，Ｉb 的习得三国比较起来存在着一定程度的波动，这究竟是为什么呢？结合前人对习得顺序成因的解释，我们下文逐一分析。

一　句式 IIIb（主＋动＋简单趋向动词引申义＋宾语）习得顺序提前的动因

（一）IIIb 先于 IIIa 习得的原因

前文我们总结的三国学生趋向补语的习得顺序里，句式 IIIb 的习得都排在 IIIa 的前面，从意义上看，IIIb 比 IIIa 复杂，为什么习得顺序常常排它前面呢？

Talmy（1985，2000）等根据不同语言对某一运动事件的表达方式的不同，将语言分为具有卫星框架的语言和动词框架的语言两类。卫星框架的语言包括英语、汉语、芬兰—乌戈尔语、欧基布瓦语等，这类语言中一个运动事件的词汇化常常是用一个同时包括"运动"和"方式"的单独的动词词根（或词位）进行表达，而且往往需要将"路径"用其他成分，

---

① Goldschneider, Jennifer, M. and Dekeyser, Robert, M. （2005, p. 61）指出："It is possible, therefore, that just one variable, salience, is the ultimate predictor of the order of acquisition. It is also possible, as Richard Schmidt suggests （personal communication, March 11, 2000）, that two aspects of salience （salience of form and salience of meaning） operate independently. "

② 非汉语母语者汉语趋向补语句式 VIa 和 VIb 的使用频率不及汉语母语者，使用范围又窄，很难仅仅依据习得准确率判定二者谁的习得情况更好，因此，在进行习得顺序排序时，只能将其并列。

如小品词或词缀等独立表示出来。动词框架的语言包括罗曼语、闪含语、日语、波利尼西亚语等，该类语言中的动态动词同时包括"运动"和"路径"两个意义成分，即一个动态动词不仅表达"运动"，还表达"路径"的框架功能，但用其他成分来单独表示"方式"。世界上所有的语言中，SVO 型语言占了 42%[①]，凡是采用 VO 型语序的语言，说明它们是采用了"中心语 + 附加语"或者"中心语 + 修饰语"的组织方式。[②] 汉语属于 SVO 型语言，趋向补语和宾语的位置都在动词的后面，虽然宾语和趋向补语这些附加语都在中心语的后面，但是汉语宾语和补语的位置非常灵活，宾语的位置主要受动词、趋向成分、宾语、动词带不带"了"、语境等多种因素制约。[③]

IIIb 是在 IIIa 的基础上通过隐喻思维和语用推理等形式产生的，从意义的复杂度来看，IIIb 要比 IIIa 更复杂。然而，在汉语里跟 IIIb 相比，IIIa 是有标记的，因为汉语里的 IIIa 句式（V + 趋向动词 + 处所宾语）里的趋向动词是有限制的，不可以是"来"、"去"，IIIb 句式对动词后的趋向动词却没有特别的要求。正如刘月华（2005：572）指出的那样"简单趋向补语表示趋向意义时，如果简单趋向补语为'来'、'去'，宾语为处所宾语，则宾语位于'来/去'前"，即在汉语中当补语为简单趋向动词"来/去"时，使用趋向动词本义（即要求带处所宾语）要求使用 IIa 形式（动词 + 处所宾语 + 来/去），"动词 + 来/去 + 处所宾语"的 IIIa 形式是不允许的，而 IIIb 带宾语引申义时没有这个要求，因此，IIIb 相对于 IIIa 来说是无标记的，这一点从我们对国家语委 2000 万字现代汉语语料库中 IIIb 和 IIIa 的统计数据中也可以得到证实，IIIb 的使用频率是万分之 4.1495，而 IIIa 的使用频率是万分之 1.1615。汉语句式 IIIb 是语言类型学上无标记的形式，它比 IIIa 这样有标记的形式更容易习得。

从意义上看，汉语里的趋向补语和泰语不对应。例如，汉语中的"下"作趋向补语时既可以表示运动的终点，又可以表示运动的起点，但是泰语"下"作趋向补语时侧重点只在运动的终点，若表示运动的起点必须在趋向动词后加介词จาก（从）。例如：

---

① Lindsay J. Whaley, *Introduction to Typology——The Unity and Diversity of Language*, Peking: Sage Publications, Inc, p. 22.

② 石毓智：《汉语语法》，商务印书馆 2011 年版，第 9 页。

③ 陆俭明：《动词后趋向补语和宾语的位置问题》，《世界汉语教学》2002 年第 1 期。

（1）跳下楼。（起点）

กระโดด ลง　　จาก ตึก

（跳　下　　从　楼）

（2）跳下水。（终点）

กระโดด ลง น้ำ

（跳　　下　水）

这在客观上也造成 IIIa 的习得成为难点。

（二）IIIb 先于 IVa、IVb 习得的原因

这一部分，我们分国别考察 IIIb 比 IVa、IVb 更容易习得的原因。

1. 越南语母语者习得原因探析

越南语里只有简单趋向补语，因此当趋向补语不带宾语时，越南语里的"动词 + 简单趋向补语"（Ia/Ib）和汉语里的 Ia、IVa/Ib、IVb 两种形式相对应，并且越南语里能充当简单趋向补语的只有 9 个动词，即"đến/lai（来）、đi（去）、vào（进）、ra（出、开）、lên（上、起）、xuống（下）、về（回）、qua（回）、đến/tới（起、到）"，这 9 个词都只有基本意义（即趋向意义），而汉语里有 11 个趋向动词可以充当简单趋向补语，它们所表示的意义都很丰富，除了趋向意义以外，都还有表示结果和表示状态的引申意义；此外，越南语里的这些趋向动词和汉语又不完全对应，比如，越南语里的一个趋向动词"đến"可以和汉语的三个趋向动词"来"、"到"、"起"对应，再比如，越南语一个"lên"对应于汉语里的两个趋向动词"上"和"起"，所有这些都造成了越南语母语者学习汉语 Ia、Ib 和 IVa、IVb 的难度。因此不能仅凭 Ia、Ib 形式简单、不带宾语，就确定其比带宾语的 IIIa 和 IIIb 容易习得。

2. 泰语母语者习得原因探析

为什么泰语母语者 IVa、IVb 也比 IIIb 难习得呢？我们可以从形式和意义两个方面来分析。首先，从形式上看，汉语里必须用复合趋向补语的句子，泰语里复合趋向补语和简单趋向补语都可以用，例如，汉语里的"伸出手来"，泰语里既可以说成"ยื่น มือ ออกมา（伸手出来）"，也可以说成"ยื่น มือ มา（伸手来）"，此外，汉语里要用复合趋向补语的时候，泰语里却要用简单趋向补语，如汉语要用"天黑下来了"、"从屋里走出

来"，泰语里却要用"ท้องฟ้า มืด ลง แล้ว（天黑下了）"、"เดิน ออก จาก ห้อง（走出从屋）"，这样因母语的负迁移会使泰国学生用简单趋向补语误代复合趋向补语，这就造成了 Ia、Ib 和 IVa、IVb 的习得偏误。其次，从意义上看，汉语里的趋向补语和泰语不对应。例如，汉语中"上"与"起"作趋向补语意义不同， "上"后通常有表示移动终点的处所宾语，而"起"后不能有表示终点的处所宾语，而泰语中"上"与"起"的意义却没有任何差异，表达"上"和"起"的意义都用"ขึ้น"，并且它们后面可以跟表示移动终点的处所宾语。

再者，汉泰趋向动词的引申义常常呈现出一定的差异。例如：汉语的"上"、"下 "、"出"、"过"、"起"、"去"等具有一定的引申义，虽然泰语中也有相对应汉语中趋向动词的引申义，但是不完全一致，汉语里用复合趋向补语的引申义，泰语里却用简单趋向补语的引申义，例如，汉语里用的是"过去"的引申义，而泰语里用的是"去"的引申义，例子如下：

（1）他昏过去了。
เขา เป็นลม ไป แล้ว
（他　昏　去　了）
（2）他死过去了。
เขา ตาย ไป แล้ว
（他　死　去　了）

泰语里若要表示附着以至固定，有时动词之后可以加"มา"（来）。汉语中可以用复合趋向补语，也可以用简单趋向补语，例如：

汉语：补上来两个人。补来两个人/补上两个人。
泰语：เพิ่ม คน มา สอง คน
（补　人　来　两　个）

受母语的负迁移，"他昏去了"和"他死去了"造成了 IVb 的使用偏误，而"补上来两个人"和"补来两个人"在汉语里却不至于引起 IIIb 的偏误，因为在汉语里这两种表达都是正确的。因此泰语母语者学习汉语

IVb 的难度也比 IIIb 高。

综合上述分析，泰语母语者习得 IVa、IVb 的难度比 IIIb 高。

3. 老挝语母语者习得原因探析

老挝语里趋向补语的使用情况和泰语相似，比如汉语里"上"和"起"两个趋向动词也只对应于老挝语里一个趋向动词"ຂນ"，而且汉语里的"起"强调的是运动的起点，老挝语里的"起"强调的是运动的终点，汉语里的"上"和"起"有引申义，而老挝语里的"ຂນ"却没有引申义，汉语里说"关上"、"合起"，老挝语里却只用"关"、"合"，后面不用"上"和"起"，这在客观上会造成老挝语母语者使用汉语趋向补语引申义时补语的遗漏。汉语简单趋向补语"出"和"开"也只与老挝语简单趋向补语"ອອກ"一个相对应。汉语复合趋向补语"开来"、"开去"、"到……来"、"到……去"在老挝语里没有对应形式，其他有对应形式的复合趋向补语，语义也不完全对应，老挝语中的一个"ຂນມາ"对应于汉语中的"上来"和"起来"，并且这个词的引申义与汉语也不对应，如在表达引申义时，老挝语中的"ຂນມາ"可对应于汉语中的"出来"，汉语中说"想出来"，老挝语中说"想上来"，老挝语中的"ຂນມາ（起来）"可以与汉语中的"过来"对应，汉语说"醒过来"，老挝语说"醒起来"，这样复杂的对应形式也会导致老挝语母语者习得汉语 Ia、Ib、IVa、IVb 时的负迁移。

4. 小结

总之，由于汉语各趋向补语和泰语、越南语和老挝语的趋向补语形式和意义都不对称，IIIb 虽然在形式上带了宾语，然而从累积复杂度上看并不比 Ia、Ib、IVa、IVb 复杂，从其在汉语里的使用情况来看，呈现出典型的无标记性，本书表6、表7、表8、表12、表13、表14、表18 和表19显示的三国非汉语母语者的 IIIb 的使用频率远远超过非汉语母语者也说明了这一点。

二 三国学生 IIa 的习得先于 IVa、IVb 的原因分析

本书第三章第一节指出对越南、泰国、老挝三国"动词后带趋向动词作补语同时带处所宾语的语序"，即"动词 + 简单趋向补语 + 处所宾语"。台湾高山族阿眉斯语是 VSO 型语言，该语言也是采用"动词 + 简单

趋向补语 + 处所宾语"语序,如"tsa kapitsəmuɬ ta lumaʔ(不 进去 那 家里)"①;高山族布农语也是 VSO 型语言,也一样是"动词 + 简单趋向补语 + 处所宾语",如"muʃuhiʃ ʃiaɬumah a tama(回来 家里(助)父亲)"②;属于汉藏语系侗台语族壮傣语支的布依语也有同样的表达方式,如"zu⁴ko⁶ ti¹ ma¹, ku¹ tsi⁴ taːu⁵ pai¹ zaːn²(如果 他 来 我 就 回去 家)"③;英语则受语体的影响较大,口语中 60% 以上的宾语在动词和副词之间,而书面语中不到 10% 的宾语在中间的位置④,也就是说英语书面语也主要是采用"动词 + 路径成分 + 宾语"的形式。总之,就我们掌握的语言来看,"动词 + 简单趋向补语 + 处所宾语"(IIIa)比"动词 + 处所宾语 + 简单趋向补语"(IIa)更常用,也就是说 IIa 相对于 IIIa 来说是有标记句式。

再从本书表 5 的汉语母语者趋向补语各句式使用频率来看,IIa 的使用频率是万分之 0.4375,IIIa 的使用频率是万分之 1.1615,IVa 的使用频率是万分之 3.265,IVb 的使用频率是万分之 10.594,由此可见,从使用频率上来看 IIa 仍是有标记的句式。本书第三章第一节已经分析过因为 IIIa 和 IIa 的标记性特征造成了二者的习得呈现 U 型。

我们对三国非汉语母语者习得 IIa 的情况进行了梳理,泰语母语者和越南语母语者 IIa 的习得情况非常相似,越南语母语者初级、中级两个阶段和泰语母语者中级阶段的习得准确率都是 100%,泰语母语者初级阶段的习得准确率是 96.67%,越南母语者初级阶段的使用频率超过了汉语母语者,中级阶段使用频率呈现不足,泰语母语者初级、中级两个阶段的使用频率都超过了汉语母语者;高级阶段由于中介语语料字数不足和话题不够丰富的原因,两国中介语语料中未出现用例,呈现使用频率不足。老挝语母语者初级阶段 IIa 的正确率为 91.1%,中级阶段 IIa 只出现了 14 次,偏误 2 次,它的准确率为 85.7%,在初级、中级两个阶段的 IIa 的使用频率也都达到了习得标准;因此,三国非汉语母语者 IIa 的习得情况还是比较好的。

总之,从语言类型对比和使用频率上看 IIa 都是有标记的句式,为何

---

① 《中国少数民族语言简志》编委会、《中国少数民族语言简志丛书》修订本编委会:《中国少数民族语言简志丛书修订本·卷肆》,民族出版社 2009 年版,第 680 页。

② 同上书,第 763 页。

③ 《中国少数民族语言简志》编委会、《中国少数民族语言简志丛书》修订本编委会:《中国少数民族语言简志丛书修订本·卷叁》,民族出版社 2009 年版,第 135 页。

④ 胡明亮、郑继娥:《汉英语序对比研究》,中国社会科学出版社 2014 年版,第 171 页。

IIa 却显示出习得情况好于 IIIa、IVa 和 IVb 呢?

泰语母语者 IIIa 的使用频率在三个阶段都远远超过汉语母语者,习得准确率在初级和高级阶段分别是91.3%、94.29%,而其中级阶段的习得准确率却只有82.09%;再从其偏误类型上来看,IIIa 初级阶段的总偏误12 例,误代 IIa3 例,占了25%,中级阶段 IIIa 的偏误24 例,误代 IIa8 例,占了33.3%;高级阶段 IIIa 的总偏误2 例都是误代 VIa。

越南语母语者 IIIa 的使用频率在三个阶段也都远远超过汉语母语者,习得准确率在初级、中级和高级阶段分别是93.02%、92.75%和87.5%,习得准确率在高级阶段下滑。IIIa 初级阶段的总偏误12 例,误代 IIa6 例,占了50%,中级阶段 IIIa 的偏误5 例,误代 IIa4 例,占了80%,高级阶段 IIIa 的总偏误1 例,是宾语和补语的位置错误。

老挝语母语者 IIIa 初级、中级阶段使用频率同样远远超过汉语母语者。初级阶段 IIIa 的总偏误8 例,误代 IIa4 例,误代 IIa 或 VIa2 例,占了75%;中级阶段 IIIa 的偏误18 例,误代 IIa 或 VIa5 例,占了26.3%。

因此,正如前面分析的那样,非汉语母语者句式 IIa 的习得情况要通过句式 IIIa 来看,虽然 IIa 和 IIIa 的习得情况有波动,但是通过三国非汉语母语者中介语语料反映的情况来看,三国非汉语母语者 IIa 的习得情况比 IVa、IVb 好。下文予以具体分析。

泰语母语者 IVa 的使用频率只有初级阶段达到汉语母语者的标准,中高级阶段的习得标准均不及汉语母语者,泰语母语者 IVb 的使用频率三个阶段均不足。越南母语者 IVa 的使用频率三个阶段均不足,IVb 的使用频率只是在高级阶段达到了习得标准,初、中级阶段均不足。这跟前面我们分析的 IIa 习得情况相比,泰语母语者和越南语母语者 IIa 的习得比 IVa、IVb 要好一些。

老挝语母语者 IVa、IVb 的使用频率都超过了汉语母语者,准确率也都在90%以上。从使用频率和准确率来看这两个项目的习得情况和 IIIa 差不多;IIa 的使用频率初、中级两个阶段都达到了汉语母语者的水平,其习得准确率初级阶段为100%,中级阶段却只有85.7%,但老挝语母语者没有高级语料,所以很难断定 IIa 和 IVa、IVb 的习得哪一个更好。因此,我们又根据泛化阶段来分析三者的习得情况,IVa 初级阶段达到泛化阶段3,中级阶段无泛化;IVb 初级阶段属于泛化阶段4,中级阶段达到泛化阶段3;IIa 初级阶段无泛化,中级阶段达到泛化阶段5;从泛化阶段来看，IIa 的习得比 IVa、IVb 要好一些。

为何 IIa 有标记，习得情况却比 IVa、IVb 好一些呢？IIa 有标记是从结构上分析的，从使用频率上看 IIa 只涉及"来"、"去"作趋向补语，涉及的宾语也是单纯的处所宾语，IVa、IVb 却涉及"上来"、"下来"、"进来"、"出来"、"回来"、"过来"、"起来"、"开来"、"开去"、"上去"、"下去"、"进去"、"出去"、"回去"、"过去"这 15 个复合趋向动词作补语，使用频率高一些是正常的，但从语义的复杂度来看，"来"、"去"作趋向补语只表达动作的参照点，而上述 15 个趋向动词作趋向补语更清楚交代了动作的方式和路径，语义要复杂得多，更何况 IVb 表达的是趋向补语的引申义，汉语 IVb 的引申义非常复杂，又和泰语、越南语和老挝语的趋向动词的引申义不对应，当然复合趋向补语的本义 IVa 和汉语也不对应，有时汉语里的复合趋向补语却要和泰语、老挝语和越南语的简单趋向补语对应，因此，综合来看，IVa、IVb 要比 IIa 复杂得多，这就造成了 IVa、IVb 的习得难度比 IIa 大。

三　复合趋向补语的习得顺序呈现为 VIa > VIb > Va、Vb、VIIa、VIIb 的内在动因

（一）前贤对复合趋向补语习得顺序的解释

马超（2008：19—22）归纳了杨德峰（2003，2004）研究的英语、朝鲜语、日语为母语的汉语学习者复合趋向补语的习得顺序的相同点，即为"先习得趋向补语的本义，后习得趋向补语的引申义"；先习得"动词＋趋$_1$＋宾语＋趋$_2$"（VIa、VIb），后习得"动词＋复合趋向补语＋宾语"（VIIa、VIIb）。这一点和我们就以泰语、老挝语和越南语为母语的汉语习得者进行研究得出的趋向补语的习得顺序一致。

关于复合趋向补语习得顺序的内在动因，杨德峰用标记理论予以分析，指出"动词＋复合趋向补语＋宾语"是一种有标记形式，而"动词十趋$_1$＋宾语＋趋$_2$"是一种无标记形式，因为前者的宾语有很大的限制，而后者的宾语则没有什么限制。[①]马超（2008：19—22）进一步指出，由于"动词＋宾语＋复合趋向补语"（Va、Vb）出现频率很低，该句式对汉语教学没有

---

① 杨德峰：《朝鲜语母语学习者趋向补语习得情况分析》，《暨南大学华文学院学报》2003 年第 4 期。

实践价值；她还根据频率标准和分布范围列出了一个复合趋向补语的语义层面的多分标记模式：趋向意义 > 结果意义 > 状态意义 > 其他意义。这样根据语义标记模式应当是先习得趋向补语的本义，后习得引申义。

本章第一节第二部分我们已经分析过对趋向补语习得意义的解释不能单独依据标记模式进行解释，还要详细考虑各句式的累积复杂性和认知凸显度。

（二）我们对复合趋向补语习得顺序内在动因的进一步求证

为了对马超（2008）和杨德峰（2003b）的解释进行更多的实证性分析，我们对国家语委 2000 万字现代汉语语料库中复合趋向补语"V 上来"、"V 下来"、"V 进来"、"V 出来"、"V 回来"、"V 过来"、"V 起来"、"V 开来"、"V 开去"、"V 上去"、"V 下去"、"V 进去"、"V 出去"、"V 回去"、"V 过去"、"V 到……来"、"V 到……去"这 17 个补语的使用频率进行了统计分析，具体数值见本书第一章的表 5。为了便于分析，我们把表 21 再放到本章。

从表 21 可以看到，除了"动词 + 趋向补语"IIIa/IIIb、IVa/IVb、VIa/VIb 这 3 组句式外，其他 4 组复合趋向补语句式的使用频率都是本义高于引申义。IVb 这一句式的引申义使用频率高于本义 IVa，我们能不能据此就认为趋向补语的引申义是无标记的呢？不能，因为我们统计的引申义包括了结果义、状态意义和其他引申意义，我们不能把这三种意义的使用频率累加起来和本义的使用频率进行对比。从累积复杂性上来看，IVa和 IVb 的形式是一致的，而 IVb 的语义负荷更抽象、更复杂，因此 IVa 相对于 IVb 来说是无标记的。

VIa 和 VIb 的习得顺序是否遵循先习得本义即 VIa，再习得引申义 VIb 的顺序。从使用频率上看 VIb 的使用频率略高于 VIa，VIb 应该属于标记程度低于 VIa 的形式，然而从语义负荷上看，VIb 比 VIa 更加抽象、复杂，因此从累积复杂性看，VIb 难于 VIa，应比 VIa 晚习得。此外，我们还考察了动词后有复合趋向补语的老挝语和泰语，分析母语迁移可能对汉语习得者的语言认知产生的影响，发现 VIa 仍旧属于比 VIb 容易习得的形式。因为，当复合趋向补语带宾语时，如果带的是处所宾语，泰语和老挝语里有 VIa 和 VIIa 两种形式，而汉语里只有 VIa 一种形式，这样母语的两个项目合成汉语里的一个项目，按照前面提到的"难度等级模式"，该项目属于对比等级 2 级，困难等级只有 1 级的语言项目，因此比较容易习得；当

表21　汉语母语者趋向补语各句式使用频次和频率统计

句式 \ 类型	1a	1b	2a	2b	3a	3b	4a	4b	5a	5b	6a	6b	7a	7b
V（…）来	3602	432	270	1	181	67	0	0	0	0	437	1059	0	0
V（…）去	1730	774	605	11	87	42	0	0	0	0	921	334	0	0
V（…）上	0	36	0	0	34	101	0	0	0	0	0	0	0	0
V（…）起	35	93	0	0	24	127	0	0	0	0	0	0	0	0
V（…）下	7	2	0	0	20	18	0	0	0	0	0	0	0	0
V（…）出	5	133	0	0	41	1632	0	0	0	0	0	0	0	0
V（…）开	6	22	0	0	4	14	0	0	0	0	0	0	0	0
V（…）进	0	0	0	0	31	7	0	0	0	0	0	0	0	0
V（…）回	2	3	0	0	11	9	0	0	0	0	0	0	0	0
V（…）到	4	17	0	0	1736	6280	0	0	0	0	0	0	0	0
V（…）过	17	0	0	0	154	2	0	0	0	0	0	0	0	0
V起来	0	0	0	0	0	0	869	9127	0	1	16	415	17	13
V上来	0	0	0	0	0	0	78	253	5	5	14	14	3	1
V下来	0	0	0	0	0	0	851	1741	4	5	15	24	8	2
V进来	0	0	0	0	0	0	305	89	15	7	9	1	5	2
V出来	0	0	0	0	0	0	1243	3044	26	5	26	328	10	0

续表

句式 类型	1a	1b	2a	2b	3a	3b	4a	4b	5a	5b	6a	6b	7a	7b
V 回来	0	0	0	0	0	0	464	155	34	12	3	6	12	3
V 过来	0	0	0	0	0	0	664	579	13	2	37	57	11	8
V 开来	0	0	0	0	0	0	34	231	0	0	1	2	1	0
V 上去	0	0	0	0	0	0	52	500	0	0	15	8	0	0
V 下去	0	0	0	0	0	0	289	1637	0	0	15	3	0	1
V 进去	0	0	0	0	0	0	270	182	13	1	19	4	5	0
V 出去	0	0	0	0	0	0	513	361	12	9	5	0	2	4
V 回去	0	0	0	0	0	0	161	302	1	6	7	10	0	0
V 开去	0	0	0	0	0	0	9	60	0	0	0	0	0	0
V 过去	0	0	0	0	0	0	727	2927	3	0	23	5	0	1
V 到…来	0	0	0	0	0	0	0	0	0	0	316	212	0	0
V 到…去	0	0	0	0	0	0	0	0	0	0	837	304	0	0
合计	5401	1519	875	12	2323	8299	6529	21188	126	53	1358	1393	57	35
相对使用率	10.98%	3.089%	1.78%	0.024%	4.72%	16.88%	13.28%	43.93%	0.256%	0.11%	2.76%	2.83%	0.12%	0.07%
绝对使用频率	2.7005	0.7595	0.4375	0.006	1.1615	4.1495	3.265	10.594	0.063	0.0265	0.679	0.6965	0.0285	0.0175

附注：表中的绝对使用频率的值是万分位的

宾语为事物宾语时，泰语里只有"动词 + 宾语 + 复合趋向补语"一种形式（Va 或 Vb），而汉语里却有"动词 + 趋向补语$_1$ + 宾语 + 趋向补语$_2$"（VIb）、"动词 + 复合趋向补语 + 宾语"（VIIa／VIIb）、"动词 + 宾语 + 复合趋向补语"（Va 或 Vb）三种形式，按照"难度等级模式"，该项目属于对比等级 6 级，难度等级 5 级的语言项目，因此从母语负迁移的角度来看，VIa 也比其他带宾语的复合趋向补语句式先习得。

总之，除了汉语里的 VIa 对非汉语母语者相对容易一些，其他的句式都是难度很大的。由于 VIa 和 VIb 在中介语语料库中的使用频率较低，它们显示出了大致相同的习得顺序。前文我们已经讲过 Va、Vb、VIIa、VIIb 的使用频率更低，我们无法根据极有限的用例来确切地指出其习得顺序，但是可以明确指出的是在其他趋向补语项目习得的情况下，这几个项目常常显示为未习得，这与我们对其习得顺序动因的揭示是一致的。

四　三国学生趋向补语习得规律的相关性分析

（一）三国非汉语母语者趋向补语初、中两阶段统计数据相关度分析

为了考察三国学生趋向补语习得的规律是否在数据分析上显示出一致性，我们对三国初级、中级两阶段的习得准确率进行了相关分析，制成表 22 和表 23。

表 22　　　　三国非汉语母语者初级阶段趋向补语习得相关度分析

泰国	Pearson Correlation	1	0.576*	0.706*
	DSig. (2-tailed)	—	0.050	0.010
	N	12	12	12
越南	Pearson Correlation	0.576*	1	0.634*
	DSig. (2-tailed)	0.050	—	0.027
	N	12	12	12
老挝	Pearson Correlation	0.706*	0.634*	1
	DSig. (2-tailed)	0.010	0.027	—
	N	12	12	12

*. Correlation is significant at the 0.05 level (2 – tailed).

从表 21 可以看到泰国初级阶段的统计数据和老挝初级阶段的统计数据正相关，相关系数为 70.6.4%（双侧检验，$p < 0.05$），老挝和越南的统计数据也呈正相关，相关系数为 63.4%（双侧检验，$p < 0.05$），泰国和越南

的数据同样高度正相关，相关系数为 57.6%（双侧检验，p < 0.05）。

表 23　　　　三国非汉语母语者中级阶段趋向补语习得相关度分析

泰国	Pearson Correlation	1	0.680*	0.604*
	DSig.（2-tailed）	—	0.015	0.037
	N	12	12	12
越南	Pearson Correlation	0.680*	1	0.926**
	DSig.（2-tailed）	0.015	—	0.000
	N	12	12	12
老挝	Pearson Correlation	0.604*	0.926**	1
	DSig.（2-tailed）	0.037	0.000	—
	N	12	12	12

*. Correlation is significant at the 0.05 level (2 – tailed).

**. Correlation is significant at the 0.01 level (2 – tailed).

从表 23 可以看到泰国中级阶段的统计数据和老挝中级阶段的统计数据正相关，相关系数为 60.4%（双侧检验，p < 0.01），老挝和越南的统计数据也呈高度正相关，相关系数为 92.6%（双侧检验，p < 0.05），泰国和越南的数据同样高度正相关，相关系数为 68%（双侧检验，p < 0.05）。从相关分析的数据可以看到初级阶段、中级阶段越南、老挝、泰国的中介语语料显示的准确率统计数据效度很高，比较有说服力。

高级阶段由于缺乏老挝中介语语料无法进行相关分析，因此扩大中介语语料的规模是我们下一步要做的工作。

（二）泰语母语者和老挝语母语者趋向补语各句式相关度比较

本书表 10 显示泰语母语者 Ia、IIIa、IVa、IIIb 高度正相关，它们与 IIa、Va 负相关；句式 Ib、句式 IIb、句式 IVb 高度正相关，它们与句式 Vb 高度负相关；本书表 16 显示越南语母语者句式 Ia 和句式 IIa、IIIa、IIIb、IVa、Va 均高度相关；句式 Ib 和句式 IIb 正相关；句式 VIIa、VIIb 高度相关。两者显示的共性规律是：第一，Ia、IIIa、IVa、IIIb 高度正相关，这表明这三个句式都像 IIIb 一样类型学上的共性多一些，标记性弱一些；第二，句式 Ib、句式 IIb 正相关，这表明句式 IIb 与句式 Ib 一样是标记性较强的句式；第三，句式 VIa、VIb 未显示出与其他句式准确率的统计学意义上的相关，这表明这两个句式的习得准确率偶然性较大。

第五章

三国学生习得汉语趋向补语泛化类型的共性考察

　　关于非汉语母语者趋向补语习得的研究状况我们在绪论部分和第一章都有过较为详细的介绍。一般研究趋向补语习得的论文都提出了相关的教学建议，主要教学建议大致可以归为八条：1. 教学要遵循习得顺序，循序渐进；2. 加强练习；3. 加强趋向补语语义（如引申意义和状态意义）的教学；4. 加强复合趋向补语和宾语的位置关系的教学；5. 加强汉外对比，减少语际迁移；6. 限制学生回避使用趋向补语，培养学生正确的学习策略；7. 教师提高自身理论素养和教学素养，关注学生情感因素；8. 教学与教材的编写应针对学生的汉语水平和学习特点进行。① 从上面的建议可以看到已有的研究都提出了要进行有针对性的教学的建议，教学要针对趋向补语本身的特点、学生母语的特点、学生的汉语水平和学习认知特点来进行；为此，教师应提高自身的理论素养和教学素养。但是趋向补语本身的类型学特点是什么？除了我们第四章中分析的类型学上的标记特点外，留学生在习得具体的趋向补语句式时有没有显示出每一类趋向补语的类型学特点呢？我们通过三国学生习得汉语趋向补语的共性及已有研究结论中和我们得出的结论中契合的共性来认定汉语趋向补语的类型学特点，从而真正做到汉语趋向补语教学的针对性。为了梳理出趋向补语各次类的教学顺序，首先把我们得出的习得顺序和《汉语水平等级标准与语法等级大纲》《中高级对外汉语教学等级大纲（词汇·语法）》《国际汉语教学通用课程大纲》所规定的趋向补语的教学项目和教学顺序进行了对比，据此在教学顺序的安排上提出了针对性建议，然后根据趋向补语的教学顺序，逐一对句式的偏误共性进行了归纳，并在第六章针对这些共性

---

　　① 汪翔、农友安：《近五年外国学生汉语趋向补语习得研究述评》，《广西教育学院学报》2011 年第 2 期。

逐一提出了针对性教学建议。

第一节　各教学大纲规定的趋向补语习得项目的对比

一　《汉语水平等级标准与语法等级大纲》规定的趋向补语的习得项目

《汉语水平等级标准与语法等级大纲》规定了趋向补语应习得甲、乙、丙三级语法项目。

（一）甲级语法项目

国家对外汉语教学领导小组办公室汉语水平考试部（1996：46—47）《汉语水平等级标准与语法等级大纲》中规定的甲级语法项目是"动＋来/去"、"动＋上（下、进、出、起、过、回）＋（处所宾语/一般宾语）"，"动词＋上来（上去、下来、下去、进来、进去、出来、出去、回来、回去、过来、过去、起来）"，举的例子有"你们都进来吧"、"张文不在这儿，他回去了"、"你们都进屋来吧"、"他跑上楼了"、"她走下楼了"、"请把这张桌子搬进屋里"、"你把这些书搬出教室"、"飞机飞过大海"和"他走上来了"、"她走上去了"、"他从楼上走下来"、"你把画儿从墙上拿下去"、"他跑进图书馆去了"、"请你把书带回来"、"我得把汽车开回去"、"你把自行车骑过来"、"他笑着站起来"，这些项目属于Ⅰa、Ⅱa、Ⅲa、Ⅳa和Ⅵa。

（二）乙级语法项目

《汉语水平等级标准与语法等级大纲》（1996：78—79）规定的乙级语法项目是趋向补语引申义"动＋上"、"动＋下"、"动词＋出"、"动＋起"、"动/形＋下去"、"动/形＋下来"、"动/形＋起来"、"交上来/上去"、"反映上来/上去"、"发下来/下去"、"看出来/不出来"、"想起来/不起来"，举的例子有"请你们关上门窗"、"明年春节可以住上新房"、"现在农民过上了好生活"、"希望明年能买上一个大电冰箱"、"请留下你的通讯地址"、"脱下大衣，放在这儿"、"这个屋子能坐下一百人"、"这个箱子能装下五斤苹果"、"他终于说出了心里话"、"在这方面他做出了很大成绩"、"想起过去的事，她就想哭"、"在病房里，她们跳起了舞，唱起了歌"、"外语，我坚决学下去"、"这儿的气候能这样好下去吗？"、"汽车都在马路上停下来"、"大家不要吵了，请安静下来"、"她小声地哭起来"、"她们说完就干起来（干起活来）"、"天气渐渐暖和起来"、"他跑的速度快起来"、"大家热烈地鼓起掌来"、"老师们在操场上研究起教学来"、"下课后，大家把作业交上来"、"请你把我的报告交上去"、"学习情况反映上来没有"、"他的困难反映上去了"、"考试成绩发下来没有"、"戏票发下去了吗"、"你们的生活水平能看出来"、"学校存在的问题（你能看出来），我看不出来"、"他的名字我终于想起来了"、"宾馆的电话号码我忘了，想不起来了"，从例子上看属于Ⅲb、Ⅳb、Ⅵb。

（三）丙级语法项目

《汉语水平等级标准与语法等级大纲》（1996：116—117）规定的丙级语法项目依旧是趋向补语的引申义，有"醒/明白 + 过来"、"死/昏 + 过去"、"搞/抓 + 上去"、"认/整理/研究 + 出来"、"听/想/说/看起来"，举的例子有"他一觉醒过来天就亮来了"、"出了茶馆他还没明白过来"、"他在车厢里死过去了"、"天气太热，不少乘客昏过去了"、"承包后大家决心把生产搞上去"、"厂长号召工人把生产质量抓上去"、"你们赶快把档案整理出来"、"新产品研究出来后马上生产"、"应该想办法把他救出来"、"学好这门功课说起来容易做起来难"、"这件事我一想起来就恶心"，从例子上看都属于Ⅳb。

二　《中高级对外汉语教学等级大纲（词汇·语法）》所规定的趋向补语的习得项目

孙瑞珍主编（1985：197—198）《中高级对外汉语教学等级大纲（词汇·语法）》规定的中级水平汉语教学应该教会的趋向补语项目是趋向补语的引申义，有"动词 + 起来"、"动词 + 下去"、"动词 + 下来"、"动词 + 出来"、"动词 + 过来"，从所举的例子来看属于该大纲Ⅳb；该大纲（1985：263—264）规定的高级水平汉语教学应该教会的趋向补语项目是简单趋向补语和复合趋向补语的引申用法，前者主要有"来"、"上"、"下"、"去"、"过"、"开"、"起"作趋向补语的引申用法，后者主要有"起来"、"上来"、"上去"、"下来"、"下去"、"出来"、"过来"、"过去"等作趋向补语的引申用法，这些属于《汉语水平等级标准与语法等级大纲》所规定的乙级和丙级语法项目，《中高级对外汉语教学等级大纲

（词汇·语法）》是为中级和高级水平的留学生编写的，从这点上来看《中高级对外汉语教学等级大纲（词汇·语法）》和《汉语水平等级标准与语法等级大纲》所规定的项目是一致的。

三 《国际汉语教学通用课程大纲》所规定的趋向补语的习得项目

国家对外汉语教学领导小组办公室编著（2008）的《国际汉语教学通用课程大纲》五级才要求学习汉语趋向补语，规定的语法项目有：（1）简单趋向补语"动词+来/去"，主要包括"上来"、"上去"、"下来"、"下去"、"进来"、"进去"、"出来"、"出去"、"过来"、"过去"、"回来"、"回去"、"起来"；（2）复合趋向补语"动词+上/下+来/去"、"动词+进/出+来/去"、"动词+回+来/去"、"动词+过+来/去"、"动词+起+来"；（3）趋向补语的引申用法，主要包括"动词+上"、"动词+下"、"动词+起来"、"动词+下去"；（4）趋向补语的可能式，主要包括"进得来"、"进不来"、"拿得起来"、"拿不起来"。《国际汉语教学通用课程大纲》规定的前两个语法项目属于《汉语水平等级标准与语法等级大纲》中规定的甲级语法项目，第三个项目属于《汉语水平等级标准与语法等级大纲》中所规定的乙级语法项目，第四个项目属于《汉语水平等级标准与语法等级大纲》（1996：77）所规定的可能补语的乙级语法项目。

四 各大所纲规定的语法项目的对比

从前三部分的描述可以看到《国际汉语教学通用课程大纲》所规定的趋向补语的习得项目难度低于《汉语水平等级标准与语法等级大纲》和《中高级对外汉语教学等级大纲（词汇·语法）》；三个大纲相比，在对趋向补语分阶段的要求上，《汉语水平等级标准与语法等级大纲》的描写更为具体，该大纲的甲级语法项目Ⅰa、Ⅱa、Ⅲa、Ⅳa和Ⅵa属于趋向补语的本义，乙级语法项目Ⅲb、Ⅳb、Ⅵb和丙级语法项目属于趋向补语的引申义，由于甲级、乙级和丙级语法项目是按学习难度分的，因此《汉语水平等级标准与语法等级大纲》在客观上也规定了趋向补语各次类的学习顺序。

五　《汉语水平等级标准与语法等级大纲》规定的学习顺序和我们得出的习得顺序的对比

从《汉语水平等级标准与语法等级大纲》规定的语法项目来看，大致学习顺序是：

甲级语法项目Ⅰa、Ⅱa、Ⅲa、Ⅳa、Ⅵa >乙级语法项目Ⅲb、Ⅳb、Ⅵb >丙级语法项目Ⅳb 的更复杂的用法（"醒/明白＋过来"、"死/昏＋过去"、"搞/抓＋上去"、"认/整理/研究＋出来"、"听/想/说/看起来"）

我们基于 78 万字的泰国、老挝、越南三国学生汉语中介语语料库得出了以下结论：

泰国学生习得汉语趋向补语的顺序是：

Ia、Ⅱa 、Ⅲb、Ⅳa > Ⅲa > Ib > Ⅳb > Ⅵb 、Ⅵa > Ⅱb、Ⅴa、Ⅴb、Ⅶa、Ⅶb

越南学生习得汉语趋向补语的顺序是：

Ia、Ⅲb > Ⅱa > Ⅲa > Ⅳa > Ib > Ⅳb > Ⅵa > Ⅵb > Ⅱb、Ⅴa、Ⅴb、VIa、Ⅶb

老挝学生习得汉语趋向补语的大致顺序是：

Ib、Ⅱa、Ⅲb > Ia、Ⅲa、Ⅳa > Ⅳb > Ⅵa、Ⅵb > Ⅱb > Ⅴa、Ⅴb、Ⅶa、Ⅶb

把三国学生的习得顺序进行对比，可以看到除了Ⅲa、Ⅱa 和 Ib 的习得顺序有些变动外，其他项目的习得顺序三国基本是一致的。再把我们的研究和前贤关于日语母语者、英语母语者、泰语母语者习得顺序的研究进行对比，最大的差异是Ⅲb 和Ⅱa 的习得顺序。Ⅲb 和Ⅱa 的习得一直排在Ⅳa 和Ⅳb 的前面，而前贤的研究结论中这个项目的习得要排在Ⅳa 和Ⅳb 的后面。按照《汉语水平等级标准与语法等级大纲》，Ⅱa 的学习也先于Ⅳa 和Ⅳb 的学习，只是这个项目在初级阶段容易受母语的影响出现负迁移，成为这个阶段教学的重点和难点。

《汉语水平等级标准与语法等级大纲》没有列出 Ib，这可能是由于 Ib 的使用频率较低的缘故，就我们基于对国家语委 2000 万字现代汉语语料库的统计，Ib 的使用频率低于Ⅰa 、Ⅲa、Ⅳa、Ⅵa、Ⅲb、Ⅳb、Ⅵb，略高于Ⅱa，前面我们已经讲过 Ib 的习得呈现非线性，是变动比较大的一个语法项目，因此，Ib 可以在Ⅰa 之后教一些简单的用法，然后甲、乙、丙三个阶段循序渐进。还有一个最大的不同就是Ⅲb的习得靠前，关于这一点我们前文也已经论证，因为该句式是典型的无标记的趋向补语句式，在使用频率上仅仅次于Ⅳb，而Ⅳb作为引申义难度较大，《汉语水平等级标准与语法等级大纲》也是按照语义难度在乙级语法项目里安排了一些Ⅳb的项目，又在丙级语法项目里继续安排Ⅳb的项目，据此我们建议在甲级语法项目里趋向补语项目Ⅲa学习之后，介绍一些简单的Ⅲb的用法，到乙级语法项目里继续安排一些Ⅲb项目的学习。由于Ⅵa和Ⅵb在初级阶段的使用准确率比较高，但仅限于一些常见的固定语块，因此，关于Ⅵa和Ⅵb的教学，在初级阶段只安排一些常用的固定语块的学习，到了中高级阶段再继续安排一些复杂的引申意义的学习。

六　对《汉语水平等级标准与语法等级大纲》语法习得项目所作的调整

（一）把Ⅲb列为甲级语法项目

我们在这里需要重申的是趋向补语的引申义主要是在本义的基础上隐喻而来的，而隐喻又是人类生来的内在机制，Lakoff, G. 和 M. Johnson（1980）所著的《我们赖以生存的隐喻》指出隐喻是一种认知活动，在日常生活中无处不在，人类赖以进行思考和行动的日常概念系统在本质上是隐喻的，语言是认知的产物，因而通过隐喻产生的语言引申义是不太难理解的。通过我们调研的数据也可以看到，Ⅲb（动词＋趋向补语的引申义＋宾语）在三国学生初级阶段都显示为习得，因此我们在下面的教学中对趋向补语的习得项目进行调整，把Ⅲb的习得作为甲级语法项目来处理。

（二）在初级、中级、高级三个阶段语法项目的教学里适当穿插Ⅰb的教学

前面的研究表明三国学生Ⅰb的习得是 U 型的，因此，初、中、高三个阶段的教学都要根据学生的实际水平贯穿Ⅰb的教学。这是我们针对现行汉语水平考试大纲提出的一个修订性意见，因为目前的各类大纲里没有提到Ⅰb的习得问题，然而我们在研究中发现三国学生初级阶段习得准确率都超过了80%，而且Ⅰb的使用是客观存在的，鉴于习得Ⅰb的非线性情况，该语法项目的教学要贯穿在三个阶段。

（三）把Ⅱa的教学作为初级阶段语法教学的重点

虽然Ⅱa的习得情况在三国留学生的中介语语料里都显示为初级阶段

习得，中级和高级阶段都未出现下滑，然而三国学生Ⅲa的习得偏误主要是由于误代Ⅱa造成的，因此，Ⅱa能成为初级阶段趋向补语教学的难点。

七　杨寄洲主编一年级教材《汉语教程》对趋向补语项目的教学安排

（一）杨寄洲主编一年级教材《汉语教程》所针对的教学对象的汉语等级

《汉语水平等级标准与语法等级大纲》（刘英林，1996：2）把汉语水平分为一、二、三、四、五这五级标准，把语法项目分为甲、乙、丙、丁四级。初等水平含一、二两级标准、甲乙两级语法（还包括甲、乙两级词汇与汉字）。中等水平只含三级标准与丙级语法（还包括丙级词汇与汉字）。高等水平含四、五两级标准和丁级语法（还包括丁级词汇与汉字）。

《中国汉语水平考试大纲（高等）》（1995：85）规定的甲级词有1033个，乙级词2018个，丙级词2202个，丁级词3569个。

《汉语教程》共分三册，每册都分为上、下两册，我们在统计生词时，除去了人名，只统计生活中的常用词汇，第一册（上）有295个词，第一册（下）有370个词，第二册（上）有372个词，第二册（下）有390个词，第三册（上）有536个词，第三册（下）有685个词，三册加起来共有2648个词，从词汇的数量来说《汉语教程》适用的教学对象在初等水平。

然而根据《国际汉语教学通用课程大纲》的汉语水平等级规定，一级应初步掌握300个与日常生活、学校生活有关的最基本词汇[1]，二级应掌握600个与日常生活、学校生活有关的基本词汇[2]，三级应掌握900个与日常生活、学习、工作有关的词语[3]，四级学会扩展使用约1200个与社会、生活、工作、学习等相关的常用词语[4]，五级应了解汉语词汇的词义变化及日常生活中新出现的词汇，能使用约1500个的常用词语。从词汇量上看，《国际汉语教学通用课程大纲》规定的五级水平仍属于《汉语水平等级标准与语法等级大纲》的初等水平。

---

[1]　国家汉语国际推广领导小组办公室：《国际汉语教学通用课程大纲》，外语教学与研究出版社2008年版，第3、8页。

[2]　同上书，第8页。

[3]　同上书，第13页。

[4]　同上书，第19页。

（二）杨寄洲主编一年级教材《汉语教程》对趋向补语的教学安排

杨寄洲主编一年级教材《汉语教程》的第一册（上、下）没有安排趋向补语的教学，第二册（上）第四课安排了趋向补语的教学，所安排的语法项目有Ⅰa、Ⅱa和Ⅲb，第二册（上）第九课安排了Ⅳa、Ⅳb、Ⅵa、Ⅵb、Ⅶa和Ⅶb的教学；第二册（下）第十一课复习了Ⅲa和Ⅶa的用法，第十七课重点学习了"动词＋起来/出来/下去/下来"的引申义的用法；第三册（上）第三课安排了"动词＋上/下"的引申义的用法，第三册（上）第十一课安排了"形容词＋下去"的引申义的用法，第三册（下）没有专门安排趋向补语的教学，只是在课文中不时出现带有趋向补语的句子，例如，在第二十六课的课文中出现了Ⅰb的用法。

（三）对杨寄洲主编一年级教材《汉语教程》趋向补语教学安排的评价

该套教材对趋向补语教学顺序的安排和我们的安排建议是一致的。然而这套教材最大的问题是趋向补语各句式的复现率过低，教材里的输入材料过少，缺乏模仿真实情境的交际性练习，因此，教师在教学中要准备更多的输入和练习材料，强化教学重点，使课堂成为教师精心组织下的有利于学生习得汉语趋向补语的环境。

第二节　非汉语母语者习得汉语趋向补语甲级语法项目的偏误共性

我们把三国学生习得趋向补语各句式的情况列出表格，找出三国学生习得各句式的共性，然后再和已有的结论对比，力争使我们的结论更具有类型学上的共性。

一　三国学生习得Ⅰa的共性

表 24　　　　　　　　　　三国学生习得Ⅰa的偏误对照

国别　阶段	初级	中级	高级
泰语母语者	总偏误2例，属于泛化阶段4的有2例，即误代Ⅳa 2例（100%）	总偏误5例，属于泛化阶段3的有：补语冗余1例，动词遗漏1例；属于泛化阶段4的有误代Ⅳa 3例（60%）	偏误0例

续表

阶段 \ 国别	初级	中级	高级
越南语母语者	总偏误5例，属于泛化阶段3有1例："来到"后"到"冗余1例；属于泛化阶段4有3例：误代IVa3例（60%）；属于泛化阶段5有1例："走去"误代"走着去"，误代动词作状语1例	偏误0例	偏误0例
老挝语母语者	总偏误4例，属于泛化阶段3的有2例：遗漏动词2例；属于泛化阶段4的有2例：误代IVa 2例（50%）	总偏误3例：属于泛化阶段4的有误代IVa 1例（33%）；属于泛化阶段5的有2例：回避使用"把"字句1例，趋向补语误代介词短语补语的偏误1例	

从表24可以看出初级阶段Ⅰa的偏误50%以上属于误代IVa的偏误，即简单趋向补语误代复合趋向补语的偏误。孟国（2011：173）也分析了留学生简单趋向补语和复合趋向补语之间的误用，说明这一偏误带有共性。

二　三国学生习得Ⅱa的共性

表25　　　　　　　　　　　三国学生习得Ⅱa的偏误对照

阶段 \ 国别	初级	中级	高级
泰语母语者	总偏误1例，属于泛化阶段5："坐车去"误代"去坐车"或"坐着车去"	偏误0例	偏误0例
越南语母语者	偏误0例	偏误0例	未出现用例
老挝语母语者	偏误0例	总偏误2例，属于泛化阶段4的有：误代VIa 1例（50%）；属于泛化阶段5的有：回避使用"把"字句1例	

从表25可以看出如果学生使用了Ⅱa，Ⅱa基本上就是正确的了，偏误率不高，然而Ⅱa的偏误表现在Ⅲa的使用上，见下面Ⅲa的偏误分析。

三　三国学生习得 IIIa 的共性

表 26　　　　　　　　　　　　**三国学生习得 IIIa 的偏误对照**

国别＼阶段	初级	中级	高级
泰语母语者	总偏误 12 例，属于泛化阶段 3 的有 3 例：其中"来到"后"到"冗余 1 例，宾语和动词错误各 1 例；属于泛化阶段 4 的有 8 例（误代 Ia1 例，误代 IIa3 例，误代 IVa 2 例，误代 VIa2 例）（66.7%）；属于泛化阶段 5 有 1 例，即"走去那家宾馆"误代"走着去那家宾馆"	总偏误 24 例，属于泛化阶段 3 的有 4 例：补语冗余 1 例，动词错误 2 例，遗漏动词 1 例；属于泛化阶段 4 的有 10 例：误代 IIa8 例，误代 VIa1 例，误代 IIa 或 VIa1 例；属于泛化阶段 5 的有 9 例：趋向补语"到"误代动态助词"过" 3 例，"来不到"误代"没到过" 5 例，即"走去"误代"走着去" 1 例；属于泛化阶段 6 有 1 例，即趋向补语后误加"了" 1 例	总偏误 2 例，误代 VIa2 例，属于泛化阶段 4
越南语母语者	总偏误 12 例，属于泛化阶段 3 的有："去"误加 1 例，动词偏误 2 例；属于泛化阶段 4 的有：误代其他趋向补语次类 8 例（IIa6 例、VIa2 例）（67%）；属于泛化阶段 5 的有：使用趋向补语和不用趋向补语之间的误代 1 例	总偏误 5 例，属于泛化阶段 4 的有：误代 IIa4 例（80%）；属于泛化阶段 5 的有：趋向补语误代动词作状语 1 例	总偏误 1 例：宾补错序 1 例
老挝语母语者	总偏误 8 例，属于泛化阶段 3 的有 1 例：趋向补语"上"误代"到" 1 例；属于泛化阶段 4 的有 7 例：误代其他趋向补语 7 例（IIa4 例、误代 IIa 或 VIa2 例，误代 VIa1 例）（87.5%）	总偏误 18 例，属于泛化阶段 3 的有 9 例：补语冗余 3 例，动词错误 2 例，宾语错误 3 例，"望上天空"误代"望向天空" 1 例；属于泛化阶段 4 的有 5 例：误代 IIa 或 VIa5 例（26.3%）；属于泛化阶段 5 的有 1 例："没来到"中"到"误代"过" 1 例；属于泛化阶段 6 的有 3 例：趋向补语后误加"了" 3 例	

从表 26 可以看到 IIIa 误代其他类型的趋向补语在初级阶段都达到 60% 以上，这种误代主要表现为对 IIa 的误代，是一种错序，这种类型的偏误在李大忠（1996：215）、孟国（2011：176）、肖奚强（2009b：233）的研究中都被列为主要偏误。肖奚强（2009：222—233）指出趋向补语最大的偏误类型是错序，而错序中最多的偏误是 IIIa 误代 IIa 的偏误。中

级阶段三国学生误代 IIa 的偏误仍旧在 26% 以上，高级阶段出现这种错序的频率就很低了。

四　三国学生习得 IVa 的共性

表 27　　　　　　　　　　　三国学生习得 **IVa** 的偏误对照

国别 / 阶段	初级	中级	高级
泰语母语者	总偏误 1 例，"出来"前遗漏动词 1 例（属于泛化阶段 3）	总偏误 2 例，属于泛化阶段 3 有 1 例：动词错误，属于泛化阶段 4 有 1 例：误代 VIa1 例	总偏误 0 例
越南语母语者	总偏误 1 例，属于泛化阶段 3：动词偏误 1 例	总偏误 0 例	总偏误 0 例
老挝语母语者	总偏误 1 例，"出来"误代"起来" 1 例（属于泛化阶段 3）	总偏误 0 例	

从表 27 的偏误可以看到 IVa 的偏误率非常低，在三国学生初级阶段的语料中都只有 1 例，中级阶段除了泰语母语者有 2 例偏误以外，越南语母语者和老挝语母语者都没有偏误，三国学习者在高级阶段都没有偏误。从三国学生仅有的几例偏误来看，多为"动词 + 趋向补语"中"动词"的偏误，此外，"出来"和"起来"之间的误代也是非汉语母语者习得 IVa 的共性。①

五　三国学生习得 VIa 的共性

表 28　　　　　　　　　　　三国学生习得 **VIa** 的偏误对照

国别 / 阶段	初级	中级	高级
泰语母语者	总偏误 0 例，回避使用 VIa 1 例	总偏误 4 例，回避使用 VIa 3 例，在 VIa 中错用"把"字句 1 例	总偏误 0 例

---

① 杨德峰（2008：188）在《日本人学汉语常见语法错误释疑》中指出，"想起来"和"想出来"容易混用。

续表

国别 阶段	初级	中级	高级
越南语母语者	总偏误0例	总偏误0例	总偏误0例
老挝语母语者	总偏误0例	总偏误0例	

从表 28 可以看出 VIa 的偏误率很低，但常常表现为回避，因此，为了避免出现类似"然后这个女人走过他了，他还 ZHUAN 他的头看、这个女人"这样的偏误，在课文中需要进行 VIa 的教学时，要针对具体语境进行有效的训练。

泰语母语者初级阶段的用例有"出……来"，中级阶段的用例有"过……来"、"起……来"、"到……去"，高级阶段的用例是"起……来"、"到……去"。

越南语母语者初级阶段 VIa 的所有用例都是正确的，它的使用频率不足，使用范围又仅限于"出……来"、"下……去"、"到……去"3 个；越南语母语者中级阶段的所有用例只有 3 例，且使用范围仅限于"上……来"、"到……来"两个；高级阶段的用例也只有 1 例，是"到……来"。

老挝语母语者初中级阶段 VIa 的所有用例都是正确的，但 VIa 使用的只有"到……来"、"到……去"、"出……去"、"进……来"、"进……去"、"回……去"6 个。

总的看来，三国学生习得的汉语趋向补语的固定语块为"出/进/到…… + 来/去……"、"下……去"、"回……去"、"过……来"、"起……来"、"上……来"几个，而且这几个固定语块的使用频率很低。杨德峰（2003b：24，28）提供的中介语语料显示朝鲜语母语者习得汉语趋向补语 VIa 的情况也和三国非汉语母语者一样：准确率是 100%，使用频率低。杨德峰（2004：26）对日语母语者的研究发现初级学习者 5 个用例中有 3 个是错误的，主要是学习者没有掌握汉语中使用"动词 + 过 + 处所宾语 + 来/去"时，处所宾语只能是路径宾语，不可以是方向或终点宾语，这一点虽然其他国别非汉语母语者没有出现类似问题，在教学时可以把这个规则明确指出来，从杨德峰（2004）的研究中可以看出日语母语者中级和高级阶段的准确率是 100%，只是用例比较少，他

（2004：31）指出高级阶段的偏误"走上楼梯去，对面就是我的房间"是正确的，因此我们认为他的研究中日语母语者高级阶段 VIa 的习得准确率是 100%。

六　三国学生习得 IIIb 的共性

表 29　　　　　　　　　三国学生习得 IIIb 的偏误对照

阶段＼国别	初级	中级	高级
泰语母语者	总偏误 6 例，属于泛化阶段 3 的有 4 例：动词偏误 2 例，补语"到"误代"起"1 例，趋向补语误代其可能式 1 例；属于泛化阶段 5 的有 1 例：趋向补语误代介词短语补语各 1 例；属于泛化阶段 6 的 1 例：趋向补语后误加"了"1 例	总偏误 14 例，属于泛化阶段 3 的偏误有 13 例：动词偏误 6 例，宾语错误 1 例，补语"来"误代"起"1 例，补语"到"误代"起"2 例，遗漏动词 2 例，趋向补语误代其可能式 1 例；属于泛化阶段 5 的 1 例：遗漏趋向补语	总偏误 4 例，都属于泛化阶段 3，其中宾语错误 2 例，动词错误 1 例，补语冗余 1 例
越南语母语者	总偏误 23 例，属于泛化阶段 3 的有 15 例：动词偏误 8 例（33.3%），误代可能式 3 例，宾语偏误 4 例；属于泛化阶段 5 的有 6 例：误代数量补语 1 例，遗漏"到"4 例，趋向补语"到"和动态助词"了"的误代 1 例，使用趋向补语和不用趋向补语之间的误代 1 例；属于泛化阶段 6 的有 2 例：趋向补语后"了"的误加 2 例	总偏误 17 例，属于泛化阶段 3 的有 12 例：动词偏误 3 例（26%），误代可能式 1 例，补语误加"到"6 例，遗漏动词 1 例，宾语错误 1 例；属于泛化阶段 5 的有：遗漏趋向补语 2 例；属于泛化阶段 6 的有 3 例：误加虚词"了"3 例	总偏误 9 例，属于泛化阶段 3 的有 7 例：动词偏误 4 例，宾语错误 1 例，误加"到"2 例；属于泛化阶段 5 的有 2 例：趋向补语后结果补语的误加 1 例，趋向补语和被动表达之间的误代 1 例
老挝语母语者	总偏误 10 例，属于泛化阶段 3 的有：动词偏误 2 例，宾语错误 2 例；属于泛化阶段 5 的有：遗漏趋向补语 5 例，占总偏误的 50%，其中遗漏"到"3 例，遗漏"起"2 例（回避使用"把"字句 1 例）	总偏误 17 例，属于泛化阶段 3 的偏误有 10 例：动词偏误 1 例，补语误加"到"8 例（44%），"出"误代"起"1 例；属于泛化阶段 4 的有 1 例：误代 VI b1 例；属于泛化阶段 5 的有 6 例："眼望到"误代"眼望着"1 例，"领进她去玩"误代"领着她去玩"1 例，"下"误代"在"1 例，遗漏趋向补语 3 例	

（一）动词偏误、宾语偏误、IIIb 中补语之间的误代和趋向补语与其他补语之间的误代

从表 29 可以看到 IIIb 的偏误中动词的偏误是第一大偏误，第二大偏误是宾语的偏误，第三类偏误是 IIIb 中补语之间的误代和趋向补语与其他补语之间的误代。肖奚强（2009：234）通过调查指出，"误代类偏误在句式和数量上都随着年级提高而增多了，是因为随着年级的提高，学习的趋向动词增多，各个趋向动词用法之间的交叉关系复杂了，学生搞不清楚这些区别，就容易把相关的趋向动词混用"，因此趋向补语中动词的误代是一类很有共性的偏误。

（二）"V 到"后"到"的偏误

从表 29 可以看到补语"到"误代其他趋向补语，补语"到"的误加和遗漏也是很有普遍性的偏误。"动词＋到＋一般名词"，有的学者把这里的"到"处理为结果补语，有的学者处理为介词，我们则统一按照刘月华（2001：569—570）《实用现代汉语用法》、吕叔湘（1999：16）《现代汉语八百词》的处理，把"动词＋到＋一般名词"处理为趋向补语的引申义，是由趋向补语本义"动词＋到＋处所宾语"引申而来的。肖奚强（2009：217）也把"动词＋到＋处所宾语"处理为动结式带宾语，指出"外国学生使用'V 到'表示施事移动类的动词明显少于表结果义的动词，仅有'跑、爬、飞、来、回、流'等，O（宾语）为处所类名词或名词短语"，从他的研究中可以看到，外国学生普遍存在着回避使用"V 到"的情况；李大忠（1996：90）归纳了"动词＋到＋普通名词宾语"的偏误，周小兵（2007：128—130）也分析了日语母语者习得汉语句式"动词＋到＋宾语"的偏误，可见"动词＋到＋宾语"也是一类具有普遍性的偏误。

（三）越南语母语者的特有偏误

对于越南语母语者来说，他们在习得 IIIb 时还有一类特殊的偏误，这就是趋向补语后动态助词"了"的误加，关于这一点周小兵（2007：192）指出了原因："对应汉语的'了₁'、'了₂'越南语有 đã 和 rồi。đã 位于动词前，rồi 位于动词后。不过这四个词不完全对应，常存有交叉现象，相同少于相异。越南学生在学习和运用汉语助词'了'时经常因受母语干扰，目的语规则泛化或其他原因而出现偏误。偏误类型主要有遗漏、错序和误选"，其中的误选就是我们这里的误加。

七　三国学生习得 Ib 的共性

表 30　　　　　　　　　　三国学生习得 **Ib** 的偏误对照

国别＼阶段	初级	中级	高级
泰语母语者	总偏误 1 例：误代 IVb，属于泛化阶段 4	总偏误 3 例，属于泛化阶段 3 的有：补语"来"冗余 1 例；属于泛化阶段 4 的有：误代 IVb2 例（33.3%）	总偏误 8 例，属于泛化阶段 3 的有 3 例：补语"到"冗余 2 例，遗漏动词 1 例；属于泛化阶段 4 的有 5 例：误代 IVb5 例（71.4%）
越南语母语者	总偏误 18 例，属于泛化阶段 3 的有 4 例："带来"中的"来"冗余 2 例，趋向补语误代其可能式 2 例；属于泛化阶段 4 的有 10 例：误代其他趋向补语次类 10 例，其中误代 IIa1 例、误代 IVa1 例、误代 IVb6 例（33.3%）、误代 IIIb2 例；属于泛化阶段 5 的有 4 例：误代结果补语 2 例、误代动词作状语 1 例，"来"和"了"之间的误代 1 例	总偏误 7 例，属于泛化阶段 3 的有 4 例：误加补语 2 例，误代其可能式 2 例；属于泛化阶段 4 的有 1 例：误代 IVb1 例；属于泛化阶段 5 的有 2 例：遗漏补语 1 例，趋向补语误代结果补语 1 例	总偏误 0 例
老挝语母语者	总偏误 7 例，属于泛化阶段 3 的有 3 例："来到"后"到"冗余 2 例，遗漏动词 1 例；属于泛化阶段 4 的有 2 例：误代 IVb2 例（28.6%）；属于泛化阶段 5 的有 1 例："到"作补语的遗漏 1 例；属于泛化阶段六的有 1 例：趋向补语后"了"遗漏 1 例	总偏误 10 例，属于泛化阶段 3 的有 2 例："来"误代"开" 1 例，遗漏动词 1 例；属于泛化阶段 4 的有 8 例：误代 IVb8 例，占总偏误的 80%	

　　从表 30 可以看到 Ib 的偏误共性是误代其他类型的趋向补语，尤其是误代 IVb，杨德峰（2003）（2004）对朝鲜语母语者和日语母语者汉语趋向补语习得的研究也证实了这一点。杨德峰（2003：23，26）提供的中介语语料显示朝鲜语母语者 Ib 的偏误主要有误代复合趋向补语和趋向补语与"过"的误代等。杨德峰（2004）的初级阶段日语母语者中介语语料中，Ib 的正确率为 100%，中级阶段的偏误有 2 例，其中 1 例趋向补语误代其可能式，1 例是简单趋向补语误代复合趋向补语；高级阶段偏误为

2 例，1 例是简单趋向补语误代复合趋向补语，1 例是动词错误。

第三节 非汉语母语者习得汉语趋向补语乙、 丙两级语法项目的偏误共性

《汉语水平等级标准与语法等级大纲》（1996：78—79，116—117）规定的乙级、丙级语法项目归纳起来是Ⅲb、Ⅳb、Ⅵb。通过我们的研究发现Ⅲb在初级就已经习得，因此调到甲级语法项目里去了，据此我们这里归纳的乙级、丙级语法项目就是Ⅳb和Ⅵb，不过随着学生词汇量的扩大，Ⅲb的教学仍旧需要贯穿在中级阶段汉语语法教学的过程中。

一 三国学生习得Ⅳb的偏误共性

表 31 三国学生习得Ⅳb的偏误对照表

国别＼阶段	初级	中级	高级
泰语母语者	总偏误5例，属于泛化阶段3的5例："出来"误代"起来"3例，"上来"误代"起来"1例，趋向补语误代其可能式1例	总偏误6例，属于泛化阶段3的有4例：形容词错误1例，动词错误3例，属于泛化阶段4的有2例：误代Ib1例，误代Ⅵb1例	总偏误3例，属于泛化阶段3的有2例：补语冗余2例；属于泛化阶段4的有1例：误代Ib1例
越南语母语者	总偏误3例，属于泛化阶段3的有：动词后"着"的误加1例、动词偏误1例；属于泛化阶段5的有：趋向补语"起来"和"了"之间的误代1例	总偏误6例，属于泛化阶段3的有："出来"误代"起来"2例、"过来"误代"起来"1例、动词和动补错误2例，属于泛化阶段6的有：补语前"了"的误加1例	偏误0例
老挝语母语者	总偏误2例，属于泛化阶段3的有："下来"误代"上去"或"起来"1例；属于泛化阶段4的有：误代Ⅵb1例，占总偏误的50%	总偏误8例，属于泛化阶段3的有8例：补语冗余1例，动词错误1例，该句型内复合趋向补语之间的误代5例（62.5%），趋向补语误代可其可能式1例	

从表31可以看到Ⅳb的典型偏误为同句型内误代其他复合趋向补语，不同句型内趋向补语的误代主要表现为误代Ⅵb。杨德峰（2003：24，

27）举的中介语偏误语料显示朝鲜语母语者习得该项目的偏误表现为复合趋向补语之间的误代，Ⅳb 和 Ⅰb 的误代，趋向补语之后误加"了"等。

二　三国学生习得Ⅵb的偏误共性

表 32　　　　　　　　　　　三国学生习得Ⅵb 的偏误对照表

国别＼阶段	初级	中级	高级
泰语母语者	总偏误 0 例	总偏误 0 例	总偏误 0 例
越南语母语者	未出现用例	总偏误 0 例	未出现用例
老挝语母语者	总偏误 0 例	总偏误 0 例	

从表 32 可以看到三国学生习得汉语Ⅵb 句式的共性是初、中、高各阶段的偏误率均为 0，然而我们前文已经分析过他们对该句式的习得仅限于对固定语块的习得。泰语母语者 Ⅵb 在初、中级阶段的使用范围仅为"出……来"、"起……来"，高级阶段的用例为"出……来"、"到……来"。越南语母语者 Ⅵb 初级阶段和高级阶段都没有出现用例，中级阶段也只出现了 1 个用例，用的是"起……来"。老挝语母语者 Ⅵb 在初、中级阶段的所有用例都是正确的，但是 Ⅵb 只用了"下……来"、"起……来"、"出……来" 3 个。杨德峰（2003：21—28）（2004）的研究也证明了朝鲜语母语者、日语母语者习得 Ⅵb 的情况类似，即：用例少，习得准确率在初级和中级两个阶段都是 100%。

第六章

基于任务型教学法的教学建议

自 20 世纪 70 年代起，随着交际语言教学法的兴起，外语学习中传统的语法教学越来越受到人们的冷落和歧视，有人甚至指出语法教学对外语学习非但没有积极的促进作用，反而会给外语学习带来一些负面作用，因此，近几十年来，国外语法教学研究的重点主要是探讨语言学习中语法教学的必要性，国外的相关实证研究结果显示，语法教学对提高外语学习者使用外语的准确性有着积极的促进作用。基于对德国英语学习者行为的研究，Pienemann（1984）提出了"可教性假设"，基于这一假设，如果语法教学符合语言学习者向更高层次语言能力发展的意愿，那么语法知识的讲授对语言发展的顺序产生积极影响还是很有可能的。20 世纪 90 年代 Schmidt 的"注意"理论，即"Noticing Hypothesis"，也给语法教学的必要性提供了又一理论支撑。Schmidt（1990，1993）指出语言学习中，有意识地去注意语言形式，即"NOTICING"是语言学习的一个必不可少的条件。近年来，大量基于实验室和课堂教学的相关实证研究也证明了语法教学对语言学习起着不可忽视的促进作用。然而在这样的大环境下，国外汉语语法教学的研究不容乐观，首先从数量上看，与其他语言要素的习得和教学的研究相比，成果甚少，只有几篇；再次从研究内容上看，还是停留在对非汉语母语者习得汉语语法项目的习得顺序和习得模式的研究上，教学建议的提出是宏观的，就汉语趋向补语的习得而言，仅有 3 篇，以 Shuling Wu（2011）为代表，该论文运用语言类型学的理论分析了汉英表达运动事件语言方式的不同，在实验的基础上得出了母语为英语的汉语学习者趋向补语的习得顺序，呼吁人们研究加快学生习得汉语趋向补语的教学模式，因此，对汉语补语教学模式的探讨在国外还是一片处女地。国内近 20 年来对外汉语语法教学研究主要集中在语法教学策略、语法教学方法、语法教学模式、语法教学实例展示、语法难易度研究、语法习得研究等几个方面，其中有关汉语语法教学的策略、方法和原则的研究成果相对突出，语法习得研究和语法点难易度研究业已展示出良好的态势，有关汉语语法教学模式的研究也已经引起了人们的关注，但还只是理论、原则谈得多，有针对性的、实用的、系统的教学实例少，正如李泉（2007：74—75）所指出的那样，"作为汉语的母语国，国内的对外汉语教学界应该在总结现有教学模式成败得失的基础上，结合国外汉语教学的实际，研究适合不同需求的语法教学模式，为世界汉语教学提供借鉴"。近几年也出现了一些专门研究汉语语法教学的专著，如吴中伟（2007）《怎样教语法——语法教学理论与实践》，李德津、金德厚（2009）《汉语语法教学》，卢福波（2010）《汉语语法教学理论与方法》，等等。这些专著系统地列出了汉语语法教学的体系、教学原则、教学策略，并且都附录了一些教学案例，但这些案例只是举例性的，而且并未区分学生的国别、学习背景等，此外，在具体教学案例的设计上，仍旧需要结合国内外汉语语法教学的实际，加强针对性和交际性，让语法教学真正能活起来，融入语言教学中去。对汉语趋向补语的教学的研究也和其他语法点的教学一样，主要体现在对补语概念的界定、类型的划分、教学原则、教学大纲、教学策略（多建立在对比分析和偏误分许的基础上）的宏观研究上，还很少见到在实证研究基础上根据学习者的母语、汉语水平、文化心理和具体的补语类型等设计的有针对性的、实用的教学方案。本书将于本章先根据前面研究得出的偏误类型和偏误个性提出教学建议，然后再展示示范教学案例。

第一节　针对甲级语法项目的教学建议和示范案例

在第五章第一节我们已经提到《汉语水平等级标准与语法等级大纲》规定的甲级语法项目是Ⅰa、Ⅱa、Ⅲa、Ⅳa和Ⅵa，根据我们的研究，我们把该大纲规定的乙级语法项目Ⅲb调整为甲级语法项目。我们这一节就针对这几个语法项目提出教学建议，设计示范教学案例。

一　教学建议

（一）Ⅰa和Ⅰb的教学

从第五章第二节可以看出，初级阶段Ⅰa的偏误50%以上属于误代Ⅳa的偏误，即简单趋向补语误代复合趋向补语的偏误；初级阶段Ⅰb的偏误共性是误代其他类型的趋向补语，尤其是误代 IVb。我们在教学中应该针对每一个简单趋向补语"动词＋来/去"，主要包括"上＋来"、"上＋去"、"下＋来"、"下＋去"、"进＋来"、"进＋去"、"出＋来"、"出＋去"、"过＋来"、"过＋去"、"回＋来"、"回＋去"、"起＋来"，从现代汉语语料库里统计出其和相应的复合趋向补语"动词＋上/下＋来/去"、"动词＋进/出＋来/去"、"动词＋回＋来/去"、"动词＋过＋来/去"、"动词＋起＋来"的区别，再根据中介语语料库里的相应偏误，提出针对性的教学对策。以"起"、"起来"的教学为例，我们总结的老挝语母语者和越南语母语者偏误类型如下：

1. "起"、"起来"的偏误类型

① "起"误代"起来"

（1）他听了我们就笑了起。

（2）我们在一起玩很多有趣的游戏，它们玩起都非常有趣。

（3）它的路很平很宽，走起很舒服。

（4）有的年他们会躲起，不让我看到。

（5）我每次想起总是很后悔。

② "看来"误代"看起来"

（6）她教的方法看来舒服，我们荣幸能她来教。

（7）这个问题看来很简单，但是如果我们把这个问题研究我们会发现对这个问题没那么简单。

③ "过来"、"下来"、"出来"误代"起来"

（8）看过来，这年的7月份我会毕业了。

（9）在那下午很多人常常去看太阳落，还能看到全部思茅的城市，看下来很漂亮的城市。

（10）我童年的记忆让给我每次想出来都让给我笑眯眯地去回忆那一段最美妙自己的感情。

④动词后遗漏"起"

(11) 但是童年记忆的大门一旦欶生活中某个瞬间打开，便不由地去回想那个纯真的年纪，不由地感慨万千。

⑤趋向动词"出"误代"起"

(12) 还看到很多礼物在那里我就想出今天是我的生日呀！

2. 相关建议

从上面的偏误来看，都属于趋向补语引申义的偏误，属于刘英林 (1996) 里归纳的乙级语法项目。因此，"动词 + 起"、"动词 + 起来"的引申义成为教学的重点。即使是这样，我们还是对这两个句式的用法进行了全面的考察，并提出了相关教学建议。

①"起"和"起来"本义作趋向补语的教学

我们把"起"和"起来"的意义进行比较，发现"起"和"起来"的趋向意义（本义）是一致的，在它们的引申义里，"起"比"起来"多了一项，即主观上是否有某种承受能力，主要用在趋向补语里，如"买起"、"买不起"，这一项意义有这种固定的构式意义对汉语学习者来说并不难；这样看来难的就是"起"和"起来"意义一致而用法不一致了，我们只能在二者的句法结构上下工夫了。我们对国家语委现代汉语2000 万字语料库的"V 起"的所有趋向意义用例进行了统计，找到"V 起"本义的 34 个用例，如下：

(13) 我艰难地动了动身子，跪起，摔倒，再爬起，强撑着站起来。

(14) 她顾不上羞愧，一骨碌从床上爬起，冲上来挡住出路："他……他刘……刘家爸，你……你不能带孩子……不，不能……孩子是……是我的命呀！"（爬起共计 12 例）

(15) 她比较特殊的是那背上有双翅，双手合十的飞天，下身飘起的不是长裙裹着的腿脚，而是长长的尾羽。

(16) 当大幕拉起的那一刻，它的节奏与气势已紧紧地扣住了人们的心弦。

（17）他将头上的帽子压低到鼻端，戴起手套，还将袜子拉起，包紧裤脚。

（18）有的战斗班组在巷内设置绊马索，待敌骑接近时，突然拉起，在马绊绳索的同时，拉响了吊在房檐下的手榴弹群。

（19）边跑边拢头发，最后把夹克后面的连衣帽拉起，纵身跳进了火海。

（20）直升飞机试图更高地拉起，但是翼手龙转过身子来了。

（21）捕鱼时驾竹排作半圆形放网，然后由岸上的人将网拉起。

（22）在拉开开关 K 的时候，弹簧 S 并不能立即将衔铁 D 拉起，从而使触头 C（连接工作电路）立即离开，过一段短时间后触头 C 才能离开；延时继电器就是这样得名的。

（23）刘昆知道一时不能解决，便把侧门锁拿起，边说边向另一个徒工走去。

（24）每逢刀坏钻头崩时，他都双手托起，和看死孩子一样端详半天，才迈着艰难的步子找组长去。

（25）其方法是：干潮时，步行或骑马至场地，左手抓住附着器，右手把附着器托起，轻轻移放一边，重新排列成行，把原来的行与行距交换位置。

（26）我遵命扯起，公公见了那尾二指多宽的鱼，欢喜极了。

（27）女的两腿搁在男的肩上，两只金莲在男的背部交叉钩起。

（28）女的复以右腿屈起向前伸，金莲贴男的臀部，男复以右手握住。

（29）迎着魏海清的恶意的视线，他的脸怪异地歪曲了一下，肩膀耸起。

（30）不要买盖部鼓起的罐头食品。

（31）自己家里保存的罐头，如果放在冷处，发现盖部鼓起，可能是罐头里的食品因冰冻而胀起，可用手将凸盖按下去，如果不再突出，证明罐头内没有细菌繁殖产生的气体，是可以食用的。

（32）这类罐头里的食品因制作时消毒不彻底，细菌在里边生长繁殖，产生气体将盖顶起。

（33）他认为，地球因拉伸延长而鼓起的地方不是在赤道附近，

而是在两极地区。（作定语）

（34）双手执杖，一把一把向上把握，身子徐徐挣起。

（35）她的白发，在夜风中飘起。

从上面这些用例可以看到"V起"多用于书面语，正式语体，而且如果不考虑语体因素，上面的"V起"都可以换作"V起来"，加之国家语委语料库里"V起来"的趋向意义（本义）的用例有869例，因此我们应把教学重点放在"V起来"的教学上，在教甲级语法项目时，首先教清楚"V起来"的原型构式义，即通过动作"人或物体由低处向高处移动"，我们最好用图片和语境辅助教学，如：用"从床上起来"、"头发飘起来"、"跳起来"的图片教其构式义，并告诉学生凡是"人或物体由低处向高处移动"这个意义都可以用"V起来"，而在书面语时才偶尔用"V起"，这样我们就可以避免用"起"（本义）作补语误代"起来"（本义）的偏误。

为了避免和其他复合趋向补语的误代，我们也应通过图片和语境等教好"上来""过来""出来""下来"的原型构式义。

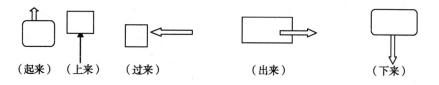

（起来）　（上来）　　（过来）　　　　（出来）　　　　（下来）

②"起"和"起来"引申义作趋向补语的教学

在此基础上，再通过语言情境实例对其引申义进行比较，突出其不同点。那么，怎么避免类型一"V起"引申义误代"V起来"引申义的偏误呢？我们统计出国家语委语料库里"V起"引申义的用例共有93例，如下：

（36）南洪北孔曾被作为一个时代的象征，而"家家收拾起，户户不提防"则曾是时代的绝唱。

（37）快收拾起吧！

（38）妈一下笑了，肿眼皮将眼全部封起，"你是个老太太哦！"

（39）这是间用纯银装饰起的舱房，四周饰以无数玫瑰、郁金香

和不知名的异花。（作定语）

（40）因为人体的腰部和胸部有很多重要器官，它们都很娇嫩，受不得挤压，需要有流畅的血液通道，以便加强血液循环，如果把它们紧紧扎起，就会使各种器官挤在一起，使血液不能通畅地流到身体的各部位去，久而久之就会得疾病。

（41）这时，杨锡兰笑眯眯地走了进来，她选择了左边偏中间的位子坐下，把腿搁到椅子上，把卷起的裤角抹下来，然后把扎起的头发一松，披在肩上。（作定语）

（42）又如有人遇到一个熟识的人，忽然叫不出他的名字来，或在写作时要用一个常用的字，忽然忘记了它的写法，这是由于朋友的意外的会见或写作的构思抑制了应当回忆起的姓名或字的写法。（作定语）

（43）竟不知是些什么，无论何时回忆起，都觉得有些怅惜。（2例）

（44）社会心理学的研究报告向人们提供了一个极其重要的观点，即艺术信息的输入除对主体具有微弱的唤起机制外，至少还有一个效应相对而功能强大的代偿机制，一种能量渲泄对象或通道的心理置换，它抵触、融蚀和化解了被激励起的强大神经冲动，我甚至把它看作一项被人们严重疏忽的艺术主导功能。（作定语）

（45）先从第一方面说起。

（46）我用不着再把这一种乐匠说起。

（47）福楼拜也曾说："世界上没有两个苍蝇，两只手，两个鼻子是完全一样的，所以作者要分别描写他们，就必须找出他们的不同点，而基本功夫全在于认真和细致地观察，应该久久地注视你所想表现的东西，发现过去任何人没有看到过和说起过的形象和形式。"（作定语）

（48）"有一次闲谈中你说起过。"

（49）"这得从我岳父遭到谋害上说起。"

（50）可是，我这里碰到点小麻烦，姑妈也没跟你说起过？"

（51）想找一句话来引起她的话绪，但是又无适当之言，他心里有些扰乱，越发不知如何说起。

（52）事情该打那儿说起呢？（2例）

（53）可是干吗没听见说起。

（54）千言万语，真不知从何说起。（从……说起，共41例）

（55）作者便顺口问起她们对葡萄节的兴趣和感想如何，那位比较年高的唏嘘着说："不必说起！"

（56）后来又听她说起，才知道她的大儿子被调到阿比西利亚；小儿子正在西班牙作战，生死不知道；自己只靠做二房东以及一个年才十七岁的女儿的工资收入来维持生活。

（57）他又说："不要将吐血的事告诉母亲知道，便是生冻疮也不要说起，只说在店里一切都好；叫母亲不要牵记。"

（58）社会的来源既未认清，思想的发生自无从说起。

（59）老爷回来，你不要说起。

（60）可是，鹦鹉也只是听人说起，到底是怎么回事，它也不知道。

（61）当然，我知道其中的原因，只是由于那位谭天宏嘱我保密，所以我未对任何人说起。

（62）石家庄铁路分局从大局着眼，从小事做起，有目的地及时做好防范工作取得安全生产新成绩。（从/由……做起，19例）

（63）比如你回家去，刚好又记起了，就给我买两斤。

（64）大概能记起的，有好几千首几万行呢！

（65）但从忘记中也有还能忆起的，翠屏山其一。

（66）无论何时回忆起，都觉得有些惋惜。

（67）你何苦记忆起！

（68）一张张电子线路图清晰而适时地在脑中闪现；千万个数据在需要的时候，也都及时地忆起或推出。

在"V+起"的这93例引申义的用例中，"从……说起"和"从/由……做起"这两个固定语块就占了60例，其余"V起"的33例用例，有5例作定语，另外的28例都作谓语中心；而在国家语委现代汉语2000万字语料库中，"V起来"引申义的用例有9127例，因此在教学中教"V起"的时候，告诉他们固定语块"从……说起"和"从/由……做起"和"V+起"使用时语体的特别要求，并指明除了这些需要用"V起"以外，多数用"V起来"，并根据教学大纲设计教学情境让学生逐步掌握"V起来"的引申义。

在教"V起来"的引申义时，除了注意其引申义和其他复合趋向补语引申义的区别时，还要注意对已经凝固的固定格式"看起来"、"想起来"用法的讲解，"看起来"是从刚刚观察到或听到的现象、情况得出的，而"想起来"是通过回忆以往的事情而进一步作出评价，并举出简单易懂的例子，如"看起来，他不会来了"、"现在想起来真不应该跟他交朋友"。

此外，还要注意"看来"和"看起来"的区别，"看来"引出说话人的看法、想法，前面一般不叙述表面现象，而是常常用在句首做插入语，可以引出时间、评价人等，如"在我看来"、"现在看来"等；前面有表面现象作话题时，常用"看起来"，"她今天看起来很漂亮"。

（二）　Ⅱa 和Ⅱb 的教学

第五章第二节讲过虽然 Ⅱa 的习得情况在三国留学生的中介语语料里都显示为初级阶段习得，而且习得情况稳定，中级和高级阶段都未出现下滑，然而三国学生Ⅲa 的习得偏误主要是由于误代 Ⅱa 造成的，因此，Ⅱa 能成为初级阶段趋向补语教学的难点。Ⅱb 汉语母语者的使用频率极低，三国学生对 Ⅱb 的使用也仅仅限于"打电话来"、"带饭去"、"拿钱包去"、"带孩子来"这样几个简单常用的句型，越南学生还容易出现错序偏误，比如用"带幸福来每个家庭"误代"给每个家庭带来幸福"。鉴于此，我们在讲 Ⅱa 时就可以把这些常用的简单的 Ⅱb 句型也贯穿进去，同时指出"动词＋来/去＋一般非处所宾语"的使用范围更广；像要表达"带饭去"、"拿钱包去"、"带孩子来"这样的动词对宾语产生直接影响的意义，汉语里使用频率更高的是"把"字句句型，如"把饭带去"、"把钱包拿去"、"把孩子带来"等。重点讲清楚汉语中若简单趋向补语为"来"、"去"，宾语为处所词语，宾语就位于"来"、"去"之前，汉语中"上"、"下"、"进"、"出"、"回"、"过"、"起"等作趋向动词时，后边带一般宾语或者处所宾语时，宾语只有一个位置：放在补语的后边；位置不固定的情况是"动词＋来/去"带宾语时，如果宾语是表示人或物体的名词（一般宾语），宾语可以在趋向补语前也可以在趋向补语后，但更常见的是放在补语的后面。①

---

① 刘月华：《实用现代汉语语法》，商务印书馆 2005 年版，第 572—573 页。

（三）IIIa 的教学

第五章我们已经分析过初级阶段 IIIa 的主要偏误类型是误代 IIa，在老挝、泰国、越南语母语者中的比例达到了 60% 以上，因此该句型的教学重点是区分"动词＋上／起／下／出／进／回／到／过＋处所宾语"与"动词＋处所宾语＋来／去"。我们在讲课时要突出这两个公式，并针对语境进行反复练习。

（四）IVa 的教学

在我们对国家语委 2000 万字的现代汉语语料库的统计中，发现 IVa 在趋向补语 14 种句式的使用频率中位居第三（12.7%），仅次于 IVb（41.3%）和 IIIb（16.2%），Ia 的使用频率（10.5%）低于前三者位居第四，因此，从使用频率和意义上来看 IVa 并不比 Ia 难，因此，三国学生习得 IVa 的偏误率非常低，偶有一两例偏误则为动词偏误或复合趋向补语之间的误代，比如"出来"误代"起来"，这样看起来这个项目好像是个比 Ia 还容易的项目，然而 Ia 的大部分偏误是由于误代 IVa 造成的，因此我们在讲该项目时重点要讲清楚它和 Ia 的区别：复合趋向补语强调了具体的动作，比如"上来"与"走上来"、"跑上来"的重要区别是复合趋向补语强调了"走"、"跑"这种动作的方式。此外，非汉语母语者使用趋向补语时出现动词偏误也是对动作的理解不同造成的，例如老挝语母语者会出现以下偏误：

（69）我又不信自己的耳朵，我不知说什么好，我现在的感觉是很伤心的，他走开我了……（"走开"应改为"离开"）

（五）VIa 的教学

VIa 的使用在非汉语母语者中介语中的偏误率很低，然而它的使用频率在老挝语、泰语、越南语母语者习得汉语的各个阶段都低于汉语母语者，并且中介语语料显示 VIa 使用的趋向补语的范围也比较窄，这就说明非汉语母语者有回避使用 VIa 的倾向。此外，非汉语母语者使用 VIa 时也有回避使用"把"字句的倾向。针对这些问题，我们要结合语境培养学生使用"动词＋趋$_1$＋处所宾语＋趋$_2$"的语感，这种句式的教学应贯穿在学生习得汉语的各个阶段。

VIa 的输入要根据该句式的使用频率，选择使用频率高的句式进行强化输入。在国家语委 2000 万字的现代汉语语料库中，VIa 的使用频次是 1358 次，其中"V + 趋$_1$ + O + 来"437 次，"V + 趋$_1$ + O + 去"921 次。"V + 趋$_1$ + O + 来"437 用例中，"V + 到 + ……来"316 例，占 72.3%；"V + 趋$_1$ + O + 去"的 921 例用例中，"V + 到 + ……去"837 例，占 90.9%，因此 VIa 的教学重点是"V + 到 + ……来"和"V + 到 + ……去"的教学，在教这两个项目时，宾语位置上放上常用的处所词语就更容易结合语境进行教学，如"走到教室里来"、"走到外面去"、"跑到昆明来"、"跑到泰国去"等。其他 VIa 项目的高频次也有规律可循，例如，在国家语委 2000 万字的现代汉语语料库中"V + 过 + ……来"的使用有 37 次，其中与身体有关的部分作宾语 31 次，占 83.8%，如"回过脸来"、"回过头来"、"背过脸来"、"回过身子来"等，我们的身体是我们最熟悉的空间部位，因此结合语境进行教学设计也是比较容易的。总之，我们在进行 VIa 的每一个项目的教学时可以先结合现代汉语语料库寻找规律，然后再结合教学环境进行促进学生习得的教学输入，让学生在没有意识到的类似自然交际的强化训练中达到习得的目的。

（六）IIIb 的教学

1. 针对补语的误加、误代的教学

Kenneth Hyltenstam 指出不论某个结构在母语和目标语中是无标记的还是有标记的，学习者早期出现的形式一定是无标记的，因为无标记结构的习得要早于有标记结构的习得。[①] 因此，在我们对三国学生中介语语料的统计中发现 IIIb 的使用存在过度泛化现象，即三国非汉语母语者使用 IIIb 的频率远远超过汉语母语者。根据我们对国家语委现代汉语语料库的统计，IIIb 的使用总频次为 8299 次，而"V + 到 + 一般宾语"就占了 6280 次，占总使用频次的 75.7%，因此"V + 到 + 一般宾语"更是无标记句式中的无标记句式，三国学生都存在较为严重的误加"到"的情况，针对这一情况，我们要重点讲清动词后有没有"到"的区别。

我们以下三例偏误为例，讲一讲避免动词后误加或遗漏"到"的教法。

---

① 杨连瑞、张德禄：《二语习得研究与中国外语教学》，上海外语教育出版社 2007 年版，第 116 页。

　　（70）我觉得减肥的时候应该注重到吃和运动。（"注重到"应该改为"注重"，补语误加）

　　（71）还有什么问题请直接联系到我们。（"联系到"后误加"到"，属于泛化阶段3）

　　（72）我感觉了孤寂。（"感觉"后遗漏补语"到"）

　　例（70）、例（71）后面不应该用"到"却用了，例（72）后面该用"到"却没有用。例（70）、例（71）这两个例句里的"到"表达的是动词"到"的引申义，表示通过动作达到了某个终点，而根据句子里的意思动词"注重"、"联系"后的"吃和运动"、"我们"则是动作的对象，而不是动作的终点，例（72）则相反"感觉"的终点是"孤寂"，而不是对象。

　　一个句子用动词后"到"和不用"到"表达的意思不同，以（71）为例，如果用"到"表示已经到达了终点，"联系到我们了"，而根据句意，事情还没有发生，所以不可能有终点的，"联系"的后面只跟"对象"就可以了。因此，在进行"V＋到＋一般宾语"的教学时要举大量的例子来说明"到"的隐现对句子意义的影响，这样就可以减少或避免动词后"到"的误加或遗漏。其他补语的偏误，如"上"的误加或"遗漏"也可以用同样的方法，例如：

　　（73）普洱茶很受欢迎，也正是普洱茶让普洱人们过了富饶的生活。（"过了富饶的生活"中"过"后遗漏"上"）

　　例（73）句如果不用"上"，"富饶的生活"是"过"的对象，如果用"上"则表示达到了一个阶段，"上"和"到"的区别则为"到"表示终点，"上"则表示有了提高，这些其实跟二者的原型意义是紧密相连的。

　　此外，在教这类句式时，我们可以结合每一个趋向补语经常搭配的高频动词来讲这个趋向补语的引申义。下面我们以"V＋起"的教学为例予以说明。李燕（2012：67）对"V起＋O（引申意义）"带宾语出现的高频度结构进行了统计，这些高频度结构主要有"抬不起头"、"组织起"、"筑起"、"建立起"、"承担起"、"担负起"、"回想起"、"聊起"等，并指出这些动词好像与趋向动词"起"黏合在一起，固化了，既然这样我们就结合着这些固定格式讲"V起"的引申义，例如"想起"和"记起"、"回忆起"表示所想的事情都是过去已经存在或知道的，同时和"想出"进行比较，指出"想出"表示所想的事情是不存在、不知道的，通过想才出现，同时举出实际的例子进行比较，这样学生就可以少出现或不出现"想出"、"想出来"误代"想起"、"想起来"的偏误。

再者，在教学中还要强调，"在包含简单趋向补语的句子中，如果动词所带的宾语是表示抽象事物的名词，那么它只能位于'来'、'去'之后"①。例如，只能说"带来困难"，不能说"带困难来"；只能说"送来温暖"，不能说"送温暖来"。

2. 针对动词偏误的教学

至于动词的偏误，我们只能从用法上着手，逐个攻克了，例如：

(74) 可能解下了一些心情的闷气、疼苦、困难。("解下"误代"放下"，属于泛化阶段3)

例 (74) 中"解下"不可以与宾语"闷气、疼苦、困难"搭配，应改为"解除"。

(75) 根据国外教育方面，办理男女分班学校已有多年的经验，表明出学生早恋不是由同班上课所引起，而是起于多种因素。("表明出"后"出"冗余)

例 (75) 看起来是趋向补语的误加，其实还是由于不会使用动词造成的，因为"表明"作为一个由动补式构词法构成的词语本身已经有结果意义，后面一般就不能再带补语了，口语中为了强调结果出现，只是偶尔使用"表明出来"。

(76) 一个人生活，跟朋友玩不要想那多，但是有时候我也想到他，我就拿我的笔记本来看。("想到"误代"想起")

---

① 李大忠：《外国人学汉语语法偏误分析》，北京语言大学出版社1996年版，第222页。

"到"用在动词后表达的是动作的终点，作为引申义而言，表达的是动作达到的状态；"起"用在动词后表示出现了一个新的状态，"想起"则表示原来就有印象，目前在大脑里重新浮现，"想到"则不一定原来就有印象。这样根据原型意义教学生引申义，再讲引申义的时候，把二者的区别讲透就可以有效地避免趋向补语之间的误代。

3. 针对趋向补语与其可能式误代的教学

根据梵佩顿输入处理理论，学习者对意义的处理先于对形式的处理[①]，因此，我们认为应重点让学生了解可能补语的以下语义特征：当表达由于主观或客观条件的限制而不能实现某种结果和趋向或某种动作时，汉语要使用可能补语，在表达这个意义上"V 不 C"或"V 不得/了"是最恰当的甚至往往是唯一的表达方式。这个表达太长，学生不容易记住，我们最好简化为"愿而不能"[②]。在了解这个基本语义的基础上，我们根据不同阶段的语法大纲要求，在不同阶段反复呈现可能补语出现的语境，给出正确的表达形式，就可以有效地避免可能补语的回避甚至误用。[③]

（77）我和他也想一起毕业还有 2 年就毕业了。我不想出什么不好的事。但是有一天让我不可能忘他。（"不想出"误代"想不出"，趋向补语误代其可能式）

（78）她迷路了，不能找到她妈妈。（误代可能补语 1 例）（她迷路了，"不能找到她妈妈"误代"找不到她妈妈"，是趋向补语误代其可能式）

例（77）和例（78）都属于客观上的"愿而不能"，因此，应该使用趋向补语的可能式。

4. 针对宾语偏误的教学

宾语的偏误严格意义上来说不是补语的错误，然而宾语常常是由于和已经有的动语（动补结构）不能搭配造成的，这种搭配的教学也是我们

---

① 刘颂浩：《第二语言习得导论——对外汉语教学视角》，世界图书出版公司 2007 年版，第 154 页。

② 张旺熹：《汉语特殊句法的语义研究》，北京语言大学出版社 1999 年版，第 136 页。

③ 齐春红：《泰国学生汉语可能补语习得情况考察》，《西南石油大学学报》（社会科学版）2011 年第 4 期。

在进行趋向补语教学时必须予以涉及的，例如：

（79）现代的社会环境很差，容易被人伤害，所以，每一次子女没回到家，他心里就不安，带来了很多难过。（"带来了很多难过"中"带来"和"难过"不搭配，应改为"带来很多悲伤"）

（80）但我只要想起小时候发生的那些事，我都会发出真心的笑。（"真心的笑"应该改为"真心的笑声"，宾语错误）

（81）现在苹果越来越不自然，人们放肥料太多了，很少会吃到新鲜。["新鲜"应改为"新鲜的（苹果)"，宾语错误]

（82）它看见我都叫我，然后跑到我。（"然后跑到我"应改为"然后跑到我面前"，宾语错误）

例（79）、例（80）、例（81）属于把动词或形容词误用作名词了，从而造成动语和宾语不搭配。例（82）则属于"到"后应该跟方位短语，而句中却遗漏了方位名词。以上这些偏误都应该在教学中根据教学目标进行有针对性的练习。

（七）针对趋向补语后"了"的误加或遗漏的教学

动态助词"了"是非汉语母语者习得汉语的一个难点，结合三国学生习得汉语趋向补语时与"了"有关的偏误，我们提出一些针对性的教学建议。

（83）今天，当我路过南京市中华中学时，看到了中华中学的门上挂上了"热烈庆祝我校高考本科上线95%（文科上线100%）的优异成绩"的标语。（"看到了"后"了"的误加）

（84）当初我刚考上了泰国的第一名学校。（"考上了泰国的第一名学校"中"了"的误加）

（85）我们没有人知道以后手机还会变成什么样子，以后手机可以做到了什么？（"做到了"应改为"做到"，误加虚词"了"）

（86）现在我来到了中国读书。（误加"了"，属于泛化阶段5，连动句中如果要用动态助词"了"，这个"了"要放在第二个动词的后面）

（87）哪知道今天他能这样成功，可是剩下了只有他一个人工作。("剩下了只有他一个人工作"应该改为"只剩下他一个人工作",误加虚词"了"2例,这是趋向补语符号表达网络用不用虚词的问题)

(88)昆明的新年路,我们常常去卖东西在那儿有很多漂亮的衣服、鞋子、书包,我也卖回家了很多。("卖回家了很多"应改为"买回家很多","买回家"后误加"了")

(89)他的大手指碰上我的头,拉扯我的头发,我疼地喊出来,妈妈听到就跑过来把我们俩分开……("喊出来"中"喊"后遗漏"了")

例(83)中宾语为"中华中学的门上挂上了'热烈庆祝我校高考本科上线95%(文科上线100%)的优异成绩'的标语",这个宾语是谓词性短语,谓语动词后不能再用"了"。① 例(84)并不强调动作的完成,所以在"考上"后不需要加"了"。例(85)讲的是以后的没有发生的事情,所以在"做到"的后面也不能加"了"。例(86)"我来到了中国读书"是连动句,连动句的第一个动词后一般不能用"了"。② 例(87)中"剩下了只有他一个人工作"是兼语句,兼语句的第一个动词后一般不能用"了"。③ 例(88)中,动态助词"了"没有跟在动词后面,而是放在宾语后面,位置是错误的,从语义上看也是多余的,因为已经表示了买的具体方式和结果。例(89)强调动作的完成,因此"喊"的后面要加"了"。

二 教学案例

(一)教学案例1:杨寄洲主编一年级教材《汉语教程》的第二册(上)第四课的教学

1. 课文

课文(一)我给您捎来了一些东西
(王老师和林老师都住在学校里。林老师给王老师打来了个电

---

① 刘月华:《实用现代汉语语法》,商务印书馆2001年版,第377页。
② 同上。
③ 同上。

话，说她从台湾回来了，还给王老师带来一些东西，要给王老师送来……）

林老师：王老师吗？我是小林。

王老师：啊，小林。你不是到台湾开汉语教学研讨会去了吗？

林老师：我开完会回来了。昨天晚上刚到家。我回来的时候经过香港，到小赵家去看了看。

王老师：是吗？小赵好吗？

林老师：挺好的。她让我向您问好，还让我给您捎来一些东西。我想给您送去。

王老师：我过去取吧。

林老师：不用。我正好要下楼去，顺便就给您带去了。

王老师：那好，你过来吧。

（王老师家门口）

王老师：辛苦了！还麻烦你跑一趟。外边冷，快进屋来坐吧。

林老师：不进去了。我爱人还在楼下等我呢，我们要出去办点儿事。

王老师：我送送你。

林老师：不用送了，请回吧。

王老师：慢走！

课文（二）快上来吧，要开车了

（林老师和同学们一起坐车去展览馆参观。车就要开了，林老师在车上叫同学们快上车……）

林老师：下边的同学快上来吧，要开车了。

麦克：老师，我不上去了，我到后边的五号车去可以吗？我朋友在那儿。

林老师：你过去吧。玛丽怎么还没上来呢？

山本：她忘带照相机了，又回宿舍去拿了，一会儿就回来。啊，她跑来了。玛丽，快点儿，就要开车了。

（玛丽上来了）

玛丽：对不起，我来晚了。

山本：玛丽，这儿还有座位，你过来吧。

　　林老师：请大家注意，我先说一件事。我们今天去参观出土文物展览。这个展览大约要参观两个半小时。参观完以后，四点钟开车回来。要求大家四点准时上车。不回来的同学跟我说一声。听清楚了没有？

　　留学生：听清楚了。

　　林老师：要记住开车的时间。都上来了吗？好，师傅，开车吧。

　　山本：（站起来给老师让座位）老师，您到这儿来坐吧。

　　林老师：我不过去了，就坐这儿了，你快坐下吧。

　　（到了展览馆门前）

　　玛丽：老师，参观完以后，我想到大使馆去看朋友，不回学校去了，可以吗？

　　林老师：可以。

2. 教案

教学对象：初级水平的老挝、泰国和越南留学生

教学目标：掌握简单趋向补语"动词＋来/去"的用法

教学重点：掌握趋向补语的原型义

教学难点：掌握动词后带"来"、"去"作补语时，补语和宾语的位置

教学方法：任务型教学法

教学时间：2课时（90分钟）

第一课时

教学步骤

一、提问：请同学们说一说"来"和"去"的用法。（3分钟）

学生回答完后，教师总结出以下的图式：

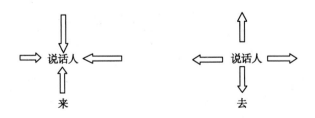

二、讲"上来/去"、"下来/去"、"进来/去"、"出来/去"、"回来/去"、"过去/来"的用法。（5 分钟）

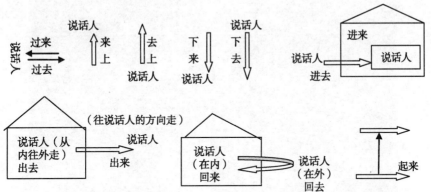

三、结合课文第 61 页的图片，让同学们一起朗读图片上的句子。（5 分钟）

1.男：你下来，我上去。
　女：你上来，我下去。

2.男：你进来，我出去。
　女：你出来，我进去。

3.男：我过来了，哈哈!
　女：我也想过去。

4.你怎么回来了?

四、让同学们分组讨论，看图说句子，每一幅图下面都要有提示性的需要完成的句子。（10分钟）

1. 他出（　）了或
他出（　）了。

2. 她说："他出（　　）了"。

3. 她上（　）了。

4. 他要下（　）了。

5. 小猪过（　　）了。　6. 站着的人说："起（　　）!""起（　　）!"①

五、完成任务。（12分钟）

任务内容：

每两个同学一组，每组同学拿到一张任务卡，各组同学根据卡上的任务讨论后到教室前面表演，一个同学说，另一个同学做。（为了让学生能看懂任务，每个任务单上，配上手画的图片）

任务一：一名同学站在讲台上，另一名同学站在讲台下，讲台上的同学让讲台下的同学"上来"或"下去"，讲台下的同学让讲台上的同学"下来"或"上去"。

任务二：一名同学站在教室里，另一名同学站在教室外，教室里的同学让教室外的同学"进来"或"出去"，教室外的同学让教室里的同学"出来"或"进去"。

任务三：两名同学相对而站，一名同学让另一名同学"过来"，并列而站后，再让刚"过来"的同学"过去"。

任务四：一名同学坐在椅子上，另一名同学让他"起来"，自己要坐。

六、听故事，然后完成填空。（5分钟）

故事：汤姆是个小孩

汤姆是个小孩，他才7岁。他去电影院看电影，这是他第一次去看电影。他买了张票进去了。但没过两三分钟他就出来了，然后买了

---

① 该题图片来自王洋编著《汉语教学工具箱（初级汉语词汇·语法·功能操练图片）》，世界图书出版公司2011年版，图片62。

第二张票又进去了。几分钟后他又出来买了第三张票。接着两三分钟后他又出来买票。一个女的问她："你为什么要买那么多票啊？你见到了几个朋友？"他说："没有，我里面没朋友，但是每当我进去的时候一位大的女人老把我的票给剪了。"

　　生词：票（piào）　　　剪（jiǎn）

　　教师先用图片展示生词。然后放录音。在放录音之前，把任务单发到每个学生的手上，让他们先看任务单，再听录音，然后完成任务。

　　任务单：

　　1. 他买了张票进_____了。但没过两三分钟他就出_____了，然后买了第二张票又进_____了。

　　2. 几分钟后他又出_____买了第三张票。接着两三分钟后他又出_____买票。

　　3. 每当我进_____的时候一位大的女人老把我的票给剪了。

七、任务评估及布置作业。（5分钟）

作业：第65—66页第4题和第5题。

附练习如下。

4. 朗读下列各组会话并指出说话人或话中人的位置。

（1）A：她上来了吗？　　　　　　A在：_____

　　　B：还没有呢。　　　　　　　B在：_____

（2）A：麦克从山上下来了吗？　　A在：_____

　　　B：他还没下来呢。　　　　　B在：_____

（3）A：外边太冷，快进屋来吧。　A在：_____

　　　B：我不进去了，家里还有事。B在：_____

（4）A：林老师进教室去了吗？　　A在：_____

　　　B：刚进去。　　　　　　　　B在：_____

（5）A：他们从展览馆出来了吗？　A在：_____

　　　B：还没出来呢。　　　　　　B在：_____

（6）A：书店要关门了，我们出去吧。A在：_____

　　　B：走吧。　　　　　　　　　B在：_____

（7）A：你爸爸回家去了吗？　　　A在：_____

　　B：回来了。　　　　　　　　B在：_____

（8）A：他们过来了吗？　　　　A在：_____

　　B：还没呢。　　　　　　　　B在：_____

5. 用"来"或"去"填空。

（1）他刚从我这儿过_____。

（2）我看见她刚进图书馆_____了。

（3）他上午不在家，出_____了。

（4）A：你进_____的时候，他起_____了没有？

　　B：没起_____呢。

　　A：还发烧吗？

　　B：不发烧了。

（5）A：你爸爸回_____了吗？

　　B：还没有呢？

　　A：他到哪儿_____了。

　　B：他到超市买东西_____了。

（6）A：火车票买_____了吗？

　　B：买_____了。

　　A：哪天的？

　　B：后天下午一点的。

第二课时

教学步骤

一、提问上次的作业，引出"动词＋处所宾语＋来/去"的用法。（5分钟）

　　当宾语是处所宾语时，要放在动词之后，"来/去"之前。例如：

　　1. 我到小赵家去了。

　　2. 我正好要下楼去。

　　3. 我们进教室去吧。

　　4. 她忘带相机了，又回宿舍去拿了。

　　归纳出公式：动词＋处所宾语＋来/去

然后举例子：回昆明来、到泰国去、回家去、到教室里去、回学校去

二、展示图片，让学生讨论后完成练习。（5 分钟）

1. 他上__了。（树、去）　　2. 她想下__。（去、水）　　3. 他上__了。（楼、来）

4. 他们下_____。（楼、去）　　　5. 他想回_____。（去、越南）

在学生们完成练习后，让他们一起读这些句子。

三、共同完成课文第 66 页第 6 题。（5 分钟）

附题如下。

6. 改错句。

（1）马丽回去宿舍拿照相机了。

（2）林老师已经上来车了。

（3）他下星期就回去美国了。

（4）要是你回来学校，就给我打电话。

（5）他进去展览馆了。

（6）他喜欢进来我的房间跟我聊天儿。

四、讲解动词后有事物宾语时，宾语和"来"、"去"的位置。（5 分钟）

如果宾语（object）是表示事物的，可以放在"来"或"去"之后，也可以放在"来"或"去"之前。例如：

1. 他带了一个照相机来。／他带来了一个照相机。

2. 他买来了一本《英汉词典》。/他买了一本《英汉词典》来。

3. 我给你带来了一些东西。/我给你带了一些东西来。

归纳出公式：

动词＋事物宾语＋来/去

动词＋来/去＋事物宾语

指出"动词＋来/去＋事物宾语"更常用。

再结合图片让学生根据公式说句子。

1. 他拿来一包纸。/她拿一包纸来了。　2. 她买来了一瓶酒。/她买了一瓶酒来。

五、听故事复述。（10 分钟）

任务：要求四个同学一组，在听完故事后，先在小组里把听到的故事一起准备好，然后请小组代表复述。

故事：去电影院

一个叫戴维的货车司机带着 200 只企鹅去伦敦动物园。可是他的车在高速公路上坏了。当一辆货车停在他面前的时候，戴维向司机罗珀特求救，并且解释自己要送这些企鹅去伦敦动物园。罗珀特说："行，我帮你。"

几个小时过后，罗珀特又回来了，并且又见到了戴维，他还在高速公路上等着。那些企鹅也还在车上，特高兴的样子。

"我想我告诉过你送这些企鹅去动物园的。"戴维说。

罗珀特回答说："是的，我去了。但是我的钱包丢在电影院了，所以我现在要回电影院去。"

生词：企鹅（qǐ é）　解释（jiě shì）　货车（huò chē）　高速公路（gāo sù gōng lù）

人名：戴维　　罗珀特

地名：伦敦

六、在已经学过课文生词的基础上，讲解课文（一）。（7分钟）

七、让同学们一起听课文（一）的录音，完成课后第8题的填空。（5分钟）

附第8题如下。

8. 用"动词＋来/去"填空。

　　我正在屋里看书的时候，小林＿＿＿＿＿＿了一个电话。她说她刚开完教学研讨会，从台湾＿＿＿＿＿＿了。经过香港的时候，她到小赵家去了。小赵让他给我＿＿＿＿＿＿一些东西，还＿＿＿＿＿＿一封信。小林说："我给你＿＿＿＿＿"我说："我＿＿＿＿＿取吧。"她说："我正好要＿＿＿＿＿＿楼＿＿＿＿＿＿办点事，顺便就给你＿＿＿＿＿＿了。"

　　一会儿，小林从楼下＿＿＿＿＿＿＿＿＿了。他给我带来了小赵的东西和信，我说："麻烦你跑来一趟，快＿＿＿＿＿屋＿＿＿＿＿＿坐一会儿吧。"小林说："不了，不＿＿＿＿＿了，我爱人还在楼下等我呢，我要出去办点事。说完，他就＿＿＿＿＿楼＿＿＿＿＿＿了。"

八、总结趋向补语的用法，布置作业。（3分钟）

趋向补语的用法，"动词＋来/去"主要表示动作的方向；"动词＋处所宾语＋来/去"表示动作结束的地方，"动词＋事物宾语＋来/去"或"动词＋来/去＋事物宾语"则表示通过动作事物宾语的位置发生了改变。

作业：课本第68页第9题。把5个同学分成一组，请学生按组准备，下堂课分组到台上进行分组表演。

附第9题如下。

9. 读后说。

　　今天我带同学们去参观展览。快到出发的时间了，就叫同学们快上车来。我们坐的是三号车，爱德华不想坐这辆车，他朋友在五号车，他想到五号车去，问我行不行，我说，行，你过去吧。

就要开车了。玛丽还没来。我问玛丽怎么没来。山本说。她忘带照相机了，又回宿舍去拿了，马上就回来。过了一会儿，玛丽跑来了。

我看同学们都上来了，就对大家说，这个展览大约要参观两个小时。参观完以后，四点钟准时开车回学校。大家要记住开车时间。不回来的同学跟老师说一声。

说完，我们就出发了。到了展览馆。玛丽对我说，她看完展览以后，要到大使馆去看一个朋友。不跟我们一起回学校去了。

（二）教学案例2：杨寄洲主编一年级教材《汉语教程》的第二册（上）第九课的教学

1. 课文

钥匙忘拔下来

星期天，我和麦克一起骑车到图书城去买书。图书城离我们学校比较远。那天刮风，我们骑了一个多小时才骑到。图书城很大，里边有很多书店。每个书店我都想进去看看。我们从一个书店走出来，又走进另一个书店。看到书店里有各种各样的书，我很兴奋。从这个书架上拿下来一本看看，再放上去，又从另一个书架上抽出来一本看看。我挑了几本历史书，麦克选了一些中文小说。我们都想买一些书带回国去，因为中国的书比我们国家的便宜得多。

除了买书以外，我还想买一些电影光盘。于是我们又走进一家音像书店。我问营业员，这里有没有根据鲁迅小说拍成的电影 DVD。她说，有，我给你找。不一会儿，她拿过来几盒光盘对我说，这些都是根据鲁迅小说拍成的电影。我对麦克说，下学期我就要学习鲁迅的小说了，我想买回去看看。我和麦克买了《药》和《祝福》等，还买了不少新电影的光盘。小姐见我们买的书和光盘太多，不好拿，就给我们俩一人找了一个小纸箱。我们买的书和光盘正好都能放进去。

从图书城出来，已经十二点多了。我和麦克走进一个小饭馆去吃午饭。我们要了一盘饺子，几个菜和两瓶啤酒，吃得很舒服。

吃完饭，我们就骑车回来了。回到学校，我又累又困，想赶快回到宿舍洗个澡，休息休息。我从车上拿下小纸箱。走进楼来，看见电梯门口贴了张通知："电梯维修，请走楼梯。"我住十层，没办法，只好爬上去。我手里提着一箱子书，一步一步地往上爬。爬了半天才爬到十层。到了门口，我放下箱子，要拿出钥匙开门的时候，却发现钥匙不见了，找了半天也没有找到。啊！我忽然想起来了，钥匙还在楼下自行车上插着呢，我忘了拔下来了。这时，我真是哭笑不得。我刚要跑下楼去，就看见麦克也爬上来了，他手里拿的正是我的钥匙。

2. 教案

教学对象：初级水平的老挝、泰国和越南留学生

教学目标：掌握复合趋向补语"动词＋过（出/进/上/下/回）来/去"、"动词＋起来"的用法

教学重点：掌握复合趋向补语的原型义

教学难点：掌握动词后带"来"、"去"作补语时，复合补语和宾语的位置

教学方法：任务型教学法

教学时间：2 课时（90 分钟）

第一课时

教学步骤

一、复习简单趋向补语的用法，引出复合补语的用法。（10 分钟）

复合趋向补语和简单趋向补语的区别是：复合趋向补语强调了具体的动作，比如"上来"与"走上来"、"跑上来"的重要区别是复合趋向补语强调了"走"、"跑"这种动作的方式。

结合图片讲复合趋向补语的用法。

二、课堂练习。（10 分钟）

（一）采取个别提问的方式完成第 145 页的练习 6。（4 分钟）

附练习 6：指出说话人在哪儿。

例如：衣服从楼上掉下来了。　　　说话人在：下边

（1）你看，他跑过去了。　　　　　说话人在：_____

（2）您的行李已经给您搬上来了。　说话人在：_____

（3）他的车开进来了。　　　　　　说话人在：_____

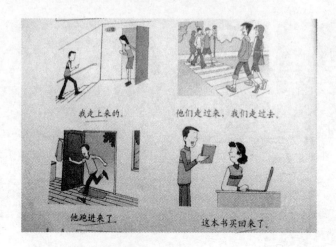

（4）我们走上去吧。　　　　　　　说话人在：＿＿＿＿＿＿

（5）书他已经提上去了。　　　　　说话人在：＿＿＿＿＿＿

（6）她们爬上去了。　　　　　　　说话人在：＿＿＿＿＿＿

（7）钱我已经取回来了。　　　　　说话人在：＿＿＿＿＿＿

（二）看图说话。

把学生两个人分一组，让他们讨论，然后每组说出含有复合趋向补语的句子。（6分钟）

1. 水流下来了。

2. 他们走过来了。

3. 他们爬过去了！

4. 他们走上来了。

5. 小鸟飞起来了。

6. 小猪走出来了。

7. 她要跳下去。

8. 他们走进去了。

9. 在图书馆看完书，要把书放回去。

10. 小鸟从笼子里飞出去了，然后又飞回来了。11. 他把衣服脱下来，然

后挂到衣架上去。①

三、听录音填空。（5 分钟）

让学生看第 147 页第 9 题。

罗兰：

你好。我已经到了泰山，我是爬＿＿＿＿＿＿＿＿的，没有坐缆车。登上泰山，真有"一览众山小"的感觉。我还在山上住了一夜，等第二天早上看日出，能站在泰山上看日出，我很高兴。当我们看到太阳一下子跳＿＿＿＿＿＿＿＿＿的时候，都兴奋地大声叫了起来，真是美＿＿＿＿＿＿＿了。下午，我又从泰山上走＿＿＿＿＿＿＿＿了。明天我要去曲阜参观孔庙和孔林。到那儿以后再给你介绍曲阜的情况。这次来旅行我很愉快，山东大学的朋友很热情，给了我很多帮助。

祝好。

丹尼丝

7 月 28 日

四、讲动词后既有复合趋向补语，又有宾语时，宾语和补语的位置。（10 分钟）

（一）动词有宾语时，如果宾语是表示处所的，一定要放在"来"或"去"之前。例如：

（1）我看见他走进图书馆去了。

不说：我看见他走进去图书馆了。

（2）汽车开上山去了。

不说：汽车开上去山了。

归纳出公式：动词＋上／下／进／过／回＋处所宾语＋来／去

　　　　　　动词＋起＋处所宾语＋来

（二）如果宾语是表示事物的，可以放在"来"或"去"之后，也可以放在"来"或"去"之前。例如：

---

① 图片 9、10、11 分别来自王洋编著《汉语教学工具箱（初级汉语词汇·语法·功能操练图片）》，世界图书出版公司 2011 年版，图片 21、图片 73、图片 71。

（1）他从国外给我带回来一件礼物。

（2）他从国外给我带回一件礼物来。

归纳公式：动词＋复合趋向补语＋事物宾语

动词＋上／下／进／过／回＋事物宾语＋来／去

（三）分三种情况。

1. 如果动词不带宾语，"了"可以放在动词之后，补语之前，也可以放在句尾。例如：

刚一下课，同学们就都跑了出去。

或者说：刚一下课，同学们就都跑出去了。

2. 如果动词后有表示事物的宾语，"了"应该放在复合趋向补语之后，宾语之前。例如：

（1）我给你买回来了一件羽绒服。

（2）我给朋友寄回来了一本介绍中国的书。

3. 如果动词后有表示处所的宾语，"了"应该放在句末。例如：

（1）她们都爬上山去了。

（2）她们走下楼去了。

五、课堂练习。（8分钟）

（一）第141页第1题的第（2）小题。（5分钟）

附练习1. 语音。

（2）朗读

放上去　放下来　走进去　走出来　带回来　带出去

拿过去拿过来　爬上去　跑下来　挑出来　拔下来

爬上楼去了　走下楼来了　走进教室去了　走出学校去了

寄回国去了

骑回学校来了　　跑过马路去了　　飞回美国去了

（二）第 141 页第 2 题的第（3）小题。

附练习 2. 替换。

　　（3）A：他从箱子里拿出来了什么？
　　　　　B：他从箱子里拿出来了一张影碟。

飞机上　　　　　提下来　　一个箱子
地上　　　　　　捡起来　　一把钥匙
书店　　　　　　买回来　　一本小说
汽车里　　　　　拿出来　　一箱啤酒
邮局　　　　　　取回来　　一个包裹

六、布置作业。（2 分钟）

（一）第 143 页练习 4。

附第 4 题如下。

A. 从楼下　从书架上　从书包里　从中国　从图书馆　从国外
从书店　从朋友那儿　从外边　从香港

（1）_____买回一本词典来。

（2）_____借回一些中文小说来。

（3）_____拿出来一本鲁迅的小说。

（4）_____拿下来一本杂志。

（5）_____拿过一张影碟来。

（6）_____给你带回一点儿礼物去。

（7）_____寄回一张画报来。

（8）_____拿进来一个箱子。

（9）_____提上来一箱子书。

（10）_____给我寄来一件生日礼物。

B. 拿起来　提上来　拿下来　找出来　拿出来　取出来　捡起
来　买回来　送上来　取回来

（1）他从提包里＿＿＿＿＿＿＿＿＿一本护照。

（2）玛丽从银行＿＿＿＿＿＿＿＿＿五百美元。

（3）妈妈寄的包裹你＿＿＿＿＿＿＿＿＿了吗？

（4）麦克从商店＿＿＿＿＿＿＿＿＿一辆自行车。

（5）服务员从楼下＿＿＿＿＿＿＿＿＿一盆花。

（6）她从箱子里＿＿＿＿＿＿＿＿＿一件毛衣。

（7）他从楼上＿＿＿＿＿＿＿＿＿一个纸箱子。

（8）我从地上＿＿＿＿＿＿＿＿＿一个钱包。

（9）他从桌子上＿＿＿＿＿＿＿＿＿一副眼镜。

（10）张东从书架上＿＿＿＿＿＿＿＿＿一本书。

（二）第143—144页第5题。

附第5题如下。

5. 在空格里填入适当的复合趋向补语。

（1）我们爬了半个多小时，才爬＿＿＿＿＿＿＿＿＿，往山下一看，风景美极了。

（2）小心点儿，别掉＿＿＿＿＿＿＿＿＿。

（3）她不小心，从楼梯上摔＿＿＿＿＿＿＿＿，腿摔伤了。

（4）太累了，我们找个地方，坐＿＿＿＿＿＿＿休息一会儿吧。

（5）我看见前边走＿＿＿＿＿＿＿一个人，就走＿＿＿＿＿＿＿问她去图书城怎么走？

（6）你别下来了，我给你搬＿＿＿＿＿＿＿＿＿。

（7）她从口袋里拿＿＿＿＿＿一个钱包，又从钱包里拿＿＿＿＿＿＿五百块钱，放在我手里，说："快给你妈妈寄＿＿＿＿＿＿＿吧，看病要紧。"

（8）"救命啊！有人掉＿＿＿＿＿＿＿水里＿＿＿＿＿＿了！"听见喊声，他很快脱下上衣，跑了＿＿＿＿＿＿。人们看见他跳＿＿＿＿＿＿水＿＿＿＿＿＿＿，向那个孩子游了＿＿＿＿＿＿＿＿＿。

（三）课本第146—147页第8题。

附第146—147页第8题改错句如下。

（1）上课十分钟他才走进来教室。

（2）我看见她走出去图书馆了。

（3）妈妈病了以后，我就送她回去上海了。

（4）他从箱子里拿出去一些光盘。

（5）我们的飞机马上就飞上去天了。

（6）妈妈好了以后，我就送她回去上海了。

第二课时

教学步骤：

一、复习简单趋向补语和复合趋向补语的用法。（15分钟）

热身练习：让学生根据下面两幅图片说一些带趋向补语的句子，教师归纳到黑板上，并通过这些句子讲解每个句子表达重点的不同。（5分钟）

1. 猴子上去了。（强调"上去"了）　　　2. 它过来了。（强调"过来"）
猴子爬上去了。（强调"爬"的动作）　　它跑过来了。（强调"跑"的动作）
猴子爬到树上去了。（强调动作的终点　　它跑到这边来了。（强调动作的终点
"树"）　　　　　　　　　　　　　　　"这边"）

3. 她过来了。　　（强调"过来"）　　　4. 墙塌下来了。（强调"塌"的动作）

她走过来了。（强调"走"的动作）

　　根据课文第145—146页第七题的图片，要求学生说出三个带趋向补语的句子。（12分钟）

　　给出公式提示：

　　1. 动词+简单趋向补语+（宾语）

　　2. 动词+处所宾语+来/去

　　3. 动词+进/出/上/下/过/回+处所宾语+来/去

　　1. 他爬上山去了。　　　　　　　　2. 他要跳下来了。

　　他上山去了。　　　　　　　　　　快跳到水里来。

　　他爬到山上去了。　　　　　　　　他跳下台来。

　　3. 她想进去。　　　　　　　　　　4. 他跑回来了。

　　她想进银行去。　　　　　　　　　他跑回家来了。

　　她想进到银行里边去。　　　　　　下雨了，他跑回家来了。

5. 他走进邮局了。　　　　　　6. 她回来了。

他走进去了。　　　　　　　她回家来了。

他走进邮局去了。　　　　　他回到家里来了。

7. 他跑过来了。　　　　　　　8. 火车开过去了。

他过桥来了。　　　　　　　火车过桥去了。

他跑过桥来了。　　　　　　火车开过桥去了。

　　二、在已经处理完课文和生词的基础上，把学生分成三组，每组完成一组任务。（15 分钟）

　　任务一：根据课文第一段，表演我和麦克在图书城买书的情形。

　　任务二：根据课文第二段，表演我和麦克在音像书店买电影光盘的情形。

　　任务三：根据课文第三段，表演"钥匙忘了拔下来"的情境。

　　任务前（让学生准备 5 分钟）

　　任务中（让学生分组表演，共 8 分钟）

　　任务后（对任务进行评估 2 分钟）

三、复述故事。(11 分钟)

故事：男人和他的苹果

一个人正朝着一个富人的房子走去，当他沿着路走时，在路的一边他发现一箱好苹果，他说："我不打算吃那些苹果，因为富人会给我更多的食物，他会给我很好吃的东西。"然后他拿起苹果来，一把扔到土里去。他继续走，来到河边，河涨水了，因此，他不能走到河对岸去，他等了一会儿，然后他说："今天我没办法到富人家去了，因为我不能到河那边去。"他开始回家，那天他没有吃东西。他就开始去找吃的，他找到了苹果，很高兴地把它们从土里翻出来吃了。不要把好东西扔掉，换个时候你会觉得它们大有用处。

(一) 先让学生听录音回答下面的问题。(3 分钟)

(1) 这个人为什么把苹果扔了？他把苹果扔到哪里去了？
(2) 这个人为什么又把苹果找出来了？
(3) 这个故事告诉我们什么道理。

(二) 让学生分组讨论，准备复述。(3 分钟)
(三) 找小组代表复述。(5 分钟)
四、任务评估，布置作业。(4 分钟)
书面作业：至少从下列词语中选择 6 个词语，写你从放学到回家所做的事情。字数要求：字数不少于 200 字。

起来　下来　进来　出来　回来　回去　过去　过来　上去　上来　出去　进去

第二节　乙级、丙级语法项目的教学
建议及相关教学案例

根据第五章第一节的介绍我们归纳的趋向补语作为乙级、丙级语法项目是 IVb 和 VIb。我们根据第五章第三节分析的偏误共性，结合具体的偏误提出相关的教学建议，并提供相关教学案例。乙级语法项目对习得者而言是较难的语法项目，因此应"把它看做复杂技能的习得，与学习打网球或拉小提琴等其他技能很相似"，"从这个角度看，自动化非常重要"，自动化的核心就是"快速、无意识、无需努力的加工"，"当某种输入与某种输出模式发生有规律的联系后，自动化就产生了，或者说一种联系被激活了"。[①] 因此，我们在教乙级趋向补语项目时应结合语境进行有控制的信息输入，直到学生把语境意义和趋向补语相应句式的使用自动联系起来为止。

一　针对 IVb 的教学建议

IVb 是趋向补语 14 种句式中使用频率最高的句式，但它并不是学生最容易习得的句式，因为趋向补语的引申义很复杂，以"起来"为例，"起来"在本义的基础上有以下引申义："表示连接、结合以至固定"，"表示'突出''隆起'"，"表示进入进入一个新的状态"，此外"起来"往往和积极意义的形容词搭配[②]，它还有"看起来"这样的固定搭配，虽然"动词＋起来"的使用频率在汉语母语者复合趋向补语引申义中是最高的，但是"动词＋起来"的引申义对学生来说仍旧是难点，学生还会出现很多偏误，例如：

（1）在那下午很多人喜欢去看太阳落，还能看到全部思茅的城市，看下来很漂亮的城市。（"下来"误代"上去"或"起来"）

（2）看过来，这年的 7 月份我会毕业了。（"过来"误代"起来"）（"看过来"应改为"看起来"）

（3）突然想出来快要毕业了。（"出来"误代"起来"）

（4）果然，我的钱包在我妈妈的包里，我可以高兴出来了。（"出来"误代"起来"）

（5）她来跟我说"你还记得我吗？我还记得你啊！"我听说了使劲

---

① ［美］Susan Gass & ［英］Larry Selinker：《第二语言习得》，赵杨译，北京大学出版社 2011 年版，第 199 页。

② 刘月华：《实用现代汉语语法》，商务印书馆 2001 年版，第 566—567 页。

想……可我真的想不出来。(类似偏误2例)("出来"误代"起来")

(6) 我童年的记忆让给我每次想出来都让给我笑眯眯地去回忆那一段最美妙自己的感情。("出来"误代"起来")

(7) 她给我选很合适的颜色,穿上来看了很漂亮,很合适。("上来"误代"起来")

(8) 现在很多年轻人都很喜欢吸烟,他们觉得吸烟的人很酷或者被朋友叫他试一试后来就迷起来了。("迷起来"误代"迷上",误代Ⅰb,属于泛化阶段4)

从例 (1) 到例 (8) 来看,"动词+起来"的偏误都是和其他趋向补语的误代,这就得从趋向补语的引申义的教学入手,注重区分它们的细微差别。比如"看下来"、"看起来"、"看过来"应当如何区分呢?"下来"表示由动态转为静态,"看下来"则表示看了一段时间,现在停了,而句中说"看下来很漂亮的城市",根据全句的意思并不是把整个思茅城市都看一遍了,而是站到一个能看到全景的地方来看思茅,因此不能用"看下来";"看起来"表示估计或着眼于某一方面,因此例 (1) 和例 (2) 应该用"看起来";"看过来"则表示看的方向面对立足点,是表示具体的"看"的方式。"V-出来"表示事物从里到外、从无到有、从看不见到看得见①,而"想起来"则表示回忆或记起来,例 (3)、例 (5)、例 (6) 都应该是"想起来"。"高兴"不与"出来"搭配,所以例 (4) 是错误的。"穿上来"强调的是穿到身体上,没有强调动作的持续性,而"穿起来"强调的是动作的持续性,根据句子的意思,是一直穿着看起来很漂亮。"起来"一般跟表示积极意义的动词、形容词搭配,如"高兴起来"、"漂亮起来"等,例 (8) 是迷上吸烟这种不好的事情,因此不用"迷起来","上"可以表示动作或状态的开始,可以是积极的,也可以是消极的,因此例 (8) 用"迷上"较好。

针对趋向补语之间的误代,我们还是要从趋向补语的本义出发引导学生掌握不同趋向补语引申义的区别。例如"上"、"起"、"起来"的本义都表示人或物体由低处向高处移动,引申义也都有"表示连接以至固定"

---

① 叶盼云,吴中伟:《外国人学汉语难点释疑》,北京语言大学出版社1999年版,第216页。

或"表示动作或状态的开始",因此,有时可以互换,例如:

（9）把门关上。

（10）把头发盘上。

例（9）和例（10）的"上"都可以换成"起来"。仔细观察就会发现,"把门关上"和"把门关起来"还是有一些细微的差别,"把门关上"强调的是动作的结束,而"把门关起来"则表示"关"这个动作的开始并持续,有些句子不能替换更说明了这一点,例如:

（11）前边有一条虫子,小心别踩上。

例（11）中"小心别踩上"就不能换成"踩起来",因为"上"在这里表示的是动作的终点,"起来"表示动作的开始。当都表示动作或状态的开始时,二者表达的意义仍旧有所不同,例如:

（12）他们又喝上了。

例（12）中"他们又喝上了"改为"他们又喝起来了",意思稍有不同,"他们又喝上了"强调的是"喝"这个动作的开始,这个开始暗含的是由不喝到喝,开始了一个新动作;"他们又喝起来了"也是强调动作的开始,但重在动作的开始并持续。"起"的意思和"起来"是一致的,由于"起"是单音节的,因此它的使用比"起来"更受限制。例（9）中"把门关上"就不能换成"把门关起",例（10）则可以换成"把头发盘起",主要是例（10）比例（9）更具有书面性。

"起"、"起来"和"上"区别主要是由它们本义的区别造成的。"上"、"起"、"起来"都表示的是由下而上的动作,"起"、"起来"强调的是起点,"上"强调的是终点①,因此它们看似相同的引申义,仍然因为本义的不同而有差异。

此外,我们还要注意母语对汉语趋向补语习得的影响。例如:泰语里

---

① 王国栓:《趋向问题研究》,华夏出版社 2005 年版,第 122 页。

常常用单音节的趋向补语，而在汉语里则要用双音节，例如，泰语说"เขา เป็นลม ไป แล้ว（他昏去了）"、"เขา ตาย ไป แล้ว（他死去了）"、"ท้องฟ้า มืด ลง แล้ว（天黑下了）""ผม คิด ออก แล้ว（我想出了）"，汉语里则需要用复合趋向补语"他昏过去了"、"他死过去"、"天黑下来了"、"我想出来了"，这些都会造成简单趋向补语误代复合趋向补语。再如，泰语里的"ขึ้น（上）"和"ขึ้นมา（上来、起来）"没有汉语里相应的引申义，如汉语说"贴上邮票"、"我们应该团结起来"，泰语则说"ติด แสตมป์（贴邮票）"、"พวกเรา ควร สามัคคี（我们应该团结）"。

越南语里没有复合趋向补语，汉语用复合趋向补语的地方，越南语用简单趋向补语，越南语说"Tôi nhớ ra rồi（我想出了）"，"Mắt của em ấy sưng lên rồi（她的眼睛肿上了）"，"Mọi người vui lên ngay（大家高兴上立刻）"，汉语则要用复合趋向补语，越南语的一个 lên 则可以相当于汉语的"上"和"起"，这些都会给越南语母语者习得汉语趋向补语带来影响。越南语的"đến/tới"相当于汉语的"到"和"起"，这种情况会导致越南学生习得汉语趋向补语时"到"和"起"的误代。

老挝语里的趋向补语的引申义和汉语有很大的不同，汉语说"闭上眼睛"，而老挝语则说"ອັບ ຕາ ລົງ（闭眼睛下）"，老挝语"ຂຶ້ນມາ（上来）"有表示新情况或新事物出项的引申义，汉语则没有，汉语说"想出来"，老挝语则说"ຄິດ ຂຶ້ນມາ（想上来）"，这样容易造成老挝语母语者趋向补语之间的误代。

二 针对 Ⅵb 的教学建议

句式 Ⅵb："动词 + 趋$_1$ + 宾语 + 趋$_2$（引申义）"在各个国家非汉语母语者中的偏误率都很低，然而在我们统计的中介语语料中都存在着回避使用 Ⅵb 的现象，即非汉语母语者使用频率都低于汉语母语者的使用频率。那么，我们在教学中怎样做才可以让学生能根据语境正确地使用 Ⅵb 呢？首先，我们可以从学生比较熟悉的 Ⅲb 句式入手，以 Ⅲb 的学习带动 Ⅵb 的学习。在教"V 起 + O（趋向意义）"、"V 起 + O（引申意义）"句式时，有意地把它们和"动词 + 趋$_1$ + 宾语 + 趋$_2$"句式进行对比，指出哪些可以替换，哪些不能替换，从而让学生克服使用"动词 + 趋$_1$ + 宾语 + 趋$_2$"句式的畏难情绪。例如：

（13）他们举起帽子。

（14）背起背包，抱起孩子，拿起杯子，扛起行李。

在例（13）时，用"举起帽子"的动作或图片告诉学生这个动作的表达方式，可以是"举起帽子"，也可以是"举起帽子来"。在例（14）的时候，告诉学生该句里，如果把"背起背包，抱起孩子，拿起杯子，扛起行李"换成"背起背包来，抱起孩子来，拿起杯子来，扛起行李来"句子就显得很啰唆，但是如果要强调一种轻松、快活的语境，我们仍旧可以使用，比如如果是在做模仿行军演习的游戏，可以说"孩子们游戏开始，背起背包来！抱起孩子来！拿起杯子来！扛起行李来！"

其次，要告诉学生使用 VIb 和 VIIb 的区别。用在"动词 + 趋$_1$ + 宾语 + 趋$_2$"里的宾语是定指宾语，不定指宾语用在"动词 + 趋$_1$ + 趋$_2$ + 宾语"的句式里。[1] 比如"谈起话来"、"聊起天来"、"讲起故事来"中间的宾语都是定指的，而"想起来一件事"、"拿出来一本书"中的宾语都是不定指的。

再次，要教会学生从趋向补语的本义出发去理解引申义。

下面我们以"起来"为例讲一下，如何以本义为基础循序渐进地进行引申义的教学。

"起来"（本义）：

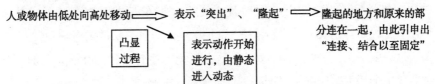

我们在进行教学时，先教本义，即"起来"的原型意义，然后教表示"突出"、"隆起"的引申义，如"眼睛肿起来了"，再教凸显过程的由静态进入动态，如"笑了起来"、"哭了起来"，最后教"连接、结合以至固定"的意思，如"大楼盖起来了"、"把东西藏起来"。

① 李大忠：《外国人学汉语语法偏误分析》，北京语言大学出版社 1996 年版，第 220—222 页。

此外，我们还要根据相关句式的使用频率进行教学。国家语委现代汉语语料库 2000 万字语料中，VIb 共有 1393 例，"V＋趋$_1$＋O＋来" 1059 例，"V＋趋$_1$＋O＋去" 304 例。1059 例 "V＋趋$_1$＋O＋来" 中，"V＋起＋O＋来" 415 例（39.2%），"V＋出＋O＋来" 328 例（30.97%），"V＋到＋O＋来" 212 例（20.02%）；"V＋趋$_1$＋O＋去" 334 例中，"V＋到＋O＋去" 304 例（91%），因此，"V＋起……来"、"V＋出……来"、"V＋到……来"、"V＋到……去" 是 VIb 教学的重点。在教每一个句式时，也应从教频率高的句式入手加强输入，强化学生对该句式的运用，达到学生习得该句式的自动化，比如 328 例 "V＋出＋O＋来" 中，"说不出话来" 就有 79 例，我们教 "V＋出＋O＋来" 句式时，可以先教 "说不出话来"；在教 "V＋过＋……来"（总用例 328 例，"喘不过气来" 26 例）时，先教 "喘不过气来"；在教 "V＋下＋……来" 时（总共 24 例，"静下心来" 6 例、"安下心来" 5 条），先教 "静下心来"、"安下心来"。

三　如何进行用在 "把" 字句里的趋向补语的教学

在教学时，应针对带趋向补语的 "把" 字句这一难点循序渐进地进行教学。先在 "把" 字句出现的时候，结合语境教没有主语的 "把＋宾语＋动词＋简单趋向补语/复合趋向补语（本义）"，如 "把书拿来/过来"、"把书放进去"、"把相机拿出来"、"把桌子搬起来" 等；学习者掌握了这一用法之后，再讲相应的趋向补语引申义，如 "把句子写上去"、"把风景照下来"，"把消息传出去"、"把东西藏起来"、"把东西收起来"，等等；然后再教含有趋向补语和 "把" 字句的连动句，如 "把书拿过来递给我"、"把水端过去倒了"，等等。这样学生大脑中 "把" 字句和趋向补语共现的机制会形成一个较为紧密的语义网络，促进该类项目的学习。

四　教学案例

（一）教学案例 1：杨寄洲主编一年级教材《汉语教程》的第二册（下）第十一课语法点的教学

1. 课文

　　课文（一）前边开过来一辆空车
　　（秋天的一天，田芳请张东、玛丽和麦克到家里做客……）

田芳：等车的人越来越多了，咱们还是打的去吧，别坐公共汽车了。

玛丽：好吧，你看，那边正好开过来一辆空车，就坐这辆吧。

（在出租车上）

田芳：你家住的是四合院吗？

玛丽：是啊。我家院子里种着一棵大枣树，树上结着很多红枣。远远儿地就能看见。一看见那棵大枣树就看到我家了。今天请你们尝尝我家的红枣，可甜了。

田芳：我听说现在住四合院的越来越少了。

玛丽：是。现在城市里大楼越盖越多，住宅小区也越建越漂亮。很多人都搬进楼房里去住了。我们院子里最近也搬走了五六家，明年我们家也要搬走了。

田芳：那太遗憾了。

玛丽：我虽然也舍不得离开我们家的小院，但还是希望快点儿搬进现代化的楼房里去住。

课文（二）年轻人打扮得越来越漂亮了

（圣诞节和新年快到了……）

王老师：同学们已经学了两个多月汉语了。今天，想请大家随便谈谈自己的感想和体会。有什么意见和建议也可以提。

玛丽：刚来的时候，我不习惯北京的气候，常常感冒，现在越来越习惯了。

麦克：我们的汉语越来越好，觉得越学越有意思了。

玛丽：我的朋友越来越多了。

山本：中国菜很好吃，我越吃越喜欢吃，所以也越来越胖了。

麦克：我觉得人们的生活一天比一天丰富，年轻人越来越会打扮，打扮得越来越漂亮了。

玛丽：圣诞节和新年快到了，不少商店都摆着圣诞树，装饰得非常漂亮，我看见很多中国人也买圣诞树和圣诞礼物。

麦克：老师，我听说中国人也开始过圣诞节了，是吗？

王老师：一般家庭是不过圣诞节的。有的人过圣诞节，可能是喜欢圣诞节那种欢乐的气氛，孩子们能从爸爸妈妈那儿得到礼物，当然也很高兴。不过，中国最大的节日还是春节。

麦克：老师，我建议，咱们开一个新年联欢会，怎么样？

王老师：好啊！

2. 教案

教学对象：初级水平的老挝、泰国和越南留学生

教学目标：掌握存现句中"动词＋起来＋宾语"的用法，复习"动词＋简单趋向补语（本义/引申义）＋宾语"的用法

教学重点：掌握存现句中复合趋向补语的用法

教学难点：存现句中复合补语带宾语时，宾语的使用条件

教学方法：任务型教学法

教学时间：1课时（45分钟）

第一课时

教学步骤

一、复习趋向补语带宾语时的用法。（5分钟）

A. 动词有宾语时，如果宾语是表示处所的，一定要放在"来"或"去"之前。例如：

（1）我看见他走进图书馆去了。

（2）她们一起走出教室去了。

（3）他回家来了。

（4）他回国去了。

如果没有"来"、"去"，处所宾语放在其他趋向补语后边，即"动词＋上/下/进/出/过/回＋处所宾语"，例如：

（5）他走回家了。

（6）她躲进教室里了。

B. 如果宾语是表示事物的，在复合趋向补语中，可以放在"来"或"去"之后，也可以放在"来"或"后"之前。例如：

（1）他从国外给我带回来一件礼物。

　　他从国外给我带回一件礼物来。

（2）你看，我给你买回什么来了？

　　你看，我给你买回来什么了？

如果是简单趋向补语带事物宾语，宾语一般放在动补结构之后，例如：

（1）他拿来了一支笔。

（2）他举起了一本书。

在祈使句里，宾语放在补语之前，例如：

（1）拿一支笔来！

（2）举起手来！

二、完成练习。（8分钟）

练习：请选择合适的位置填上趋向补语。

　　（1）掏_____手绢_____（出）　　（2）爬_____山_____（上）　　（3）拿_____钱_____！（来）

　　（4）下_____山_____（去）　　（5）送_____温暖_____（来）　　（6）走_____一个孩子_____（来）

　　（7）谈_____话_____（起来）　　（8）游_____河_____（过去）　　（9）送_____家_____（回去）

　　（10）举_____手_____（起来）　　（11）走_____教室_____（进来）　　（12）转_____身_____（过来）

　　（13）爬_____树_____（上去）　　（14）拿_____一封信_____（出来）

　　（15）还_____图书馆_____（回去）　　（16）跑_____宿舍_____（回去）

三、结合语境，讲存现句的用法。（10分钟）

首先给出公式和例句：

处所词＋V＋着＼了＼趋向补语＋N

桌子上	放	着	一个苹果
家里	来	了	一个人
街上	跑	来	一群人

然后，给定义：存现句表示人或事物的存在或出现，宾语是不确定的人或事物。再以图片为例予以说明：

1. 墙上挂着李小龙的照片。　　　　2. 前面跑过来一头牛。

3. 前面划过来一条船。　　　　4. 椅子上坐着一位老人。

四、听故事然后分组表演。（12分钟）

故事：三个好朋友

　　一天，一只猴子在河边骑车。这时，他看见树下跑过来一头狮子。他非常害怕，掉进河里了。他不会游泳，大叫起来。兔子听见了，跳进了水里，但他却没有办法救猴子出来。幸运的是，前面走过来一只大象，大象非常强壮，救出了兔子和猴子。他们来到大象的家里，在那里吃了一顿大餐。从此他们成了好朋友。

任务前：听故事录音回答以下问题：

1. 猴子为什么掉进河里了？

2. 兔子为什么跳进水里？

3. 谁救了兔子和猴子？

4. 他们在哪里吃了一顿大餐？这个故事告诉了我们什么道理？

学生听完录音后，在小组讨论的基础上回答以上问题，然后讨论如何到台上表演。

任务中：学生分组表演（5分钟）

任务后：对学生表演时语言的准确度、流利度和复杂度进行评估。（2分钟）

五、共同完成课本第11页的练习5。（6分钟）

附练习5如下。

5. 改错句。

（1）教室里跑出来了麦克。

（2）很多同学坐着在草地上。

（3）车里坐在我和一个朋友。

（4）前边开过来他坐的汽车。

（5）我们班来了这个新老师。

（6）在床上他坐着看报纸。

[由于带趋向补语的存现句只是在课文（一）里出现，因此我们讲趋向补语时，还没有讲"越来越"的用法，因此做练习时先不做关于"越来越"的练习。]

六、本节要点小结，布置作业。（4分钟）

首先总结这一课时学到的语法要点，然后布置作业。

作业：阅读课文（一），同学们课下准备，下一节课同学们两个一组根据课文内容进行分角色表演。

（二）教学案例 2：杨寄洲主编一年级教材《汉语教程》第二册（下）第十七课语法点的教学

1. 课文

　　课文（一）我想起来了

　　（一天，王老师突然接到一个电话，原来是他三年前的学生打来的。）

　　海伦：喂，是王老师吗？

　　王老师：是，你是……

　　海伦：老师，你听得出来我是谁吗？

　　王老师：你是……对不起，声音有点儿熟，但一下子想不起来是谁了。

　　海伦：我是你三年前的学生，老师还参加过我的婚礼呢。

　　王老师：啊，我想起来了，海伦！你现在在哪儿？

　　海伦：我就在北京。

　　王老师：你是怎么知道这个电话号码的？

　　海伦：是罗兰告诉我的。

　　王老师：是吗？你是来旅行的吗？

　　海伦：不是。我是应国际广播电台的邀请来北京工作的。

　　王老师：要待多长时间？

　　海伦：我跟他们签了两年的合同。

　　王老师：保罗呢？

　　海伦：保罗也来了。他在北京的一家中外合资公司工作。老师，我们想请您来我家做客。

　　王老师：好啊。

　　海伦：不知道您星期六下午有没有空儿？

　　王老师：这个星期六下午可以。

　　海伦：那我让保罗开车去接您。您还住在原来的地方吗？

　　王老师：不，我早就搬家了，搬到学校附近一个新建的住宅小区了。我告诉你，你把我的地址记下来。保罗来的时候，给我来个电话，我去门口接他。

　　海伦：好的。

课文（二）我们还想学下去

（在海伦家……）

海伦：老师，您喝点儿什么？茶还是咖啡？

王老师：我茶和咖啡都喝不了，一喝晚上就睡不着觉。就喝点儿水吧。你们这儿真不错！

海伦：这是保罗的公司给我们租的房子。要是让我们自己花钱可租不起。

王老师：保罗，你们公司的业务是什么？

保罗：我们公司是搞中外文化交流的。公司成立不久，业务也刚开展起来。

海伦：老师，我和保罗的工作都需要用汉语，所以打算继续学下去。我们想利用在北京工作的机会把汉语学好。

王老师：你们俩原来都学得不错，有一定的基础，坚持学下去的话，一定能学好。

海伦：时间过得真快！离开中国都三年多了。刚回国的时候，还常听听录音，读读课文。后来因为忙，也没坚持下来。很长时间不说，汉语差不多都忘光了，要用的时候，好多词都想不起来了。

王老师：是。学外语，只有坚持下去，多听、多说、多练才能学好。

海伦：我们还想请老师业余教我们，不知道老师能不能抽出时间来。

王老师：我工作比较忙，抽不出时间来。你们打算怎么学？

海伦：白天我们都没有时间，只有晚上才抽得出时间。要是老师同意的话，我们想到老师家里去上课。

2. 教案

教学对象：初级水平的老挝、泰国和越南留学生

教学目标：掌握复合趋向补语"动词＋下去/下来（引申义）"、"动词＋起来/出来（引申义）"的用法及它们之间的区别

教学重点：掌握复合趋向补语的引申义的用法

教学难点：复合趋向补语的引申义的区别

教学方法：任务型教学法

教学时间：1 课时（45 分钟）

教学步骤

一、复习复合趋向补语"动词＋下去/下来（本义）"、"动词＋起来/出来（本义）"，在此基础上讲它们的引申义产生的途径。（10 分钟）

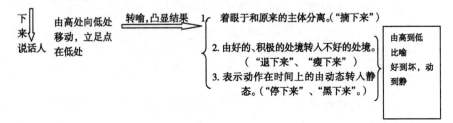

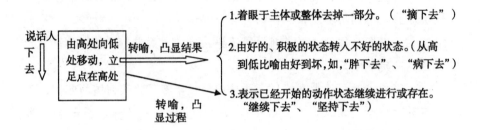

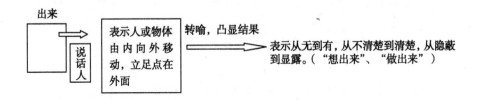

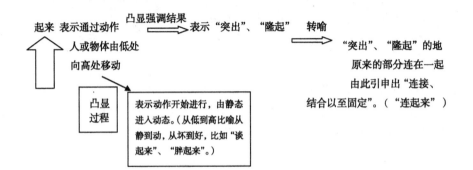

讲清楚引申义的来源与不同之后，每一个趋向补语都举一些典型的例子让学生理解和阅读。

1. 下来

摘下来　记下来　写下来　　画下来　　瘦下来　　慢下来　　停下来　坚持下来　　静下心来

2. 下去

摘下去　胖下去　　病下去　　说下去　　读下去　　做下去　　干下去　住下去

3. 出来

想出来　　听出来　　看出来　　喝出来　　洗出来　　画出来　写出来

4. 起来

想起来　　胖起来　　健康起来　笑起来　下起来　打起来　跑起来　下起雨来　团结起来

二、课堂练习第 105 页第 3 题的 B。（10 分钟）

附录：第 3 题的 B。

（1）他说明年还要在这个学校_____。

　　A. 学下去　B. 学下来　C. 学起来　　D. 学上来

（2）他的电话号码是多少，我_____了。

　　A. 想不起来　　B. 想不出来　C. 想起来　　D. 想出来

（3）你_____了没有，这是谁唱的歌？

　　A. 听起来　B. 听出来　C. 听不出来　　D. 听起来

（4）我_____了，我看过她演的电影。

　　A. 想起来　　B. 想出来　　C. 想不起来　　D. 想不出来

（5）她难过得_____了。

　　A. 说不上来　B. 说不下去　C. 说不下来　　D. 说不出来

（6）你喝_____了吗？这是什么茶？

　　A. 喝得出来　B. 喝不下去了　C. 喝不出来　　D. 喝出来

（7）这儿风景真美，快把它_____吧！

　　A. 拍进来　B. 拍下来　C. 拍下去　D. 拍出来

（8）一看到他那样子，大家就都_____。

　　　　　A. 笑了起来　B. 笑了一下　C. 笑了出来　D. 笑了一会儿

（9）你能_____她是哪国人吗？

　　　　　A. 看得出来　B. 看得过来　C. 看得起来　D. 猜得到

（10）我也_____好办法。

　　　　　A. 想出来　B. 想不起来　C. 想不出来　D. 想不到

在讲这些题的时候，要讲清楚趋向补语及其可能式的区别。

动词＋起来/出来/下来/下去 的可能补语的肯定式为：

动词＋得＋起来/出来/下来/下去（意思是能动词＋起来/出来/下来/下去）

动词＋起来/出来/下来/下去的可能补语的否定式为：

动词＋不＋起来/出来/下来/下去（意思是主观上或客观上的"愿而不能"）

三、读故事，然后进行表演。（12分钟）

把学生分成两组，分别阅读两个不同的故事，然后进行表演。

故事一：可怜的乔治

　　乔治是一只小猴子。他住在大森林里。他喜欢在树上跳来跳去，爬上爬下。他整天都乐呵呵的。但是他有个毛病，就是太好奇。一天，一个老人路过大森林，他带着许多草帽。乔治看见了这个老人，老人也看见他了；老人自言自语道："多可爱的猴子啊！我要捉住他，把他带回家去。"

　　老人坐下来。想着办法。乔治看见了，也坐下来。

　　不一会老人想出来一个办法，他戴上一顶帽子，又把其他帽子放到地上去，然后假装睡觉。

　　乔治很好奇，看看帽子，心想："要是我戴上一顶，肯定好看。"于是他从树上爬下来，捡起一顶帽子戴到头上去。可是帽子太大了，把他的眼睛了遮起来了。那个老人一下站起来，冲过去，迅速地捉住了乔治。

　　可怜的乔治啊！

故事二：献给海员爸爸的花瓣枕头

小香香记着爸爸快要过生日的事。爸爸是一个帅气的海员，可是爸爸病了，小香香想为他过个特别的生日，让爸爸有充满惊喜的一天。

小香香不停地收集香喷喷的花瓣，然后把柔软的花瓣在白纸上铺开、晾干，再把它们收藏起来。她的心愿是做一个花瓣枕头送给爸爸，让病中的爸爸在病床上也能找到和花草一起度过的感觉。

小香香的心愿传开后，很多小朋友都来帮香香收集起漂亮的落花来。

小香香把收集起来的花瓣做成花瓣枕头，这个枕头看起来美妙极了，它又软又香，好闻极了，谁也想不到会那么好。

小香香去给爸爸送花瓣枕头，可是爸爸不在病房，妈妈说爸爸清晨起来就套上了神气的海员服，等着见香香，想好好地亲亲她。但是他的病情不稳定，被医生送进监护室里去了……爸爸不愿让小香香看到自己病下去的样子。

小香香抱着花瓣枕头等爸爸，一直等，可爸爸始终没回来。小香香想起有一年给爸爸过生日，爸爸扮成有魔法的巨人，披了黑披风的样子，这样的幸福时光为什么就不能停下来呢？她好想亲爱的爸爸，泪水把怀里的花瓣枕头弄湿了。

妈妈送小香香出病房，一个小女孩拦住小香香，她戴着小帽子，脸儿看起来白白的，她对花瓣枕头喜欢得不行，小脑袋低下去挨着枕头，说："我喜欢呀，真想要呀。"

妈妈悄声说："小女孩得的是和你爸一样的病……"香香的眼泪流了下来，她跑上前去把花瓣枕头送给了小女孩。

妈妈抱住香香，在她耳边说："爸爸知道后会高兴的，一定会特别高兴和自豪……"香香从医院回来后心里好难过，她常常想我要等下去：过去的那个大力士爸爸快回来吧！

任务前：（5分钟）

让学生阅读故事一和故事二，分别回答问题，然后讨论怎样进行角色表演，最后派代表到台上表演。

故事一要回答的问题：

1. 乔治看起来可爱吗？

2. 老人想出什么办法来把乔治抓住了？

故事二要回答的问题：

1. 小香香把什么搜集起来做枕头呢？

2. 香香为什么把心爱的花瓣枕头送给小女孩呢？

任务中：让学生进行角色扮演（5 钟）

任务后：2 分钟

把学生分组，让他们讨论课本第 107 页第 6 题改错句。（10 分钟）

附练习 6：改错句。

　　1. 他照起来的照片很好看。

　　2. 我把这个词典查不出来。

　　3. 因为家里没有钱，没办法让我继续下去学习了。

　　4. 我想不出来她叫什么名字了。

　　5. 他想起来了一个办法。

　　6. 这件事我不想告诉她，但是她已经把这件事知道了。

在讲这一题时要和学生一起复习"把"字句使用的典型环境：

通过动作对事物或人产生了什么样的影响。表示可能的可能补语的语义和"把"字句的语义有矛盾，因此可能补语不能用在"把"字句里。

四、布置作业。（3 分钟）

作业：第 108 页第 7 题的综合填空。

司马光砸缸

这是中国古时候的故事。

　　有一天，司马光和小朋友们在院子里玩，院子里有个大水缸，水缸里装满了水，他们玩得正高兴的时候，一个小朋友不小心掉_____水缸里去了，一个孩子看见了，就大声喊了_____："救人啊！救人啊！有人掉到水缸里_____了。"有的孩子吓得哭了_____来。司马光看到这种情况，很快想_____了一个好办法。他连忙搬起一块石头，跑了过来，向着水缸砸去，一下子把_____砸破了。水缸里的水都流了_____来。掉在水缸里的小朋友得救了。

　　看到从水缸里爬出来的小朋友，大家都笑了_____……

（三）教学案例3：杨寄洲主编一年级教材《汉语教程》的第三册
（上）第三课语法点的教学

1. 课文

北京的四季

　　中国的大部分地区，一年都有春、夏、秋、冬四个季节。就拿首都北京来说吧，从三月到五月是春季，六月到八月是夏季，九月到十一月是秋季，十二月到第二年的二月是冬季。

　　春天来了，树绿了，花开了，天气暖和了。人们脱下冬衣，换上春装。姑娘和小伙子们打扮得漂漂亮亮的，他们在湖上划船，在花前照相，公园里充满了年轻的歌声和笑声。颐和园、北海、香山、长城和十三陵……到处都可以看到来自世界各地的游人。

　　夏天来了，天气热了。人们到长城去游泳。吃完晚饭，工作了一天的人们喜欢到外边散步、聊天儿。马路边、公园里都有散步的人。他们一边走，一边聊天，显得愉快而轻松。

　　冬天的北京比较冷，但是暖气一开，屋子里很暖和。到了冬天，人们喜欢吃火锅，一家几口人或三五个朋友，高高兴兴地围坐在火锅旁边，边吃，边喝，边聊，这情景让人羡慕和向往。

　　北京的冬天不常下雪，但是，要是下了雪，人们就会像过节一样高兴。冬天最美的就是雪景了。很多人会带上照相机去外面拍照。孩子们一点儿也不怕冷，在雪地上跑啊跳啊，堆雪人，打雪仗，小脸和小手冻得红红的，玩得可高兴了。北京人喜欢雪。瑞雪兆丰年，冬天要是下了几场大雪，第二年一定会有好收成。

　　北京一年中最好的季节要数秋天了。天气不冷也不热。不常下雨也很少刮风。大街上到处是鲜花，到处是瓜果。每到周末，人们都喜欢到郊外去玩。爬香山，看红叶，是北京人最喜欢的活动。

　　国庆节放假期间，正是北京一年中风景最美的时候。每到国庆节，全国各地很多游人都会利用假期到北京旅游。要是你能到天安门广场去看看，就会知道，这个古老的国家如今显得多么年轻，你就会感到，勤劳善良、仁爱和平的中国人是多么热情。也许你会爱上这个美丽的城市，爱上这些热情友好的人们。

亲爱的朋友，愿你们在北京、在中国生活得平安快乐。

2. 教案

教学对象：初级水平的老挝、泰国和越南留学生

教学目标：掌握复合趋向补语"动词＋上（本义/引申义）"、"动词＋下（本义/引申义）"的用法及它们之间的区别

教学重点：掌握"上"、"下"作趋向补语的引申义的用法

教学难点："动词＋上（引申义）"与"动词＋起"的区别，"动词＋上"与"动词＋下"结果义的区别

教学方法：任务型教学法

教学时间：1 课时（45 分钟）

教学步骤

一、复习"上"、"下"作趋向补语的含义，根据认知图式展示其引申义的来源。（10 分钟）

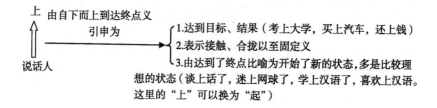

"动词＋上"与"动词＋起"的区别：

动词＋上＋终点　　不用在存现句里　　（走上山顶、跑上楼）

"动词＋上"可以单独用　　（谈上了、考上了、用上了）

"动词＋起"一般不可以单独用

动词＋起＋非处所宾语　　用在存现句里　　（天上升起了一个月亮）

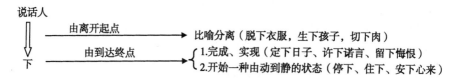

二、根据图片说带趋向补语的句子。（10分钟）

1. 浇上水，种上树。① /
   把水浇下去，把树种好 。

2. 取下帽子，挂上衣架。
   把帽子取下来，挂到衣架上。

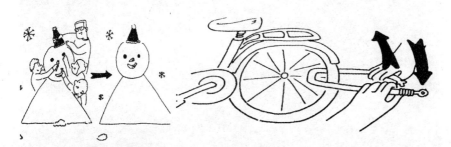

3. 给雪人画上眼睛，插
   上鼻子，戴上帽子。

4. 锁上自行车。/把锁锁上。

5. 脱下衣服，挂到衣架上。
   把衣服脱下来挂到衣架上。

6. 走下飞机。/从飞机上走下来。

① 题目1、2、3、4、5、6、7、8的图片分别选自王洋《汉语教学工具箱（初级汉语词汇·语法·功能操练图片)》。

7. 青蛙爬上岸了。　　　　8. 打开电视和手机。／
　　　　　　　　　　　　　把电视和手机关上。

9. 小女孩喜欢上照相了。　　10. 他举起了手。／他把手举起来了。

三、完成任务。（23 分钟）

把学生三个人分成一组，让他们把手上的一段故事改成含有更多趋向补语的句子。

任务前：分组讨论（8 分钟）

（讨论前让每个学生画出自己觉得故事例可以改成趋向补语的句子，然后再一起讨论）

任务中：分小组报告（12 分钟）

任务后：讲评（3 分钟）

故事一：彩虹蛋糕

妈妈的生日到了，小猴子想给妈妈一个惊喜。

她想来想去还是决定自己做个蛋糕送给妈妈。

小猴量了面粉打好蛋还加了妈妈最喜欢的草莓酱，然后放入大烤箱。

甜甜糯糯的香味飘出好远好远，引来了小老虎、小猫、小兔子、小笨熊、小鸭子好多好多小动物。大家都好想吃哦。

不一会儿，小猴子就端出了一个大大的红红的草莓蛋糕；小老虎忍不住咬了一小口。"太好吃了。"小动物们都忍不住偷偷地吃起来。很快厚厚的蛋糕只剩薄薄的一层了。

小猴子急哭了，"我拿什么送给妈妈。妈妈就快下班了。"

"对不起了，都怪我们太贪吃了。现在我们都来帮忙。"大家七手八脚地忙乎起来。

小老虎爱吃肉，它做了层黄黄的肉松蛋糕；小猫做的蛋糕加满了金灿灿的鱼籽。小兔做的蛋糕加了绿绿的青菜汁；小笨熊的蛋糕加了蓝蓝的蓝莓酱；小鸭子的蛋糕加了好多紫色的葡萄汁，大家一层层叠在小猴子的红蛋糕下，呀，成了一个好漂亮的彩虹蛋糕了。

妈妈回来了，惊呆了，她抱起小猴子亲了又亲："多美的彩虹蛋糕啊！谢谢你，小宝贝。"

小猴子不好意思地说："是大家的功劳哦。"

小动物们也笑了。大家高兴地一起吃蛋糕了，啊，彩虹蛋糕真是太好吃了！

故事二：我要穿棉袄

天气真的好热啊！妈妈一大早就盛好稀饭，好放凉了给小乐乐吃。小乐乐睡得正香呢！妈妈又给小乐乐备好短袖短裤子。

"妈妈，妈妈，"哎呀，小乐乐醒了，"我要穿蜘蛛侠的衣服。"小乐乐大叫。蜘蛛侠是小乐乐最喜欢的棉袄。可是这是夏天。太阳像火炉一样。"这么大热天的谁会穿棉袄呢？"妈妈说。"才不呢，我就要穿！"小乐乐哭了。"好吧，好吧，"妈妈最怕眼泪了。她给小乐乐换上厚厚的蜘蛛侠棉袄，然后又给小乐乐穿上厚厚的奥特曼的棉裤。小乐乐开心极了。他饭都不吃就跑出去玩了。

"哇，你看你看，那个小朋友居然穿棉袄呢！"人们很奇怪地看着乐乐，火辣辣的太阳晒得乐乐直冒汗，好痒哦，小小的红痱子悄悄地从小乐乐的背上探出头来。"哎呀，那个小哥哥好好笑哦，他穿棉袄呀，哈哈哈。"有个小女孩儿忍不住大笑。乐乐羞红了脸，赶忙往家跑。

"妈妈，妈妈，我不穿蜘蛛侠了。"换下棉袄背全部汗湿了。穿上小短袖短裤真的好舒服哦。妈妈笑眯眯地说："明天，给你穿羽绒服哦，有小狗狗图，好漂亮哦。"小乐乐忙摇头"不要不要，夏天就要穿夏天的衣服。小朋友也不可以挑吃挑穿哦。"

乐乐终于长大了。小朋友，你呢？

故事三：不嘛不嘛

佳佳有句口头禅"不嘛不嘛"。早晨，起床时间到了，妈妈提醒佳佳该起床了，佳佳还想睡，就一个劲地嘟哝："不嘛，不嘛！"

好不容易哄佳佳起了床，妈妈对佳佳说，你自己洗脸刷牙，我给你准备早餐。佳佳不称心，小嘴一撅："不嘛，不嘛。"

爸爸说今天是休息日，早饭后带佳佳去公园。这下佳佳乐意了，快快吃完早餐跟着爸爸出了门。到了公园门口，佳佳看见有人在卖气球、风车、纸蝴蝶什么的，佳佳吵着要买。爸爸给她买了一个红气球，佳佳不满意，还要买别的，爸爸说："手里拿那么多东西，怎么玩呢？"以后再买吧。佳佳不肯，一边嘴里说："不嘛，不嘛！"一边干脆蹲到地上不起来了，非要爸爸买不可。

到了公园里，佳佳玩完了碰碰车，又玩小火车，爬上小山还划了船。爸爸说，时间不早了，我们回家吧，下次还可以再来玩。佳佳不听话，小脚一跺："不嘛，不嘛！"

爸爸费了好大的劲，才使佳佳同意回家。路上，他们看见一个小弟弟在哭，原来他的气球破了，看着小弟弟伤心的样子，爸爸劝佳佳把手中的气球送给小弟弟，并答应以后再给佳佳买新的。佳佳不乐意，一手护着气球，嘴里叫着："不嘛，不嘛！"就是不肯给小弟弟。

公共汽车站到了，爸爸让佳佳等着车来，可佳佳想坐出租车回家。爸爸说，已经到车站了，下次再坐出租车吧！佳佳就是不肯："不嘛，不嘛！"汽车来了，佳佳也不上去，爸爸来拖佳佳，佳佳干脆躺在了地上。

这一天，爸爸又疲劳又生气。小朋友，你知道佳佳爸爸疲劳和生气的原因吗？

四、布置作业。（2分钟）课文第36页第4题完成句子。
附作业题如下。

4. 完成句子。

(1) 拿_____来说吧，刚来中国时，也特别想家。

(2) 不要从早到晚_____，还要注意锻炼身体。（总是）

(3) 把大衣_____吧，我给您挂在这里。（动词＋下）

(4) 你是不是_____了，要不，为什么常常去找她？（动词＋上）

(5) 我弟弟今年_____北京大学了。（动词＋上）

(6) 你不知道，我爸爸妈妈听到这个消息是_____。（多么）

(7) 他们个子都很高，_____麦克。（数）

(8) 我们再等他一会吧，_____。（也许）

第七章

结　语

一　本书研究的主要进展

本书基于对泰国、越南和老挝三国中介语语料的分析和语言类型的对比，对趋向补语习得的研究取得了以下进展。

（一）本书重新界定了趋向补语的习得标准，把基于中介语语料的准确率和泛化情况分析得出的习得顺序进行国别对比，找出习得顺序的共性和差异性，并结合语言类型对比分析了习得顺序异同的内在动因，指出母语对汉语习得的影响并不仅仅表现在语言层面，还常常表现在对母语者语言认知能力产生影响的更深层面，即影响学习者的心理类型。[①] 母语对学习者的影响是通过思维来实现的，很多研究表明不同的母语者概念化空间和运动事件会以不同的特定于语言的方式来进行。趋向补语的习得顺序还要受输入频率和趋向补语各句式的累积复杂性（cumulative complexity）的影响，无标记的、输入频率高的句式：主 + 动 + 简单趋向动词 + 宾语（引申义）更容易习得。

老挝语、泰语和越南语母语者大致遵循以下习得顺序：

IIIb、Ia、Ib、IIa、IIIa、IVa、IVb > VIa、VIb > IIb > Va、Vb、VIIa、VIIb

三国学生除了 IIIa、IIa 和 Ib 的习得顺序有些变动外，其他项目的习得顺序三国基本是一致的，通过对习得情况的分析证明 IIIa、IIa 和 Ib 的

---

① ［美］Susan Gass & ［英］Larry Selinker 著，赵杨译《第二语言习得》（2011：127）中指出，"有三个有趣的因素决定语言迁移：（a）学习者的心理类型，即学习者如何组织他的本族语；（b）对本族语与目的语距离的感知；（c）有关目的语的实际知识"。这些观点和本书的研究结论是一致的，学习者的母语影响学生的思维，从而影响学生的习得，这就是学习者的心理类型。其实该书指出的三个有趣的因素中，（b）和（c）仍旧属于学习者的心理类型，母语这一影响因素一定要通过学生的思维方式这一途径去影响学生对目的语的习得。

习得是非线性的。再把我们的研究和前贤关于日语母语者、英语母语者、泰语母语者习得顺序的研究进行对比，最大的差异是 IIIb 和 IIa 的习得顺序。IIIb 和 IIa 的习得一直排在 IVa 和 IVb 的前面，而前贤的研究结论中这个项目的习得要排在 IVa 和 IVb 的后面。按照《汉语水平等级标准与语法等级大纲》，IIa 的学习也先于 IVa 和 IVb 的学习。因为 IIa 的习得主要是受母语的影响，而母语的负迁移一般发生在初级阶段，母语的影响随着学习者目的语的提高而逐渐减少。① 同时，我们基于语言类型学理论，对为什么 IIIb 的习得会排在前面进行了解释，因为 IIIb 的句法结构相对于趋向补语所有的下位句式而言，是无标记的句式，无标记的句式相对于有标记的句式而言更容易习得。②

（二）基于对泰国、越南、老挝三国母语者趋向补语泛化情况的分析，并参考已有的对其他国别非汉语母语者趋向补语习得情况的研究，找出了非汉语母语者习得汉语趋向补语的共性及差异性。通过我们的研究发现三国学生习得汉语趋向补语各句式的偏误类型和偏误比例大致相似，可以针对每一个句式的习得难点提出针对性教学策略。

（三）把我们得出的趋向补语的习得顺序与《汉语水平等级标准与语法等级大纲》里列出的趋向补语教学的先后顺序进行对比，指出要对《汉语水平等级标准与语法等级大纲》里趋向补语的安排作如下调整：

1. 把 IIIb 的习得列为甲级语法项目。

2. 在甲级、乙级、丙级三个阶段语法项目的教学中适当穿插 Ib 的教学。

3. 把 IIa 的教学作为初级阶段语法教学的重点。

（四）基于任务型教学法，针对趋向补语的甲级、乙级和丙级语法项目提出了针对性的教学建议，并设计了五个教学案例。

二 本书研究的不足之处

本书对泰国、越南和老挝语母语者的研究是基于中介语语料库的研

---

① 俞理明：《语言迁移与二语习得——回顾、反思和研究》，上海外语教育出版社 2004 年版，第 81 页。

② 周小兵指出："普遍性对中介语有制约作用，习得也许遵循着特征层级性次序，无标记/弱标记性特征先于有标记/强标记特征习得。"（周小兵：《对外汉语教学入门》，中山大学出版社 2004 年版，第 135 页）

究，虽然该研究也是分水平、分阶段的类似纵向研究的路子，但是缺乏动态的真正的纵向研究；此外，对趋向补语习得顺序的研究也缺乏心理语言学和神经语言学方面的实验支撑。这一不足也是国内二语习得方面的主要不足。

三　动态系统理论与第二语言习得

当前，国内的二语习得研究大多是在二语习得线性发展模式的假设下进行的，常常用某一语言项目使用准确率的平均值来衡量该项目的习得情况，这样的研究方法掩盖了单个学习者个体相关变量如年龄、学习动机等对二语习得发展的影响，因此是缺乏效度的。[①] 国外最新的研究理论认为二语得的发展也是一个动态的复杂适应系统，这种系统随着时间变化而变化，该理论被称为动态系统理论（DST），它早在 20 世纪 50 年代就被用在存在论、管理学、精神疗法等多个领域，Larsen Freeman（1997）发表的《混乱/复杂科学与第二语言习得》首次提出应将复杂理论（包括后面的动态系统理论）应用到第二语言习得领域[②]，这一应用在国外还处于尝试阶段，如何把影响二语习得的多个变量结合起来研究，怎样的实验设计能更有效地反映变量之间的相互作用，对第二语言习得研究来说确实是一个复杂的难题。

国内评介二语习得理论的文章只有为数不多的几篇，如沈昌洪、吕敏（2008）[③]，王涛（2010[④]、2011[⑤]），李兰霞（2011）[⑥]，郑咏滟（2011）[⑦]，

[①]　Pienemann, M., "Variation and dynamic systems in SLA", *Bilingualism: Language and Cognition*, (10), 2007.

[②]　Larsen-Freeman, D., " Chaos/Complexity Science and Second Language Acquisition", *Applied Linguistics*, Vol. 18, 1997.

[③]　沈昌洪、吕敏：《动态系统理论与二语习得》，《外语研究》2008 年第 3 期。

[④]　王涛：《从二语习得到二语发展：一个动态的观点》，《外语教学理论与实践》2010 年第 4 期。

[⑤]　王涛：《动态系统理论视角下的复杂系统：理论、实践与方法》，《天津外国语大学学报》2011 年第 6 期。

[⑥]　李兰霞：《动态系统理论与第二语言发展》，《外语教学与研究》2011 年第 3 期 。

[⑦]　郑咏滟：《动态系统理论在二语习得研究中的应用——以二语词汇发展研究为例》，《现代外语》2011 年第 3 期。

姚永晶（2011）[1]，这些文章反映了作者对动态系统理论及其在二语习得研究中应用方法的理解，如沈昌洪等指出动态系统理论认为某个特定时刻学习者之间的微小差异也许会产生完全不同的效果，因此要以足够的耐心和细心，仔细观察整个语言发展过程的每个细枝末节，整合出一套具有科学性的二语习得发展模式。[2] 王涛也卓有见地地指出时间是影响复杂系统互动水平的一个极其重要的参数，在复杂系统中，不同的事件发生在特定的时段上，因而显示出特殊的意义。[3] 在动态系统理论的应用方面，李兰霞重点评介了 Larsen Freeman（2008）[4]和 Verspoor 等（2008）[5] 的研究方法，如"动态的实验设计"、"纵向、个案、时间序列方法"、"微发展研究法"、"电脑建模"、"大脑成像"等[6]。但是目前的评介还是停留在宏观理论阶段，有些方法在我们国内还是无法应用的，如"电脑建模"、"大脑成像"的研究方法，原因有二，其一，我们作为汉语习得的研究者多数为语言学专业，根本无法去应用这两个需要高端计算机技术、数学理论和心理学理论的研究方法；其二，语言的发展是复杂的，我想这两个方法只是对语言习得的发展状况的模拟或某一个横切面的录制，也不可能解决语言习得领域的真正问题。为此，我们应结合国内的现状重点研究"动态的实验设计"、"纵向、个案、时间序列方法"等方法，本书拟在此提出一个具有可操作性的研究范本。

如前所述，国内的评介强调的是动态系统的变异性、不可预测性，然而他们却忽略了由于动态系统的自组织性，该系统会呈现出大致的发展模式，并且某一个变量的作用在某一个阶段常常会被凸显，我们不能一味地强调变异性而忽略规律性。如果没有对动态系统理论的全面了解，我们很难将该理论有效地应用到二语习得研究中去，为此，我们将先对动态系统

① 姚永晶：《动态系统理论视角下汉语作为外语的磨蚀现象研究》，硕士学位论文，燕山大学，2011 年。

② 沈昌洪、吕敏：《动态系统理论与二语习得》，《外语研究》2008 年第 3 期。

③ 王涛：《动态系统理论视角下的复杂系统：理论、实践与方法》，《天津外国语大学学报》2011 年第 6 期。

④ Larsen Freeman, D. & L. Cameron, "Research Methodology on Language Development from a Complex Systems Perspective", *The Modern Language Journal*, Vol. 92, No. 2, 2008, p. 200—213.

⑤ Verspoor, M., W. Lowie & M. Van Dijk, "Variability in L2 Development from a Dynamic Systems Perspective", *The Modern Language Journal*, Vol. 92, No. 2, 2008, p. 214—231.

⑥ 李兰霞：《动态系统理论与第二语言发展》，《外语教学与研究》2011 年第 3 期。

的"非线性"、"不可预测性"和"自组织性"的特点进行全面的阐释。

　　一个动态系统的组成部分是复杂的，而且每个变量都是在随时变化着的，变量之间的相互作用在某种程度上是不可知的，这就导致系统发展过程中不连续性和自组织的发生，使传统的可预测性变得不可预测，这就像一只蝴蝶在世界的一个地方扇动翅膀可能对世界另一个地方的气象产生巨大的影响，这就是比较有名的"蝴蝶效应"。然而值得我们深思的是气象部门并没有因为蝴蝶效应而停止对天气进行预报，那么这里"不可预测性"的含义究竟是什么呢？动态系统理论把我们对系统已有发展过程的解释和对未来发展的预测分开来，该理论认为我们可以通过系统的自组织特点解释系统已有的进化和发展，但我们不能通过这种解释预测系统将来的发展，因为任何一个变量的微小变化都会导致系统发展过程的变化，有很多细节是我们难以预测的，但是该理论并不否认我们可以根据系统自身的特点预测系统发展的趋势和大致模式，为了能更清楚地阐明这一点，我们引用原文如下：

　　We might acknowledge tendencies or patterns, but resist claiming and applicability for our findings beyond specific times and places.[1]（译文：我们可能会承认倾向或模式，但抵制对我们研究结论的超越具体的时间和地点的应用。）

　　那么动态系统的发展趋势为什么又是可以揭示的呢？因为系统有自组织的特点。动态系统毕竟是一个系统，这个系统遵照"power law（力的法则）"运行，并显示出一个特别的模式，这一点在其他领域也被证实。[2]动态系统的发展被引子（attractor）[3]控制着，引子是系统发展的动力源，虽然这个引子是由系统变量之间的互动引起的，带有一定的偶然性，但引子的引力是受制于整个系统的，因此我们可以预测这个系统的大致发展趋势，但不能从真正意义上预测整个系统发展的具体细节[4]；就像我们种下

---

　　[1]　Larsen Freeman, D. & L. Cameron, "Research Methodology on Language Development from a Complex Systems Perspective", *The Modern Language Journal*, Vol. 92, No. 2, 2008, p. 203.

　　[2]　De Bot, Kees, "Introduction: Second Language Development as a Dynamic Process", *The Modern Language Journal*, Vol. 92, 2008, p. 172.

　　[3]　Larsen Freeman, D., "Chaos/Complexity Science and Second Language Acquisition", *Applied Linguistics*, Vol. 18, 1997, p. 145—146.

　　[4]　Ibid., p. 146.

一棵树苗，我们可以预测这个树苗会长成树的样子，至于这棵树要长出多少树叶，多少树枝我们是无法预测的。就二语习得中"引子"的特点和作用，为了便于读者的理解，我们摘录原文如下：

The path that a dynamic system takes can be traced in space and is called an attractor. It receives this name because it is the pattern to which a dynamic system is attracted. For example, in a closed system, where there is no influx of energy, a bob swinging on the end of a string has a fixed point attractor, eventually the bob will settle down, stop swinging and be attracted to a fixed point. A frictionless pendulum, on the other hand, yields a periodic or limit cycle attractor. Its attractor is an orbit defined by the two extremes at either end. [1]

［译文：一个动态系统的发展道路在空间上是可以追溯的，在时间上被称为"引子"。它之所以被赋予这个名字，是因为它吸引动态系统使其遵循一定的模式。例如，在一个没有能量的流动的封闭系统里，钟摆被拴在一个细绳的末端，它摆动时有一个固定的"引子"，最后钟摆在这个"引子"的吸引下停在一个固定的点上。另一方面，一个无阻力的钟摆的摆动产生出一个周期性的或极限环"引子"，这个"引子"就是一个受极限环在两端的任何极端限定的轨道。］

A complex nonlinear system exhibits a different attractor altogether, one which was until recently unknown. Such a system has a "strange" attractor because although its cycle repeats itself like the frictionless pendulum, no cycle ever follows the exact same path or overlaps any other cycle. "The orbits can become very densely packed together, and can in fact approach infinite thinness, but are still constrained within the limits of the attractor." (Taylor 1994: 203) Thus, globally a pattern emerges, but locally it is impossible to predict just what the details will look like. For instance, at the same time that weather is constantly changing, it also stays within the boundaries of what we call the climate. "We can tell where the system cannot be, and we can identify the states that the system is most likely to be, but we cannot tell exactly where the system will be." (Mohanan 1992: 650) As such, a strange attractor can be depicted

---

① Larsen Freeman, D., "Chaos/Complexity Science and Second Language Acquisition", *Applied Linguistics*, Vol. 18, 1997, p. 145.

as "stochastic behavior occurring within a deterministic system." （Stewart，1989：17）①

[译文：一个复杂的非线性系统显示了一个全然不同的"引子"，这个"引子"一直到现在还是未知的。这个引子很"奇怪"，因为虽然系统引子的周期像无阻力的钟摆摆动的轨迹一样重复，但是没有任何周期遵循过同样的循环路径或重叠在一起。"轨道可以非常密集地挤在一起，但仍有无限细微的差异，它仍旧在'引子'的约束范围之内。"（Taylor，1994）因此，一个动态系统在整体范围内呈现出某种模式，但是局部范围内我们还是无法预测其细节。例如，天气保持在我们所说的气候的范围之内，但与此同时，它也是不断变化的。"我们能判断这个系统不会成什么样子，我们也能确定它最有可能成为什么样子，但是我们不能确切地说出系统的具体状态。"（Mohanan，1992：650）"奇异吸引子可以被描绘成发生在一个确定性系统里的随机性行为。"（Stewart，1989：17）]

因此，动态系统的不可预测性是指实际发展过程的不可预测，但是它的发展趋势在某种程度上是可以评估的，就第二语言习得发展而言，第二语言习得模式的形成过程受中介语这个系统的总体控制，这个系统决定着每一个语言模式的总体走向，虽然每个人使用的语言千变万化，但他使用的语法必须在这个系统里能与他人互相适应。为了能让大家能更清楚地理解中介语动态系统的特点，我们摘录一段 Larsen Freeman 的相关论述：

If language acquisition is a process of pattern formation, and if patterns can be created spontaneously that are more complex than the input data, how is it possible for us to comprehend one another? Why do we not each wind up creating our own language, speaking mutually unintelligible idiolects?② （译文：如果语言习得是一个模式形成的过程，并且模式可以自然地被创造成比输入语料更复杂的形式，那为什么我们可以互相理解呢？我们为什么不结束创造共同的语言，说让彼此都无法理解的个人方言呢？）

The first answer to this question is that the process of pattern formation hap-

---

① Larsen Freeman, D., "Chaos/Complexity Science and Second Language Acquisition", *Applied Linguistics*, Vol. 18, 1997, p. 146.

② Ibid., p. 153.

pens within a system which constrains its general shape. The second answer is that grammars of speakers in the

Same community adapt to each other. Recall that adaptation is also an inherent quality of dynamic, complex nonlinear systems.[1]（译文：对第一个问题的回答是模式形成的过程是发生在一个可以控制自身大体模式的系统内的。对第二个问题的回答是说话者使用的语法是在一个共同的团体内的，要互相适应。别忘了适应性是一个动态的、复杂的非线性系统的固有性质。）

四 动态系统视角下的汉语习得研究方法

过去那种统计静态中介语语料库语法项目数量和计算学习者小组使用准确率平均数的研究方法，忽略了二语习得中的多个变量等对二语习得的影响，根据动态系统理论我们综合研究各种变量的影响程度，对系统的实际复杂性作出一个合理的解释，从而建立更好的教学模式，促进习得的发展，减少语言的损耗。这里，从语料搜集和数据分析两个方面提出汉语习得研究方法的改进办法，鉴于这是一种尝试，这种方法仅供大家参考，其可操作性和有效性还需要在实践中进一步验证和修改。

（一）语料搜集

Larsen Freeman 指出要结合话语情境[2]，综合考虑各种变量因素来研究二语习得，用前测（pre-test）和后测（post-test）来研究某一变量对二语习得影响的做法，明显是行不通的，这种研究方法强调调查者要调查的某一变量的作用，而忽略了其他变量对后测成绩的影响。那么我们在二语习得研究中如何搜集要考察的中介语语料呢？我们应是先搜集大规模的中介语语料，然后设计实验，做"基于设计的研究（design-based research）"[3]。虽然分析大规模中介语语料的研究方法是静态的，但是这种静态的分析毕竟可以提供一种二语习得的趋势，我们在已有趋势的基础上去设计实验就会做到"有的放矢"，而不是面对多个变量无从下手。"基

---

① Larsen Freeman, D., "Chaos/Complexity Science and Second Language Acquisition", *Applied Linguistics*, Vol. 18, 1997, p. 154.

② Ibid., 158 – 159.

③ Larsen Freeman, D. & L. Cameron, "Research Methodology on Language Development from a Complex Systems Perspective", *The Modern Language Journal*, Vol. 92, No. 2, 2008, p. 207.

于设计的研究（design-based research）"就是随着时间的变化不停地改变学习环境，然后分析由于变量变化而带来的结果，在前面实验的基础上继续改变变量设计新的实验。因此，"基于设计的研究（design-based research）"要求在学生不同的学习阶段完成，是纵向研究，但绝不是只做个案研究，因为不同的班级或者学习伙伴也是影响二语习得的重要变量，单单研究个案往往会忽略这一变量，因此要把小组和个人的研究结合起来。

那么究竟怎么样去设计实验呢？以对汉语补语习得的研究为例，我们先搜集中介语语料，研究汉语补语习得的总趋势，包括习得顺序、习得难点等，然后再设计实验，具体考察整体复杂系统下单个变量的作用。我们可以采用 SOPI 测试的形式，这种测试 1985 年由美国应用语言学中心（CAL）开发，在测试前，我们要先对学生进行考试时操作电脑的培训，测试时，题目和图片都出现在电脑上，学生可以通过耳机听到母语指示语，然后回答问题，回答的全过程由电脑录音。SOPI 测试一套完整的测试题包括 15 个任务，主要的题型有根据话题描述场景（5 个题目）、看图说话（5 个题目）、回答问题（5 个题目），我们在搜集与补语有关的口语语料时，要根据学生的汉语水平和其他实际情况调整相关的图片、话题，以便能获得更多的补语使用语料。测试对象我们可以作如下安排：我们选越南、泰国和老挝三个国家的 120 个学生作为测试对象，这些学生来自四个年级，每个年级 30 个学生，每个国家 10 个学生，测试分四年完成，每半年测试两次，四年共测 8 次，这样既有时间段的把握，也有汉语水平的区分，二、三、四年级的学生毕业后，我们可以通过个案追踪的形式研究他们汉语的损耗。这样四年下来，我们就搜集了大量的中介语动态口语语料。

（二）数据分析

动态地搜集了语料之后，可以在某种程度上聚焦某个变量或某几个变量对二语习得的影响，比如，研究母语迁移对汉语习得的影响时，我们就可以把学生的语料按国别来统计，统计时既统计每个小组的总体情况，也统计每个个体的情况，把个体的分数都转化成标准分数 Z，比较每个个体的标准分数，可以看出该个体在小组中的表现，也可以看出该个体自身汉语水平的发展情况。在每个水平阶段，我们可以进行横向研究，统计每个国家同一水平小组某一语法项目的平均值，进行独立样本检验（Independent hypothesis test），看看不同母语的汉语习得者是否有不同，如有不同，在其他变量如教师、教学环境、学习环境基本相同的情况下，探讨是否是母语这个变量在起作用；到了下个阶段，我们在进行横向研究的同时，可以进行纵向研究，看某个语法项目在下个阶段是否有提高，这时个体的情况怎样（比较 Z 值），小组的情况怎么样（同一小组我们使用依存样本检验），再分析母语对某一个语法项目的习得模式是否有影响。总之，我们对数据的统计也应根据研究需要动态地进行。需要指出的是，在美国"统计学"是各个专业研究生必修的基础课，而在国内，汉语国际推广专业一般不开设这门课，这是我们课程设置的缺陷，每个研究汉语习得的学者必须具备一定的统计学专业素养才行。我们把我们的研究思路制成图 10。

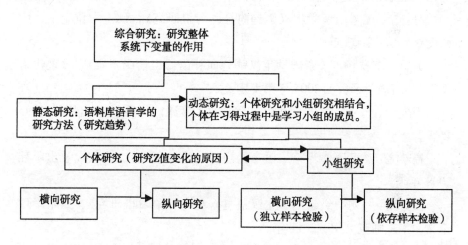

图 10 动态系统理论视角下汉语作为二语习得研究设计

综上所述，动态系统理论视角下，我们要综合考虑各种变量，并注意变量之间的相互作用及系统在发展中的每一个细节，从而达到对复杂系统的合理解释，充分分析系统发展过程的稳定性和不平衡状态，允许实验结论的对立面或反例的存在，我们应该考虑可能导致这种反例存在的变量作用，更好地去设计下一个实验。

参考文献

中 文 类

北京语言大学汉语水平考试中心：《中国汉语水平考试大纲（高等）》，北京语言大学出版社 1995 年版。

白克宁：《越南留学生汉语趋向补语习得研究》，硕士学位论文，广西民族大学，2007 年。

陈晨、李秋杨：《泰国学生汉语趋向补语习得情况考察》，《现代语文》（语言教学研究）2007 年第 1 期。

程美珍、李珠：《汉语病句辨析九百例》，华语教学出版社 1996 年版。

崔希亮：《汉语作为第二语言的习得与认知研究》，北京大学出版社 2008 年版。

段芳草：《初中级越南学生汉语复合趋向补语习得研究》，硕士学位论文，华东师范大学，2011 年。

冯丽萍、孙红娟：《第二语言习得顺序研究方法述评》，《语言教学与研究》2010 年第 1 期。

冯丽萍、肖青：《第二语言习得发展研究中语料分析方法的适用条件——以韩国学生汉语主谓谓语句习得为例》，《华文教学与研究》2011 年第 3 期。

高顺全：《多义副词的语法化顺序和习得顺序研究》，复旦大学出版社 2012 年版。

国家汉语国际推广领导小组办公室：《国际汉语教学通用课程大纲》，外语教学与研究出版社 2008 年版。

马超：《从标记理论看复合趋向补语的习得》，《德州学院学报》2008 年第 5 期。

胡明亮、郑继娥：《汉英语序对比研究》，中国社会科学出版社 2014 年版。

黄玉花：《韩国学生汉语趋向补语习得特点及偏误分析》，《汉语学习》2007 年第 4 期。

胡发宣：《泰国学生汉语补语习得研究》，硕士学位论文，广西民族大学，2008 年。

柯传仁、蔡真慧、顾琳、黄懿慈：《汉语听力教学》，北京大学出版社 2009 年版。

柯传仁、黄懿慈、朱嘉：《汉语口语教学》，北京大学出版社 2012 年版。

李大忠：《外国人学汉语语法偏误分析》，北京语言大学出版社 1996 年版。

李德津、金德厚：《汉语语法教学》，北京语言大学出版社 2009 年版。

李燕：《现代汉语趋向补语范畴研究》，南开大学出版社 2012 年版。

李建成：《韩国留学生汉语趋向补语习得过程中的言语加工策略研究》，硕士学位论文，北京语言大学，2007 年。

李建成：《趋向补语第二语言习得研究回顾》，《南宁师范高等专科学校学报》2009 年第 3 期。

李兰霞：《动态系统理论与第二语言发展》，《外语教学与研究》2011 年第 3 期。

李泉：《对外汉语语法教学研究综观》，《语言文字应用》2007 年第 4 期。

梁银峰：《汉语趋向动词的语法化》，学林出版社 2007 年版。

吕叔湘：《现代汉语八百词》，商务印书馆 1999 年版。

吕文华：《关于对外汉语教学中的补语系统》，《语言教学与研究》1995 年第 4 期。

吕文华：《关于述补结构系统的思考——兼谈对外汉语教学的补语系统》，《世界汉语教学》2001 年第 3 期。

陆俭明：《现代汉语补语研究资料》，北京语言学院出版社 1992 年版。

刘丹青：《语序类型学与汉语介词理论》，商务印书馆 2003 年版。

［越南］刘汉武：《初级汉语水平越南学生的趋向补语偏误分析》，《云南师范大学学报》（对外汉语教学与研究版）2013 年第 4 期。

刘颂浩：《第二语言习得导论——对外汉语教学视角》，世界图书出版公司 2007 年版。

刘月华：《趋向补语通释》，北京语言大学出版社 1998 年版。

刘月华、潘文娱、故韡：《实用现代汉语语法》，商务印书馆 2005 年版。

刘英林：《汉语水平等级标准和语法等级大纲》，高等教育出版社 1996 年版。

陆俭明：《动词后趋向补语和宾语的位置问题》，《世界汉语教学》2002 年第 1 期。

龙娟：《对外汉语教学趋向补语偏误分析》，硕士学位论文，华中科技大学，2005 年。

卢福波：《汉语语法教学理论与方法》，北京大学出版社 2010 年版。

［澳］罗伯特·迪克森：《语言兴衰论》，朱晓农等译，北京大学出版社 2010 年版。

马云霞：《汉语路径动词的演变与位移事件的表达》，中央民族大学出版社 2008 年版。

孟国：《对外汉语十个语法难点的偏误研究》，北京大学出版社 2011 年版。

米娜：《老挝学生汉语趋向补语对比及偏误分析》，硕士学位论文，苏州大学，2012 年。

潘允中：《汉语动补结构的发展》，《中国语文》1980 年第 1 期。

齐春红、杨育彬：《泰北地区云南方言语法变异情况考察》，《云南师范大学学报》（哲学社会科学版）2010 年第 5 期。

齐春红：《泰国学生汉语可能补语习得情况考察》，《西南石油大学学报》（社会科学版）2011 年第 4 期。

齐春红：《越南语母语者汉语趋向补语习得顺序研究》，《云南师范大学学报》（对外汉语教学版）2014 年第 4 期。

齐春红、杨育彬：《泰国学生汉语趋向补语习得研究》，《现代语文》（二月上旬刊）2015 年第 4 期。

齐春红：《老挝语母语者汉语趋向补语习得情况分析》，《西南石油大学学报》（社会科学版）2015 年第 1 期。

齐春红、陈海燕：《东南亚三国学生汉语趋向补语习得顺序研究》，《江苏科技大学学报》2015 年第 1 期。

齐沪扬：《对外汉语教学语法》，复旦大学出版社 2008 年版。

钱旭菁：《日本留学生汉语趋向补语的习得顺序》，《世界汉语教学》1997 年第 1 期。

沈昌洪、吕敏：《动态系统理论与二语习得》，《外语研究》2008 年第 3 期。

沈禾玲：《汉语字词教学》，北京大学出版社 2011 年版。

沈家煊：《不对称和标记论》，江西教育出版社 1999 年版。

沈家煊：《语用原则、语用推理和语义演变》，《外语教学与研究》2004 年第 4 期。

孙德金：《汉语语法教程》，北京语言文化大学出版社 2002 年版。

孙德金：《对外汉语语法及语法教学研究》，商务印书馆 2006 年版。

孙瑞珍：《中高级对外汉语教学等级大纲（词汇·语法）》，北京大学出版社 1985 年版。

石毓智：《汉语语法》，商务印书馆 2011 年版。

田静：《高级阶段越南留学生趋向补语习得偏误研究》，硕士学位论文，华中师范大学，2011 年。

佟惠君：《外国人学汉语病句分析》，北京语言学院出版社 1986 年版。

王国栓：《趋向问题研究》，华夏出版社 2005 年版。

王建勤：《第二语言习得研究》，商务印书馆 2009 年版。

王涛：《从二语习得到二语发展：一个动态的观点》，《外语教学理论与实践》2010 年第 4 期。

王涛：《动态系统理论视角下的复杂系统：理论、实践与方法》，《天津外国语大学学报》2011 年第 6 期。

汪翔、农友安：《近五年外国学生汉语趋向补语习得研究述评》，《广西教育学院学报》2011 年第 2 期。

王洋：《汉语教学工具箱（初级汉语词汇·语法·功能操练图片）》，世界图书出版公司 2011 年出版。

吴中伟：《怎样教语法——语法教学理论与实践》，华东师范大学出版社 2007 年版。

肖奚强、周文华：《外国学生汉语趋向补语句习得研究》，《汉语学习》2009 年第 1 期。

肖奚强等：《外国人汉语句式学习难度及分级排序研究》，高等教育出版社 2009 年版。

许余龙：《对比语言学》，上海外语教育出版社 2002 年版。

杨春雍：《越南留学生汉语补语习得偏误分析》，硕士学位论文，云南师范大学，2005 年。

姚永晶：《动态系统理论视角下汉语作为外语的磨蚀现象研究》，硕士学位论文，燕山大学，2011 年。

杨德峰：《英语母语学习者趋向补语的习得顺序》，《世界汉语教学》2003 年第 2 期。

杨德峰：《朝鲜语母语学习者趋向补语习得情况分析》，《暨南大学华文学院学报》2003 年第 4 期。

杨德峰：《日语母语学习者趋向补语习得情况分析——基于汉语中介语语料库的研究》，《暨南大学华文学院学报》2004 年第 3 期。

杨德峰：《日本人学汉语常见语法错误释疑》，商务印书馆 2008 年版。

杨寄洲：《汉语教程》（第 1—3 册），北京语言大学出版社 2006 年版。

叶盼云、吴中伟：《外国人学汉语难点释疑》，北京语言大学出版社 1999 年版。

俞理明：《语言迁移与二语习得——回顾、反思和研究》，上海外语教育出版社 2004 年版。

张和生：《汉语可以这样教——语言要素篇》，商务印书馆 2006 年版。

张旺熹：《汉语特殊句法的语义研究》，北京语言大学出版社 1999 年版。

赵金铭：《汉语作为第二语言技能教学》，北京大学出版社 2010 年版。

郑咏滟：《动态系统理论在二语习得研究中的应用——以二语词汇发展研究为例》，《现代外语》2011 年第 3 期。

周国光：《汉语句法结构习得研究》，安徽大学出版社 1997 年版。

周小兵：《学习难度的测定和考察》，《世界汉语教学》2004 年第 1 期。

周小兵：《对外汉语教学入门》，中山大学出版社 2004 年版。

周小兵：《越南人学习汉语语法点难度考察》，《云南师范大学学报》（对外汉语教学与研究版）2007 年第 5 期。

周小兵、朱其智、邓小宁：《外国人学汉语语法偏误研究》，北京语言大学出版社 2007 年版。

《中国少数民族语言简志》编委会、《中国少数民族语言简志丛书》修订本编委会：《中国少数民族语言简志丛书修订本·卷壹》，民族出版社 2009 年版。

《中国少数民族语言简志》编委会、《中国少数民族语言简志丛书》修订本编委会：《中国少数民族语言简志丛书修订本·卷贰》，民族出版社 2009 年版。

《中国少数民族语言简志》编委会、《中国少数民族语言简志丛书》修订本编委会：《中国少数民族语言简志丛书修订本·卷叁》，民族出版社 2009 年版。

《中国少数民族语言简志》编委会、《中国少数民族语言简志丛书》修订本编委会：《中国少数民族语言简志丛书修订本·卷肆》，民族出版社 2009 年版。

《中国少数民族语言简志》编委会、《中国少数民族语言简志丛书》修订本编委会：《中国少数民族语言简志丛书修订本·卷伍》，民族出版社 2009 年版。

《中国少数民族语言简志》编委会、《中国少数民族语言简志丛书》修订本编委会：《中国少数民族语言简志丛书修订本·卷陆》，民族出版社 2009 年版。

朱德熙：《语法讲义》，商务印书馆 1982 年版。

［美］Susan Gass & ［英］Larry Selinker：《第二语言习得》，赵杨译，北京大学出版社 2011 年版。

英 文 类

Ambridge，Ben and Pine，Julian，M. and Rowland，Caroline，F.，"Semantics Versus Statistics in the Retreat from Locative Overgeneralization Errors", *Cognition*, Vol. 123, No. 2, May 2012.

Brown, R., *A First Language: the Early Stages*, Cambridge, Mass: Harvard University Press, 1973.

Chuanren, Ke, "Patterns of Acquisition of Chinese Linguistics Features by CFL Learners", *Journal of the Chinese Language Teachers association*, Vol. 40, No. 1, 2005.

De Bot, Kees, "Introduction: Second Language Development as a Dynamic Process", *Modern Language Journal*, Vol. 92, No. 2, 2008.

Dulay, H. & M. Burt, "Natural Sequences in Child Second Language Acquisition", *Language Learning*, Vol. 24, 1974.

Doughty, C. & Williams, J., "Pedagogical Choices in Focus on Form", In C. Doughty and J. Williams (Eds.), *Focus on form in Classroom Second Language Acquisition*, New York: Cambridge University Press, 1998.

Ellis, N. &Diane Larsen-Freeman, *Language as a Complex Adaptive System*, Chichester, West Sussex, U. K.; Malden, MA: Wiley-Blackwell, 2009.

Ellis, R., *Understanding Second Language Acquisition*, Shanghai: Shanghai Foreign Language Education Press, 1985.

Ellis, R., *The Study of Second Language Acquisition*, Shanghai: Shanghai Foreign Language Education Press, 1999.

Goldschneider, Jennifer, M. and Dekeyser, Robert, M., "Explaining the 'Natural Order of L2 Morpheme Acquisition' in English: A Meta-analysis of Multiple Determinants", *Language Learning*, Vol. 51, No. 1, 2001.

Krashen, S., "The Monitor Model for Adult Second Language Performance", In M. Burt, H. Dulay and M. Finocchiaro (Eds.), *Viewpoints on English as a Second Language*, New York: Regents, 1977.

Lakoff, G. & M. Johnson, *Metaphors We Live By*, Chicago: The University of Chicago Press, 1980.

Larsen-Freeman, D. E., "An Explanation for the Morpheme Acquisition Order of Second Language Learners", *Language Learning*, Vol. 26, 1976.

Larsen-Freeman, D., "Chaos/Complexity Science and Second Language

Acquisition", *Applied Linguistics*, Vol. 18, 1997.

Larsen-Freeman, D. & L. Cameron, *Complex Systems and Applied Linguistic*, New York: Oxford University Press, 2008.

Larsen-Freeman, D. & L. Cameron, "Research Methodology on Language Development from a Complex Systems Perspective ", *The Modern Language Journal*, Vol. 92, No. 2, 2008.

Lindsay J. Whaley, *Introduction to Typology——The Unity and Diversity of Language*, Peking: Sage Publications, Inc.

Light brown, P. , "Great Expectations: Second-language Acquisition Research and Classroom Teaching", *Applied Linguistics*, Vol. 6, 1985.

Lu, J. , "Directional Complement: A Pedagogical View", *Journal of Chinese Language Teachers Association*, 19 (2), 1984.

Mellow, J. D. and K. Stanley, "Theory Development in Applied Linguistics: Toward A Connectionist Framework for Understanding Second Language Acquisition", *Issues in Applied Linguistics*, Vol. 13, No. 1, 2002.

Mohanan, K. P. , "Emergence of Complexity in Phonological Development", in C. Ferguson, L. Menn, and C. Stoel-Gammon (eds), *Phonological Development Timonium*, MD York Press, Inc, 1992.

Pienemann, M. , "Psychological Constraints on the Teachability of Languages", *Studies in Second Language Acquisition*, (6), 1984.

Pienemann, M. , *Language Processing and Second Language Development*, Amsterdam, The Netherlands: Benjamins, 1998.

Pienemann, M. , "Variation and Dynamic Systems in SLA", *Bilingualism: Language and Cognition*, (10), 2007.

Ravid, D. D. , *Language Change in Child and Adult Hebrew*, New York: Oxford University Press, 1995.

Smith, Linda, B. & Thelen, Esther, "Development as a Dynamic System", *Trends in Cognitive Sciences*, Vol. 7, No. 8, 2003.

Schmidt, R. W. , "The Role of Consciousness in Second Language Learning", *Applied Linguistics*, Vol. 11, No. 2, 1990.

Schmidt, R. W. , "Awareness and Second Language Acquisition", *Annual Review of Applied Linguistics*, Vol. 13, 1993.

Wu, ShuLing, "Learning to Express Motion Events in an L2: The Case of Chinese Directional Complements", *Language Learning*, Vol. 61, No. 2, 2011.

Talmy, L. , "Lexicalization Patterns: Semantic Structure in Lexical Forms", in T. Shopen (Ed.), *Language Typology and Syntactic Description: Vol. 3. Grammatical categories and the lexicon* (pp. 36—149), Cambridge: Cambridge University Press, 1985.

Talmy, L. , *Toward a Cognitive Semantics*, Cambridge, MA: Massachusetts Institute of Technology Press, 2000.

Tarone, E. , U. Frauenfelder and L. Selinker. , "Systematicity/Variability and Stability/Instability in Interlanguage Systems", *In Language Learning: Papers in second language learning*, H. D. Brown (Ed.), Ann

Arbor: University of Michigan Press, 1976.

Verspoor, M. , W. Lowie & M. van Dijk. , "Variability in L2 Development from a Dynamic Systems Perspective ", *The Modern Language Journal*, Vol. 92, No. 2, 2008.

William Croft. , *Explaining Language Change: An Evolutionary Approach*, Peking: Sage Publications, Inc, 2011.

Zobl, H. & Liceras, J. , "Functional Categories and Acquisition Orders", *Language Learning*, Vol. 44, 1994.

Zobl, H. , "Converging Evidence for the 'Acquisition-Learning' Distinction", *Applied Linguistics*, Vol. 16, 1995.

后　记

　　这本书是教育部人文社会科学一般项目（07JC740022）"基于语料库和类型学研究的东南亚三国留学生汉语句子附加成分习得研究"研究成果的一部分。书稿的撰写历时五年。作为一名工作在一线的对外汉语教师，每周至少要上十四节课，因此这本书是五年来我利用周末和节假日的时间撰写的，研究的艰辛和喜悦同时伴随着我。书中提到的最新的第二语言习得理论是我在 2011 年至 2012 年赴美国爱荷华大学进修时，师从柯传仁教授习得的。2011 年 7 月我赴美国进修时，书稿已经写了一半，我当时坚信三国留学生习得汉语趋向补语会大致遵循一个线性模式，是柯老师反复强调二语习得的非线性才促使我深入地钻研了动态系统理论。柯老师对我的研究给予了中肯的评价，他说："在第二语言习得研究中语言学的普遍的类型学的规律是必须研究的，这是二语习得研究的基础。但语言学层面的研究并不能解决学生信息处理层面的心理问题，因此必须有心理语言学的实验支撑。"他的话既给了我鼓励，又让我明白了以后研究努力的方向，在此特别向柯老师致以最诚挚的谢意。在爱荷华大学我还师从沈禾玲教授学习了《对外汉语教学法》这门课，在她的课上做了多次以任务型教学理念为指导的语法、写作等教学的 PPT 展示，沈老师给予了我手把手的教学指导，这些都为这本书的写作奠定了最坚实的基础，这里对沈老师予以最诚挚的谢意！

　　书中的部分研究内容于 2013 年 6 月在新加坡召开的第九届国际双语教学研讨会和 2014 年 4 月在美国召开的美国爱荷华大学孔子学院第四届国际汉语应用语言学研讨会上宣读，得到了与会专家的宝贵建议，这里一并致谢。

　　感谢戴庆夏教授在语言研究上给我的学术指导！感谢师弟余成林教授、李德鹏教授和同学北京外国语大学朱勇教授给我提供的学术帮助！感谢任明主编给予的宝贵修改意见!

　　最后,要感谢我的家人,尤其是我妹妹在我生活困顿时给予了我最大的支持。

齐春红

2014 年 8 月 15 日

N